CONTENTS

もくじ

フリードリヒ・ニーチェ

凡例

一、本書は Lee Spinks, *Friedrich Nietzsche* (Routledge, 2003) の全訳である。
一、原著の引用は、「 」で示した。
一、原著のイタリック体による強調は、傍点（、）で示した。
一、訳者による補足説明は、本文中に〔 〕を使い挿入した。
一、〈 〉は、ニーチェの原著で使用されているものであり、そのままの形で使用した。
一、本文中のニーチェからの引用箇所については、原著の方法をとらず、日本語でニーチェを読む読者の便宜をはかるために、ニーチェの著書題名の日本語訳を示した。なお、原題名の長いものについては、省略した表記を用いた（例えば『音楽の精神からの悲劇の誕生』は『悲劇の誕生』、『ツァラトゥストラはこう言った』は『ツァラトゥストラ』と表記）。各章にサブタイトルがあるものは、書名の後にそれを「 」で示し、その後に節番号を、あるいはアフォリズム番号を示した。
一、ニーチェからの引用箇所に関しては、ドイツ語原著にあたり、本書に英語訳されている箇所の誤りや不足箇所を補って訳出した。
一、日本語訳のある文献からの引用は、既訳を参照したが、新たに訳文をつくったものもある。
一、索引は原書の索引をもとに項目を取捨選択して訳者が作成した。

謝辞――本書の執筆にあたりもっとも感謝しなくてはならないのは、草稿を読んで多くの有意義な意見をくれたクレア・コールブルックである。アリ・ラムズデン、ターニャ・レーネベルク、マーティン・リード、スティーヴ・クレイマー、ペニー・フィールディング、ジェイムズ・ロクスリーには、執筆中に励ましてくれた友情とウィットに特に感謝している。本書は両親ポーラとキースに捧げる。

本書の筆者および出版社は、ウォレス・スティーヴンズの『詩集』から「日曜の朝」の引用を許可してくれたフェイバー・アンド・フェイバー社に感謝する。

WHY NIETZSCHE ?

なぜニーチェなのか？

フリードリヒ・ニーチェ（一八四四―一九〇〇）は、一九世紀後半の思想家であるのに、私たちが現在でも信じて疑わないような思考の前提に挑み、それを覆そうとするときに有効な議論の仕方を与えてくれる。私たちはふつう、常識が存在しない世界など考えることはできない。つまり真理と虚偽との区別や、なんらかの形で道徳というものがあるという確信や、また私たちがみな人間であるという同意を成り立たせている常識が存在しない世界など考えることはできない。しかしニーチェが想像したのは、まさにこうした常識が成立しない世界であり、このような世界が理解できるように、常識が存在しない世界を想定して書き、また考えなくてはならないと論じた。ニーチェは比類なき思想家であった。というのも彼が挑戦を挑んだのは、知識や思考という概念そのものであったからである。さらに重要なのは、ものの書き方や考え方を変えることによって、自分のありようそのものを変えることができるというニーチェの主張である。

ニーチェの哲学は、私たちが常識だと考えている事柄の領域を問い質してみるようにと迫る。たいていの哲学者は概念の機能を分析したり、より洗練されたものにすることで、思想史のなかにそれなりの位置づけをされるものだが、ニーチェはきわめてラディカルな問いを提起する。つまり思考とは何なのか、と。そもそも「考える」とは何なのか、考えることはいったい人間の生活のそのほかのさまざまな力とどのような関係にあるのか。さらには、私たちの文化や生活の仕方には私たちの「価値観」が反映していると言う場合に、そもそも私たちはどのように価値なるものを創り出しているのか、またそうした価値は私たちの生き方、あるいは生きるべき道をどのように表しているのか。ふつう私たちは、人間は生まれつき道徳観を持っていて、真理とは客観的なものであり、理念的な基準であり、それに従って私たちは考えたり行動したりするのだと考えている。しかし、もし「道徳」とされるものが、苦痛と暴力と権力の支配が歴史的にもたらした結果なのだと分かったら、さらに「真理」が道徳の用語で生を説明可能とするために私たちが生に押しつけた特定の見方にすぎないと分かったら、どうなるだろうか。私たちは善と悪という二元的な道徳観を超えて生きる生き方を受け入れることができるのだろうか。もし受け入れられるとすれば、そのような生き方とはどのようなものなのだろうか。

生い立ち

ニーチェは一八四四年、ザクセン地方レッケンに、ルター派の牧師を父として生まれた。父はニーチェの幼少時代に他界し、ニーチェと母、二人の未婚の叔母、そして妹エリーザベト（彼女は兄の生涯、特に著作の受容に関して重要な役割を演じている）は一八五〇年にナウムブルクに越した。一八五八年には、寄宿制のギムナジウムであるプフォルタ校を卒業しているが、ここでニーチェは聡明で早熟な研究者としての頭角をすでに現していた。その後ボン大学とライプツィヒ大学で古典文献学を学び、一八六九年には二四歳という若さでバーゼル大学の古典文献学員外教授に就任した。その三年後には、最初の書物『音楽の精神からの悲劇の誕生』が出版された。すでにこの著作には、ニーチェ特有の、癖が強く論争的な文体がはっきりと現れている。この著書でニーチェは、ギリシア悲劇文化の起源とその衰退にいたる流れをギリシア世界を思い描きつつ概観し、この文化を破壊したのは詩的想像力を押さえつけた味気のない合理主義であり、それが近代の時代にまで支配を及ぼしている、と非難している。この挑発的なテーゼは一二〇ページにも満たない分量のなかで、しかも注もなく研究上重要な参考文献も挙げずに展開されていた。その短さにもかかわらず、『悲劇の誕生』にはニーチェをもっとも悩ませた二つのテーマが現れている。この二つのテーマはどちらも、ドイツの大学制度の政治的無関心と知的保守主義とはまったく相容れないものだった。その二つのテーマとはまず、「哲学」と「文化」は、人間を純化したり高めたりするようなものではなく、むしろ相互に衝突しあうさまざまな力や衝動の間に起きる絶え間ない競い合いの表れであるということである。第二にニーチェは、哲学とは支配的な概念や理念を理解可能かつ抽象的にしたものだという理解は間違っている、と論じている。そうではなく、哲学の本来の役割とは、生の「力強く」かつ創造的な運動を体現する歴史のなかの諸力を見つけ出し、そうした力を促進することであり、またこうした力を現在において再び創り出すことである、とニーチェは言う。このような内容であったがゆえに、『悲劇の誕生』が大学の研究者の間では「非哲学的なアプローチ」であると囂々《ごうごう》たる非難を浴びることになったのは驚くにはあたらない。しかしニーチェのこの著作が知識人たちの間に巻き起こしたショックは、ニーチェが学者間の流儀に反しているとか、歴史の流れを無視して急に時代を飛び越しているとか、必要以上に論争的な言葉遣いなどが気にくわないといった形で、「非哲学的」という言葉に比べるならば、比較的ニュートラルな言葉で表現されていた。ニーチェとドイツの知識人文化との間の論争がここに始まる。そしてこの論争は彼のその後の生涯にもついて回ることになる。

ニーチェに対する敵愾心にこうして火がついたが、やがて彼の著作については評論家たちの間で無視という形での沈黙が続いた。この結果、彼がその後の十六年間に完成することになるおよそ十二冊の著作は、その挑発的な内容にもかかわらず、一般の読者にはほとんど、あるいはまったく関心を払われることはなかった。ニーチェは一八七九年までバーゼルで教鞭をとり続けたが、この年に急に悪化した病気のために早期退職せざるをえなくなった。それは一八六〇年代末に感染した梅毒が原因と思われる。この時からニーチェは、どの組織にも属さない独立独歩の思索家として生きることになる。

彼はものを書いては、少しばかりの金を稼ぎ、温暖な地と寒冷な地を彼の健康が許すかぎり転々とするという壮烈なスケジュールにみずからの身を従わせて生きた。大学とは関わりをもたずに漂泊を続けるニーチェの生き方については、典型的な個人主義かつ非迎合主義の態度であると解釈されることも多いが、また同時にもう少し一般的な歴史の動きのなかで解釈することもできるだろう。つまりラディカルな思想家たちが、既成の制度の中に安住した知識人たちのコミュニティから離脱していくという動きである。この離脱現象は、全ヨーロッパを巻き込んだ一八四八年の三月革命の挫折の後で、革命に賭けられた期待と新たな社会の夢とが崩れ去った結果として起きたことである（Magnus/Higgins 1996: 74）。

三月革命の失敗はドイツの一九世紀の歴史におけるターニング・ポイントである。革命が目指していたのは、政治的・経済的な改革であり、多くの領邦からなるドイツの統一であり、自由選挙による議会の創設であり、さらには出版の自由、そして憲法の起草、基本権の確立であった。しかしこの革命を先取りするいくつかの出来事があった。一七七六年のアメリカの独立戦争と一七八九年のフランス革命では専制政治に対する革命的な攻撃があり、さらにフランスでは一八三〇年七月と一八四八年二月に革命が続いた。これは膨大な数の貧困労働者階層が登場したことを意味する。またこうした革命的な動きが政治的に鎮圧されたこともあった。一八四四年にシュレージエンの織工たちが安価な食物と賃金の引き上げを求めて起こした蜂起に軍隊が出動したのがそれである。一八四七年には凶作による飢餓が発生した。三月革命はプロイセン王フリードリヒ・ヴィルヘルム四世が譲歩することでかなりの成功をおさめたが、革命的勢力は革命派内での自由主義者と急進派の対立、およびプロイセンの反革命貴族階級（軍隊が背後で力を貸していた）との間に起きた争いのために推進力を失っていった。一八四九年、プロイセン王フリードリヒ・ヴィルヘルム四世は、新しい憲法の下で帝位に就くよう要請された。しかし革命派によって承認された新しい議会は次第に崩壊し、古くからの帝政と封建的な秩序が復活した。この時点から、急進的な思想家や現状の体制に対して批判的な人々は、支配的な政治文化や国家制度への参画には力を注がなくなった。これまでの政治や哲学の伝統とは別のありかたを求める動きが展開するのは、この頃からである。

すでに述べたように、ニーチェは急進派や改革主義者たちが求めた民主主義や平等の達成にはほとんど関心がなかった。しかしドイツの文化の保守性や政治のばかばかしさを暴こうとした点では、彼ら急進派たちと同じ道を行くことになる。それゆえに彼は狂気に襲われる前の最後の十年間を漂泊者として生きる道を選び、ドイツ、スイス、フランス、イタリアの各地を転々とした。そして一八八九年一月、トリノで精神錯乱をきたし、以来回復することはなかった。ニーチェは妹と母に引き取られ、極度の精神的衰弱状態のまま二人のもとで十一年を過ごし、一九〇〇年八月二五日に死去した。

ニーチェの挑戦

ニーチェの著作が挑んでいるのは、生の意味や価値についての問いである。ニーチェはこの問いが必要だと感じていた。というのも彼は、近代の生活がニヒリズムという致命的な形式によって特徴づけられていると考えていたからである。ニーチェが使うニヒリズムという言葉が意味しているのは、日常の生活を導いてくれるような基準や価値というものを信じることができず、しかも生きるために新しい価値を探すこともできない人々を襲う空虚さ、あるいは「虚無感」のことである。ニーチェが言うには、今日の人間の問題はキリスト教による世界観が形成した道徳理念を信じることができず、しかも生の新しいヴィジョンの支えとなる価値を作り出す力もないことだ。ニーチェは自分の周りにいる人々が皆、キリスト教の啓示の超越的な価値を信じることができず、かといってキリスト教道徳の掟や禁止を無視することもできない事態を観てとっていた。一八八九年に初版が出版された『偶像の黄昏』に、ニーチェは「彼らはキリスト教の神から解放され、そのあげくに一層キリスト教道徳にしがみつかねばならないと思っている」と記している（『偶像の黄昏』「ある反時代的人間の逍遥」5）。『悦ばしき智恵』（一八八二年初版出版）における有名な「神の死」の宣告は、この「偶像の黄昏」という事態を人々に警告し、キリスト教の遺産に強制されることなく生を解釈する必要があると強く訴えようとしたものである。ニーチェが一九世紀に宗教や道徳や生を批判した他の思想家たちと異なるのは、より道徳的な生き方を求めていたのではないという点である。彼は生を道徳から救おうとしたのである。ニーチェによれば、一九世紀の文化が生をニヒリズムの形でしか経験できないのは、「真理」や「他者愛」や「平等」といった一連の道徳の概念が捏造され、それらが生よりも上位におかれ、生を制御し裁くことになったためである。まさにこれらの道徳的価値は、ニーチェが生のもっとも深くにあると考えている本能的な力を抑えつけているばかりでなく、人間が自分自身のための価値を能動的に作り出すのを妨げ、変わることなく永遠に妥当する法則に従ってただ受身に生きさせるようにしてしまうことになる。ニーチェからすれば、生を道徳的に基礎付けることは、積極的な内容の思考を空洞化させてしまうことになる。道徳とは、「記号の話法」、あるいは「症候学」にすぎないとニーチェは説明する。「道徳から利点を引き出すためには、問題となっているのが何であるのかを予め知っていなくてはならない」（『偶像の黄昏』「人類の「改良者」たち」1）とニーチェは言う。ニーチェは思考の「超越性」と言われるもの、つまり生がどのような形をとり、どのような内容のものであるかを決定する概念に、生そのものを従わせるような「超越性」に対して飽くことなく反論し続けた。ニーチェが探し求めたのは「超越的」なものではなく、生そのものに内在する原則であり、それによってニーチェは、人間存在が持ちうるもっとも力強い諸力と新しい価値の創造との結びつきを考えることができたのである。

この新しい生の原則を、ニーチェは力の理論という形で発見することになる。生というものは、生そのものに内在する非人間的な創造の原理によって動かされている、とニーチェは言う。つまり私たちは人間の外にある道徳の観点から生を裁くべきではなく、生そのものの潜在力を最大限に生かすように生きるべきである、ということである。力への意志は、非人間的な原理である。なぜなら力への意志は、人間の生ばかりでなく、力を求めようとする共通の努力によって結びついているすべての生を包括するからである。ありとあらゆる生の形態は拡大しその力を増加させようとするものであり、そのなかで存在のすべては絶え間なき生成と変化のプロセスとして認知される。このような観点から見れば、生の目的とは啓蒙でも、道徳の向上でも、また自己抑制でもなく、力の獲得にある。ある特定の生のありようが力に満ちているのは、他の力を自らの配下のうちに治めているからである。生のどのような動きも、そのなかには力の形態が見てとれる。力相互の抗争は、力の強弱による階層構造を生み出し、それがさまざまな概念を創り出すことになる。私たちが婉曲的に「価値」と呼んでいるものは、生についてのごく一部の観点であり、あるいは生の解釈である。たとえばキリスト教道徳の「禁欲主義の理想」や支配階級の利害関心といったものは、歴史的に限定された考え方である。ニーチェの主張によれば、このような力の抗争の背後に「世界」や「本質」などは存在しない。私たちが持っているすべての概念や価値は、生についての力に満ちた解釈の勝利の表れである。人間性についての道徳的な考え方が登場するのは、自分の価値観を世界に当てはめるような言語を人間が発明し、人間自身のイメージのなかで世界なるものを創り出しているにすぎないにもかかわらず、それが人間自身のイメージだということをすぐさま忘れ去ってしまうからである。存在についての道徳的な解釈に対するニーチェの挑戦の仕方は、道徳的解釈が歴史的に生起したものであるがゆえに限界があることを示し、道徳的な生の解釈の代わりに「反道徳的」あるいは非‐道徳的な思考形象を繰り広げるという仕方である。

「人間」についての道徳的想念への挑戦は、道徳的価値の歴史の系譜学的な批判へとつながっていく。ニーチェは、道徳の理念は生まれつき備わっている能力であるという考え方も、またこれまでの歴史家たちが想定したような道徳的実践の起源と目的の一致という考え方も拒否する。これらとは逆に、彼が注目するのは、道徳的な考え方を最初に生み出すような物質的な力である。ニーチェからすれば、「良心」「罪」「謙譲」といった道徳的観念は、歴史的に支配力を持った力と利害関心によって創り出された生がたえず再解釈されることによって形成されたものである。どのような再解釈も、力への意志の特定の量を表し出している。ニーチェの非常に衝撃的な文章のいくつかは、キリスト教の禁欲（世俗的な富の蓄積を拒否して自己純化と自己否定を求めること）の犠牲を説くレトリックのうちに書き込まれた隠された支配への欲求を詳細に暴き出している。生についての歴史的解釈はすべて、強弱の差はあれいずれにしても力の勝利によって作られるのだという観点に立つニーチェは、歴史が客観的な記述であるとか、道徳的な進歩の物語であるといった観念論的な考え方を捨て去るべきであると言う。ニーチェが「系譜学的なパースペクティヴ」と呼ぶ視点からの歴史の検証が目指すのは、上昇する生の様式を下降する生の様式から区別し、現在のもっとも活力に満ち力溢れる諸力を切り開くことができるような過去の見方を作り出すことである。

ニーチェの政治思考

ニーチェにおける「価値の転換」は、生の「強さ」と「弱さ」との区別に基づいてなされるのだが、これは彼の政治思考に常につきまとうものである。ニーチェは長いことファシスト的な思想家であると揶揄されてきた。つまり彼の思想は解釈によっては、大量虐殺をもたらしたナチス・ドイツの人種政策となって表れたと見ることができるとされてきた。ところが実際にはニーチェは、ナショナリズムと反ユダヤ主義とを軽蔑し、一八七〇年代からのドイツ帝国の後進性に対して一線を画してきた。ニーチェの名声が貶められたのは、妹のエリーザベト・ニーチェ（一八四六―一九三五）の影響である。彼女は一八八九年にニーチェが精神錯乱を起こした後に、彼の著作物の編集者であると詐称した。エリーザベトの政治的な心情は、反ユダヤ主義の政治的リーダーであったベルンハルト・フェルスターとの結婚によって形成されたようである。ニーチェの著作物は彼女が編集したことによって、その内容を歪められ、その著作に意味を与える哲学的なコンテクストの多くをすり替えられ、一九〇〇年のニーチェの死後、ナチスのイデオローグたちによって勝手な使われかたをされてしまう道が用意されたのである。

しかし、エリーザベト・フェルスター＝ニーチェの介入を考慮にいれたとしても、ニーチェの政治思想それ自身がきわめて論争を呼ぶものであることには変わりない。確かにある部分ではそのとおりである。というのも、ニーチェは政治思考を左右する道徳的背景について、普通の想定とはまったく逆の立場をとるからである。その道徳的背景がユダヤ＝キリスト教の伝統であろうと、社会主義の平等思想であろうと、また近代のリベラル民主主義であろうと、変わりはない。彼がこれらの運動に反対するのは、一般的な人間性の理念を想定したり、平等の権利に訴えたりすることによって、キリスト教道徳も、社会主義もリベラリズムも、力強く独立した精神に対して低級で奴隷的な性質が勝利してしまったことを示しているからである。これに対して、ニーチェの言う「貴族的な政治」あるいは「大いなる政治」は、文化や政治が「超人」の創出を目指すものだと説く。超人とは優れた人間存在であり、肯定することしか知らず、みずからの価値をその力の過剰から作り出すような存在である。

> 私がここで提起する問題は、生物の発展系列のなかで人類の後に何が来るべきかということではない（――人間が最後である――）。問題は、価値のより高い、生きるにより値する、未来をより確かにする者として、どのようなタイプの人間を育成すべきか、欲するべきかということである。価値のより高いタイプは、すでにこれまでも少なからず存在した。しかしそれは幸運に恵まれただけであり、例外であって、決して意志されたものとしてではなかった。
>
> （『アンチクリスト』3）

奴隷根性や、「弱者」あるいは女性についての暴言的な発言は、明らかに彼のイマジネーションの暴力的で厄介な側面を露呈している。そしてこれが彼の著作が誤読されたり、嫌われたりする原因となったのであろう。たとえばより高い人間のタイプの「育成」という彼の発言について言えば、ニーチェ自身はこの言葉を生物学的なコンテクストではなく、人間性についての道徳的イメージの彼方にある、倫理的ないし政治的な進歩という脈絡のなかでしか使っていない。ニーチェの著作が暴力的な政治目的に使われうるということは明らかである。とはいえ、こうしたことはキリスト教にも、平等主義の政治にも、また植民地を支配した帝国主義が掲げた「文明化の使命」を支えた文化的ヒューマニズムにも当てはまるのである。ニーチェの反原理主義的な思考の仕方——それは「道徳性」、「善」、「悪」、「正義」などの原理的な考え方の彼方へと私たちを連れ出すものだが——は、私たちに人間や、責任、倫理、そして人間であることの意味について新しい考え方の道を拓くものである。ニーチェのような考え方が、「人間の条件」として安易に理解されているものに対してゆゆしい危険を与えるかもしれないとは言えるが、しかしそれはこの危険が不可避的に暴力の危険であると言うことでも、また近代文化についてのニーチェの時代診断を無視した方がいいと言うことでもない。現代思想に課されている最大の挑戦のひとつは、価値や道徳、政治や倫理についてのニーチェの洞察を、彼の著作を歪めてしまった脈絡を超えて展開させることであろう。

芸術

ニーチェが繰り返し取りあげたもう一つの重要なテーマは、芸術の力に関するものである。諸々の著作を通じて彼は、私たちの認識と直観が、すでに確定した規範的な真理概念に支配されていることに批判を向ける。ニーチェはこの受動的な姿勢をさまざまな偽装に見出している。創造的で生に溢れた貴族的精神は概念を形成することができるのに、それが真理という基準に従わされることによって馴致され弱化されてしまうという。その基準とは、正確さ、恒常性、そして合理性という基準である。

直観と認識が真理のために抑圧されることによって、生は「主体」（「人間一般」の意識）と「客体」（外部世界）とに言語上分割されてしまう。ニーチェが異議を申し立てるのは、満ち溢れる生を人間の概念に従って判断してしまうことによって、私たちが普遍的な人間性の理念を作り上げてしまっている事態である。これに対してニーチェは、人間性についての普遍的な真理を確立する際に使用される固定観念は、実は詩的なメタファーから発するものであり、その起源を私たちは忘れてしまっているのだと主張する。ニーチェにとって芸術の力とは、世界をすでに定まった概念や価値に従うことなく認知する一回限りの、その都度独自の仕方を可能にするものである。それによって芸術は私たちの概念の体系の起源がメタファーにあることを思い出させ、主体と客体とが既成の関係とは異なった形で解釈できるような別の認識のありようを示唆するのである。私たちがこれまで受け継いできた概念は、私たちが抱く「人間」の理念を決定づけてしまっている。これに対して芸術のラディカルな約束は、近代の人間性についての使い古され、道徳化されたイメージの彼方に生が可能となるような未来を作りだすであろうという約束なのである。道徳的な定めをすべて超えた所で、生を美的に変容させるという約束は、ニーチェの著作の核心にあるものであり、「人間」の概念が深刻で永続的な危機に曝されている時代における最初の「ポスト人間主義的」な思想家としてのニーチェ像を明確に示すものである。

この本の「キー概念」の部分では、デカダンスと近代的な「平均的人間」に対するニーチェの批判、および新しい思考と生き方を見つけようとする彼の試みを吟味する。まずはギリシア悲劇の興隆と衰退、貴族主義的価値、そして非‐道徳的な思考スタイルの探究の始まりを扱う。それに続く三つの章では、真理の起源と成り立ちについてのニーチェの分析、および道徳的価値の発展についての系譜学的な解釈を考察する。第五章では倫理および政治に関するニーチェの理論をより細かく検討し、ルサンチマン、ニヒリズム、奴隷道徳などの重要なタームへの導入を行う。第六章では善・悪の彼方における肯定という新たなる道徳を表す「超人」という彼の概念を検討する。そして最終章では、力、解釈、パースペクティヴという反人間主義的なニーチェの哲学のコンテクストのなかで、力への意思というニーチェの理論への導きを行う。

KEY IDEAS

キー概念

第一章　悲劇

ニーチェの『音楽の精神からの悲劇の誕生』（初版一八七二）は、彼の思想の発展において奇妙な位置を占めている。なるほど、「ニーチェ的な」思考様式にとって決定的となった一連の概念や区別が導入されたのはまさにこの著作である。一二〇ページあまりのなかでニーチェは、芸術、学問、そして哲学の関係を再定義し、「強い」価値の産出にふさわしい歴史の使い方とふさわしくないそれを分けている。『悲劇の誕生』はまた、アポロ的な力（アポロは太陽の神、秩序と調和の神である）と、ニーチェの作品の中心をなすディオニュソス的な力（ディオニュソスはぶどう酒と乱痴気騒ぎと無秩序の神である）との区別をしている。さらにニーチェは、この『悲劇の誕生』で、民主主義、モダニティ、そして近代の「大衆」について、一連の発言をしており、これが一般に彼のイメージを規定することになった。しかしながら、その十四年後、「自己批判の試み」（一八八六年の再版に際してニーチェは、長い前書き「自己批判の試み」をつけている〕においてニーチェは、『悲劇の誕生』を「どうにもならない」「狂信的な」本であると決めつけ、この本の中の最も有名なふたつの主張を撤回しているのである。そのひとつは、悲劇こそは、生きていることの恐怖に対する「新たな形而上学的慰めとなる芸術を提供してくれる」というものであり、今ひとつは、作曲家リヒャルト・ヴァーグナー〔一八一三―一八八〕その人に顕現している新たなドイツ精神こそは、ギリシア精神の頂点であり、実現であるとするものである。

『悲劇の誕生』の書かれた経緯を見ると、ニーチェの知的スタイルの重要な側面が明らかになる。彼の哲学は「体系的」なものではない。「体系的」という言葉はここでは、最初の洞察や考えが次第に発展して、世界についての完璧に整合的な見方となるといった意味であるが、そうしたものではない。その代わりに、ニーチェの書き方というのは、情熱的な論議を通じて、自らの中心的命題をたえず検証し、改変して行く形式をとっている。しかも、そうした改変は、当該の命題によって、ある特定の生の形式がその創造的な能力をどれだけ拡大することができるか、その力を基準としてなされるのである。ニーチェの作品を理解するためには、哲学的著作の内的な首尾一貫性を重視する伝統的な行き方をやめて、その代わりに、そのつどの発展段階で特定のテクストを書き、立場をとることを可能にしたのは、あるいはそれを必要としたのはいったい何だったのか、といった一連の問いを立てねばならない。例えば、モダニティについてかくも論争的な態度を取ろうとするニーチェは、なぜそれをギリシア悲劇を使ってやろうとしたのか？　そして、歴史や文化的価値についてのいかなる発言によってこのようなやりかたが可能となっているのか？　また、古典ギリシア文化のなかの何がニーチェにとって、このような議論に値すると思われたのだろうか？　といった問いを立てる必要がある。

最初の問いからはじめよう。ニーチェが悲劇に関心を抱いたのは、悲劇こそが、強靭な文化と薄弱な文化について分からせてくれる芸術形式の最高の例を提示しているからなのである。ギリシア悲劇の経験は、それぞれの文化が自分たちの価値を再考し、転換するように仕向けるのだ、とニーチェは論じている。そしてニーチェは後に、「『悲劇の誕生』は、私における最初の〈いっさいの価値の転換〉であった」（『偶像の黄昏』「私が古代人に負っているもの」5）と記している。悲劇的芸術こそは、このような価値の転換へと促すのである。なぜならば、人間の生存が深く、かつ残虐性に満ちていることを、悲劇は十全に知らしめてくれるからである。活力に満ち、かつ自己拡張的な生活を展開する人間の潜在能力は、苦悩と恐怖に耐える能力と根本的なところでつながっていることを悲劇は教えてくれる。ギリシア人が悲劇芸術を作り上げたのは、生が絶えざる創造と破壊の繰り返しであることを正視する強さを、彼らが持っていたからである、とニーチェは論じる。生のこのような見方は、生を全体として肯定するがゆえに、それに見合った強さを必要とする——暴力、闘争、征服を含めたいっさいの肯定である。単に生の最も高級な、そして「文明化された」表現だけを肯定するのでなく、いっさいを肯定するのである。ニーチェにとって悲劇が重要なのは、徹底した前‐文化的かつ非人間的な生のありかたのカオスと力を、ギリシア人に経験させるのが、悲劇だったからである。人間であることが何を意味しているかについての最も深く、かつ生命に溢れたいくつかの側面——力と支配への欲望、セクシュアリティの原初的な力、時代遅れの構造を打ち砕き、世界の新たなヴィジョンを作ろうとする欲求――すなわち、後にわれわれが文明化された存在となるために抑圧してきたこうしたいっさいを、悲劇は表現にもたらしてくれる。実際にギリシア悲劇を後の時代に経験することによって、われわれが「道徳」や「文明的な」価値として考えているもののいっさいが疑問に付されるのである。そして、力に溢れた、ダイナミックで、自己拡張的な生活を展開させるためにわれわれがどのようなタイプの価値を創造しなければならないかを、考えさせてくれるのである。

悲劇、芸術、文化

文化はどのような価値の発展に努めるべきであるかという哲学的問いは、ニーチェにとって重要な歴史的かつ政治的な次元をもっていた。『悲劇の誕生』は一八七〇―七一年の普仏戦争のあいだに構想されたが、国民国家同士が戦い、またそれと関連して社会主義および政治的ナショナリズムが擡頭してくる事態は、ニーチェにとってヨーロッパの文化的信頼の危機を意味していた。第五章で見るように、この危機に対する彼の答えは、平等な権利や、ナショナル・アイデンティティの要請といったものを拒否し、文化の中の最も生き生きとした、そして力にあふれた勢力のみを大切にする貴族的政治、あるいは「大いなる政治」であった。貴族的政治こそは、古代ギリシアの社会、芸術、文化を背後で動かしていた推進力であった、とニーチェは論じる。ニーチェはまた、近代の文化と政治に対して彼が抱く不快感に由来する「人生にはどのような価値があるのか？」という問題の解答がギリシア的生活の中に潜んでいると見た。そして彼は問うのである。人類の生み出した最も美しく、かつ完璧な種族であるギリシア人が、なぜよりによって悲劇芸術を作りだしたのだろうか、と。そこにニーチェはいかなる矛盾も見なかった。逆に彼は、悲劇の激しいペシミズムを受け入れる能力こそは、ギリシア文化の精神の出現を可能とした特質なのだ、と指摘する。

強さのペシミズムというのがあるのだろうか？　気分の良さに、溢れかえるような健康に、生存の充実に由来する、生存のつらさ、残酷さ、悪、危なさへの知的好みというものがあるのではなかろうか？　豊穣そのものに苦悩するということがあるのではなかろうか？　鋭いまなざしのような誘惑的な勇敢さ、恐ろしいものを欲望する勇敢さが、つまり自らの力を試しうるにふさわしい敵として恐ろしいものを欲望する勇敢さがあるのではなかろうか。

（『悲劇の誕生』「自己批判の試み」1）

ニーチェによるギリシア文化のラディカルな再定義によって、一方で芸術と悲劇を、他方で哲学と学問を設定し、両グループのあいだに区別をおくことが可能となった。ギリシア人からわれわれが受けた遺産のなかで最も重要なのは、哲学と学問において彼らが成し遂げた輝かしい仕事である、という見解が知的常識になっている、とニーチェは論難する。ギリシアの思想を考えるということは、ソクラテス（前四七〇―三九九）の道徳哲学、プラトン（前四二七―三四七）の『ティマイオス』における新たなコスモロジー、アリストテレス（前三八四―三二二）の『分析論後書』における科学の方法の再定式、ピタゴラス（前五六〇頃―四八〇）による数学の革命的革新などを思い起こすことである。このような知的出来事は、西洋の思考に根本的な断絶を作り、理性、道徳、そして論理についての新たな理念を知的営為の核に置くことになった。だが、とニーチェは論じる、まさにこうした成果こそは、古典ギリシア文化の極致というよりは、むしろ腐食のはじまりなのだ、と。道徳、理性、そして論理学という抽象的かつ理念的な思考の優越性を確立し、逆に「生の奥底にある恐るべきもの、悪いもの、謎めいたもの、破壊的で、災厄をもたらすいっさいのもののイメージを排除する」（『悲劇の誕生』「自己批判の試み」4）ことの目的はいったい何にあるのだろうか？　非人間的で破壊的な力の経験に対し「理性」と「道徳」を接収し、保護下に置くというこのようなことは、ギリシアの思考を、生の全体経済から切り離すことであった。それのみではない。まさに生の弱体化をもたらす生についてのこの狭い想念こそは――合理的かつ道徳的な規範によって定義された生についてのこの考え方こそは――われわれがギリシア人から受け継いだものであり、そして、道徳や文化的価値についてのわれわれの近代的理念の基盤を形成しているのである。結果として今われわれは生についてもろもろの理想（たとえば民主主義、平等主義、あるいは道徳的価値）を抱いているが、ギリシアの悲劇的精神が生き生きと保持していた生の過激な力を経験することはなくなってしまった。人間性は一度として今ほど「道徳的」で、これほど「健全」であったことはないのだ、と述べつつ、ニーチェは、だが同時に、人間性はいまだかつてこれほどにまで神経病にかかったことはない、と嘆く。こうしたいっさいの「近代的理念」や民主主義的趣味の偏見にもかかわらず、「オプティミズムの勝利は、そして目下支配的になった理性は、そして実践的かつ理論的な功利主義は、それと同時的な民主主義は、衰退する力の、老化の到来の、生理的疲労の兆候ではなかろうか」（同）、そうわれわれは、結論すべきなのではないだろうか、と。

この陰鬱な歴史に対するニーチェの答えは、存在と価値の関係についてのわれわれの見方の根本的な変革であった。近代文化の基本的な問題のひとつは、生活形式の善し悪しの判断が、ある特定の道徳的規範に合わせる能力の如何によってなされているところにある、とニーチェは論じる。こうした規範的な道徳規準は、慈愛や寛容を説く宗教的訴えに、また、平等な権利と社会民主主義の実現を訴える政治的呼びかけなどに具体化している。こうした規範のすべてに共有するのは、すべての人に共通する普遍的な一連の価値というものがあり、それが人間の生活に意味と正当性を付与するのだという考え方である。しかし、道徳の観点から生を判断する代わりに、われわれに必要なのは、生のパースペクティヴから道徳の価値を決定することである、とニーチェは断言する（『悲劇の誕生』「自己批判の試み」4）。この主張は、ニーチェが生涯にわたってギリシア悲劇に魅せられていた理由を明らかにしてくれる。ギリシア悲劇の特性は、道徳のパースペクティヴを取らないで、生の多様で無限な力に対して自らを開くその能力にある、とニーチェは主張する。ニーチェの考え方からすれば、悲劇こそは、生についての没道徳的なヴィジョンの基盤なのである。逆に、生が明白に道徳的な価値評価に服せしめられたとたんに、ギリシア悲劇の没落が起きたのである。『悲劇の誕生』において「道徳」とは、ギリシアの悲劇文化の破壊に伴う生のデカダンス的解釈の所産なのである。この悲劇文化は、ギリシア人が生の非人間的で破壊的な力をよしとする強さをもはや持たなくなるとともに、破壊されてしまった。強さを持たなくなった代わりにギリシア人は、カオス的な力を整序すべく、生についての一連の抽象的な観念を生み出した。そうした観念の中で最悪なのは、道徳という考え方である、とニーチェは論難する。ギリシア悲劇の破壊は、生に対立する生（つまり「道徳的生活」）という考えが生み出されるとともに、起きたのである。「世界の存在はただ美的現象としてのみ正当化される」という主張において、ニーチェは古代ギリシア人に同意する（『悲劇の誕生』「自己批判の試み」5）。ニーチェにとって悲劇芸術の——いやさらには芸術一般の——力とは、その深い「反道徳的傾向」を表現することにある。「道徳」および「真理」といった概念的虚構に生を服せしめることを、あるいは理性と真理に対立する芸術と虚偽といった区別を守ることを、この「反道徳的傾向」は拒否するのである。こうした虚構への服従や区別の保証の代わりに、ギリシア悲劇は、生に敵対するいっさいの価値に挑戦する、とニーチェは見る。そのために、「現象、芸術、欺瞞、観点、パースペクティヴと誤謬の必然性に依拠した」（同）生というヴィジョンを肯定するのである。生の最も高貴なあり方は、普遍的な道徳的規範に服することではなく、むしろ、われわれの特質に美的な姿を与えることなのである。そのためには——ニーチェが『悦ばしき知恵』に書いているように——われわれの本性が提示する強さと弱さのいっさいを見尽くして、それを「美的な型」に造形し、われわれの生のいっさいの側面が人格の強烈な表現へと統合されるようにしなければならない（『悦ばしき知恵』290）。芸術は、生のさまざまなあり方を提示するのであり、それゆえに生の最高の原則へと変わるのである。芸術こそは、価値の積極的創造という経験に明確な姿を与えるのである。

悲劇に関するニーチェの独特の見方に内在している生の「価値転換」という考え方を例示するには、ギリシア悲劇の最も有名な作品のひとつであるソフォクレス（前四九六―四一三頃）の『オイディプス王』がいいかもしれない。この劇は、テーバイの王オイディプスの悲劇的没落を物語っている。芝居の冒頭、テーバイは混乱のうちにある。作物は実らず、町は神々に見捨てられてしまった。絶望の中でオイディプスは、妻の兄弟であるクレオンに、アポロのところに行って、こうした悲惨な状態がどうして生じたかの理由を聞いてくるように依頼する。ところが、クレオンがもたらした報せによれば、テーバイがひどい目にあっているのは、前の支配者ラーイオスを殺した者――このラーイオスの妻イオカステーとオイディプスはその後で結婚しているのだが――が今なお捕まっていないからだ、というのである。すぐさまオイディプスは、テーバイに降りかかる災厄を振り払うために、その悪者を見つけ、追放する、と宣言した。さらにそのうえ、オイディプスは、もしもその犯人が自分の宮殿の中に隠れているのが見つかったとしたら、彼自身この恐るべき刑罰を分かち合う用意がある、と明言した。この時以降というもの、恐るべき早さでオイディプスの運命が明らかになって行く。まず、彼は盲目の占い師ティレシアスから、彼が探している男は、ラーイオスの下手人であるだけでなく、ラーイオス自身の息子で、自らの母と結婚することになった、という話を聞く。次に彼は最悪の報せを聞く。つまり、彼が探し求めている犯人は、他ならぬ彼その人である、ということを。オイディプスは、事実は彼のケースに当てはまらない、と怒り狂って言い張るが――たしかに彼は、コリントの王ポリュブスの息子として生まれており、父親は最近、病気で普通に死んだのだ――、それは、彼の悲劇的運命の回避には役立たなかった。次第に明らかになってきたのは、オイディプスはラーイオスを父として生まれたが、この子はやがて父親を殺すことになるだろうという予言の実現を恐れて山の中に捨てられた、という事実である。彼は、捨てられた後、親切な羊飼いに助けられて、コリントに連れて行かれ、当地の王家で育てられたのだ。その先はあまりにも恐るべき予言である。人通りのない交差点でラーイオスの失礼な振る舞いに遭遇し、オイディプスは自身の父を殴り殺すことになる。この恐るべき出来事は、自身の母であるイオカステーと結婚することでいっそう恐ろしいものとなり、予言が成就してしまう。オイディプスの本当の身の上が明らかになると、驚愕のあまりイオカステーは首を吊り、オイディプスは自らの眼をくり抜いてしまう。戯曲はこのようにして、人間の存在の脆さ、そして運命の苛酷さを描いて、やむことのない陰鬱な雰囲気のなかで終わる。

オイディプスの没落に対する伝統的な捉え方は、人間の野望が神々の定めた限界を踏み越えるとどういうことになるかについての恐るべき道徳的教訓を、この劇は示しているのだ、というものであった。神々によって定められた運命、もしくは「宿命」によって、われわれの人生の成り行きは決まっているのであり、そうした運命を変える力はわれわれにはない。こうした暗い認識を悲劇は提示しているのだ、ということである。こうした見方の最も有名な表現は、悲劇というのは「世界の道徳的見方のために英雄を犠牲にする」(『悲劇の誕生』20)ことで、生の破壊的な力に人類が魅力を感じることを罰し、憐れみと恐怖を産み出す形式である、とするアリストテレスの解釈である。近代においてオイディプスの悲劇は、ジークムント・フロイト(一八五六―一九三九)の精神分析理論にしたがって、個人の「コンプレックス」の方向で受け止められ、ブルジョワの家族ドラマへと書き換えられた。フロイトの論じるところによれば、男の子は誰でも、自らの母親の愛人であると思い込み、その結果としてライバルである父親を殺す願望を持っている。ところが、父の存在は巨大で、暴力をふるわれ、去勢される恐怖として大きく立ちはだかっている。それゆえ、男の子は、母親に対するオイディプス的欲望を抑圧して、自らを父の役割に重ねあわせ、働き手かつ家庭の主という自分の将来の役割を受け入れることになる。アリストテレスおよびフロイトのどちらの読み方においても、「運命」は道徳的意味を持っている。運命とはそれに服従すべき秩序である。あるいは、われわれがそれと融和すべき構造ということになる。ところがニーチェにとっては、運命とは情け容赦のない、無意味で、非人間的なものであり、さらには法外な力を持っている。運命の非人間的な残酷性がオイディプス悲劇を支配しているのであり、運命こそは、道徳や家族の秩序を完膚なきまでに破壊する何ものかなのである。

ギリシア悲劇についてのニーチェの解釈は、悲劇を単に登場人物たちのあいだの関係として描くような道徳的な読み方に明白に反対している。そういう理解の代わりに彼は、「道徳的個人」という虚構をいとも簡単に飛び越えてわれわれを引きずりさらって行く強烈な衝動や情熱の暴力的抗争が演じられるのが悲劇である、と主張する。社会的な諸々の勢力に対する英雄たちの戦いとか、個人的なオイディプス・コンプレックスというようなかたちでは、悲劇はまったく理解できないのだ。ニーチェから見れば、オイディプスの悲劇は「知」や「道徳」といった価値についての出来合いの理念をこなごなに打ち砕くような、非人間的な自然の力に、われわれを目覚めさせてくれるのだ。オイディプスの経験こそは、自然の最も神聖なる秘密への運命的洞察をオイディプスに与えてくれるのである。オイディプスはかつて、スフィンクスの出した謎を解き、テーバイを破壊から救った。つまり、彼には「明視」の力、「魔法」の力が備わっていて、人間と自然との分離を乗り越え、非人間的な神々の王国を克服できたのである（『悲劇の誕生』9）。しかし、オイディプスが獲得したこの知恵はまた、「自然に対する不吉な犯罪」でもあった。なぜならば、彼はスフィンクスに打ち勝つにあたって、運命が人類にかけている「過去と未来についての呪文」を打ち破ってしまったからである。この呪文を打ち破るということは、人間一人ひとりが自然のカオス的な流れから自身を解き放ち、自律的で道徳的な生活形式を作り上げることを可能とする「個体化という堅固な原理」をも破壊することなのである。スフィンクスを打ち負かすことによってオイディプスは、生とは運命の冷酷な掟にしたがって「われわれに」起きるなにものかであるという見方を拒否したのである。それどころか、オイディプスは、自己以外のいっさいの掟や禁止に対して勝利する彼の主権者的な意志を肯定することによって生の力を持つ者となった。それゆえオイディプスは、道徳的掟に逆らうことによって、人間以上のものとなった。ニーチェから見れば、オイディプス物語の悲劇的逆説とは、個人としての道徳性が無意味となったその瞬間にオイディプスが生の崇高な力を経験するところにある。道徳的存在としてのオイディプスの悲劇的崩壊は、自然に対する彼の恐るべき犯罪、つまり、近親相姦と父殺しという二つの恐るべき犯罪としてわれわれに示される。この犯罪こそが彼の道徳的宇宙を破壊し、それによって彼は、追放された者となり、流浪の身となるのである。

こうしてオイディプス王は、「人間」の道徳的価値評価を越えた、またそうした価値評価を脅かす生の非人間的な力のヴィジョンを明かすのである。服従させられ、抑圧された自然の力と人間性とのこのような神話的な融和を、ニーチェは、悲劇のディオニュソス的機能として描き出している。しかしながら、自然を非道徳的で非人間的と見る見方は、人間性を克服し、その存在をみじめで無力なものにするだけの潜在力を持っている。ニーチェから見るならば、ギリシア悲劇の精神は、われわれが自然と原初的で道徳以前の結びつき方をしているという記憶を、こうした原初的なエネルギーを人間的な連関で表象する美的な形式——すなわち、悲劇の語り、登場人物、そして形象——のうちに保つところにある。これこそ、つまり没道徳的な自然の力を美的に構造化し、それによって再生産することを通じて、人生の道徳的解釈を越えようとすることこそ、ニーチェが悲劇芸術の「魔術的」かつアポロ的機能と呼んだものなのである。

ソフォクレスは、ギリシアの舞台における最も苦悩に満ちた姿である不幸なオイディプスこそ高貴な人間であると理解した。智慧を持ちながら誤りと悲惨に陥るべく定められているオイディプス、しかもその最後には、強烈な苦しみを通じて、魔術的な浄福の力を、彼の死を越えてなおも働き続ける浄福の力を回りに放っているオイディプス。高貴な人間は罪を犯さない、とこの深遠な詩人は言おうとしているのだ。いっさいの掟も、いっさいの自然的秩序も、いやそれどころかいっさいの倫理的世界が、彼の行動によって崩壊するかもしれない。しかし、まさにこの彼の行動によって、転覆された古い世界の遺跡の上に新しい世界を打ち立てる力を持ったより高い魔術的圏域が定められるのである。（『悲劇の誕生』9）

アポロとディオニュソス

『悲劇の誕生』で導入されている二つの主要な概念は「アポロ的なもの」と「ディオニュソス的なもの」である。ニーチェは「芸術の発展はアポロ的なものとディオニュソス的なものという二元性と結びついている」（『悲劇の誕生』1）という議論でこの本をはじめている。アポロはギリシア精神の中で、秩序、明晰、均整、そして形式的調和の能力を表している。この能力は、ギリシアの彫刻と視覚芸術においてその最高の実現を見ている。しかしまた、自己自身を芸術作品として扱い、整った強い性格を生み出そうとする古典的な要求もアポロ的なものの表現である。それゆえアポロは「個体化の原理〔principium individuationis〕」の神的形象化でもある。つまりは、周囲の物質から離れて立つ整った姿（同）なのである。それと反対にディオニュソスは、カオスとエクスタシーのエネルギーであり、いっさいの規矩正しい形式的構造を脅かす。ディオニュソス崇拝の儀式は、セクシュアリティ、無意識の欲望、そして自然の没道徳的な力を祝ぐ。ディオニュソスは、自立した個人という文明的な「個体化」を破壊し、われわれを自然の最内奥の核と再び結びつけるのである（同）。ディオニュソス的なものは、原初的な力と、聴く者をして「自己自身を完全に忘失させる」ほど酔わせる音楽の麻酔的なリズムのうちにその美的表現を見いだすのである（同）。

ニーチェにとってアポロ的な芸術は、形式的および倫理的な性格のものである。秩序と明晰さという形式特性は倫理的次元を伴っている。なぜならばこうした特性によってわれわれは、混沌とした現実を構造化し、整合的な語りへともたらし、われわれの経験の本性について反省的思考が可能となるからである。ニーチェが形式の起源を夢という生理的状態に戻して考察しているのを見るならば、アポロ的芸術のもつ倫理的側面が明らかとなろう。アポロ的なものは、夢という「美しき仮象」において始まると、ニーチェは論じる。なぜならば、夢はわれわれに「形式の直接的な把握」（『悲劇の誕生』1）という快楽を教えてくれるからである。美的調和というこの経験は、いっさいの美的芸術の前提条件である。アポロ的な芸術は、夢と同じく「幻想」である。なぜならば、われわれが混沌とした一連の衝動をはっきりした姿や言辞へと組織化するために必要な語りの形式というものを、このアポロ的芸術は与えてくれるからである。少し後でニーチェは、夢を「幻想の幻想」（『悲劇の誕生』4）と言い換えているが、これは、ドイツの哲学者アルトゥール・ショーペンハウアー（一七八八―一八六〇）に倣ったものである。ショーペンハウアーは、われわれが日常生活を構造化する際に用いる習慣化したもろもろの概念（例えば、時間、空間、因果律、同一性）を幻想にすぎないと看破した。あるいはそうした概念は、混沌を本性とする経験の上にわれわれがかぶせている、語りのためのフィクションにすぎない、というのである。われわれが知っている「現実の」生活は、こうしたタイプの語りの幻想によって生み出されたものである。演劇と視覚芸術は現実の強力な二次的ヴァージョンを提示してくれるので、先の理由からして、そうした芸術は、「幻想の幻想」を描き出してくれる、ということになる。このように無定形の自然を明白なイメージへと集約するアポロ的芸術の能力をニーチェは、一貫して称揚している。なぜなら、われわれが自分たちのもろもろの価値を問いただし、乗り越えて行くことを学ぶのは、自分たちの経験を自分自身に対して提示することによるからである。アポロ的芸術は、自ら能動的に新たな価値を創造し、生存の新たなあり方を作り出すことこそ生の「より高き真実」であることを明らかにしてくれる。「生が可能となり、生きるに値するものとなる」（『悲劇の誕生』1）のは、まさにこのアポロ的芸術を通じてなのである。

ところが、『悲劇の誕生』においてアポロ的芸術に倫理的な特権が認められているというものの、ニーチェはそれと別に、こうしたアポロ的芸術は、ディオニュソスのエネルギーによって補完されねばならないと主張する。ディオニュソス的なものこそは、自然的存在としての人間の本性への可能なかぎり最も深い洞察を表現しているのだ、というニーチェの信念が揺れ動くことは一度としてなかった。ディオニュソス的なものは、創造的かつ破壊的な力である自然の本性の没道徳性を白日の下に曝し――つまり、自然は破壊においても歓喜のうちにあるがゆえに、変化と交替の強力な担い手であるということを明らかにし――、そのことによって人間性への最も深い洞察を示してくれるのである。アポロ的なものは、変容をもたらすディオニュソス的エネルギーの力を取り込まないかぎりは、死せる形式のなかで凝り固まってしまう。それゆえ、アポロ的なものとディオニュソス的なものは、相互に規定しあう関係になければならない。しかしまたニーチェは、ディオニュソス的な「陶酔の震え」は最終的には、人類が自分たちの価値を考えるために作り上げてきたいっさいの文化的形式を破壊するであろうことを知っていた（『悲劇の誕生』2）。ディオニュソス的音楽と秘儀のエクスタシー状態は、「個人を破壊し、統一の神秘的感覚へと引き戻そうとする」。だからこそ、こうしたディオニュソス的エネルギーを構造化するためのアポロ的な美的形式が必要となるのだ。こうした理由でニーチェは、アポロ的芸術を形式による限定と考えるのである。アポロ的芸術は、人間の「より野蛮な衝動」が「病的に」ならないようにする「抑制のための境界線」を提示しているのだ（『悲劇の誕生』1）。アポロ的芸術によるこうした形式の限定によって、人間は自然から自己を切り離し、自律的個人としての自己を作り出すことが可能となる。それは、自己の生活を規制するために社会的および文化的なもろもろの構造を作り上げる「個体化の原理」なのである（同）。

『悲劇の誕生』でニーチェがディオニュソス的なものよりアポロ的なものを上位においているのを見ると、後に『ツァラトゥストラはこう言った』（一八八五）や『この人を見よ』（一八八八年に書かれ、一九〇八年に遺稿として出版）などを含む本で言祝《ことほ》がれているディオニュソスに親しんでいる読者は、困惑しかねない。しかし、ニーチェが、この二つの用語の使い方に関して一貫性を欠いているとか、自己矛盾に陥っているということはない。むしろ「アポロ的」と「ディオニュソス的」が、後期に至るとそれまでとは異なった新しい意味を持つようになっているのである。つまり、後期のディオニュソスは、アポロ的原理をも取り込んでいるのである。後期の何冊かの本においては「ディオニュソス的」であるということは、人間の衝動や情熱のいっさいを、強力で沸き立つような自我、美的全体性の見事な姿としての自我のうちに統合することである。ディオニュソス的な個人とは、生の過剰に沸き立つ力がよくコントロールされた調和的な表現なのである。そうした生は、生を裁くために生の上におかれた超越的な理念に依拠する必要がない。それゆえ、ニーチェの成熟期の作品における第一義的な対立項は、アポロとディオニュソスではなく、ディオニュソスとキリスト、つまり、絶対的で無時間的な道徳的掟に即して生を解釈したキリストなのである。

ギリシア以来この方、西洋の芸術と文化は、アポロ的なものとディオニュソス的なものとの「戦い」と「暴力的対立」によって産み出されてきた(『悲劇の誕生』1)、とニーチェは論じる。拮抗しあうこの二つの力は、ある時点ではギリシア世界を二つに引き裂きかねないほどであったが、やがて、「ヘラス〔ギリシア〕的意志の形而上学的奇跡」によって、この二つはひとつの美的形式のうちに結ばれた。そしてこの形式によって両者の力が集約され、十分に発揮された(同)。この美的形式こそギリシア悲劇であった、とニーチェは言う。悲劇の起源についてもっと詳しく考える前にわれわれは、アポロ的なものとディオニュソス的なものとのあいだのダイナミックな緊張関係が、ニーチェにとってギリシア文化の擡頭と没落を説明するモデルとなっていることに注目しておかねばならない。ギリシア文化を讃える一八世紀のドイツでなされていたような、美的形式と民族的性格が結合するという想定を、このモデルは直接に否定している。「彼らの眼の信じがたいまでの正確さ、色彩への輝かしい、そして偽りのない喜び、こうしたものを見ると、彼らの夢にも線と輪郭の、色彩と群の論理的な因果性を、彼等の最高の浮き彫りにも似た一連のシーンを認めないのはむずかしい。それは、後の幾世代を恥ずかしがらせるほどのものである」（『悲劇の誕生』2）。だがしかし——とニーチェは続ける——芸術におけるこのアポロ的傾向の絶頂を、ギリシア的性格の「自然な」表現と理解するならば、それは誤りである、と。むしろ、個別性を強調するギリシア芸術のこの形式は、古代世界に来襲したディオニュソスの秘儀の「危険な力」からギリシアを守るために、特別にできたものなのである。「アポロの威厳に満ちた拒絶的な態度が不滅の姿を取ったのは、ドーリア芸術においてである」とニーチェは論じる（同）。アポロ的芸術は、それが文化的価値を表現しうるようになったまさにそのときに、文化的秩序を確立したのである。A・W・H・アドキンズやキーモン・ライコスのような二〇世紀の思想史家たちは、ギリシア文化が道徳的秩序を要求するようになったのは、ローカルで、ほとんど部族ごとのコミュニティから都市国家へという変動にともなった現象であることを明らかにしている。しかしながらニーチェは、この政治的かつ歴史的な発展を、もっと一般的な重要性を持った出来事として見ている。ギリシアの例は、確立した、そして誰からも問題視されることのない安定した道徳がなくても、生きることが可能であることを示している、とニーチェは見る。ギリシア人は、価値を創造するその能力においてずば抜けていたのだ、と。

文化的発展についてのニーチェのダイナミックな解釈は、時代の交代が必ずしもスムーズな自然的な進歩のパターンにしたがって起きるような単純なものでないことを示している。むしろ、生の内部にはさまざまな力と抗争があって、それが破壊も再建も必然的に引き起こすのだ。こうした見方に依拠すると、アポロとディオニュソスのあいだの美的釣り合いは、たえず続くプロセスであることが分かる。というのも、ディオニュソス的エネルギーは、どんな文化をも危機に陥れるに十分な力を持っているからである。秩序と無秩序のあいだのこの抗争の二つの特徴的な帰結をニーチェは指摘している。そのひとつは、ギリシアの宗教の発展であり、もうひとつは、ギリシアの神々の創出である。ディオニュソス的秘儀の破壊的なパワーがついに都市にまで侵入してきて、ギリシアの市民的秩序に宗教面また祭儀面で挑戦しはじめたとき、ギリシア人たちはそれに対する答えとして、新たな美的形式を作り出した。それは、このディオニュソス的な力を調停し構造化する能力を持った美的形式である。この新たな形式が、作り変えられたギリシアの宗教なのである。この時期以降、ギリシアの宗教は儀礼行為を中心として再組織される。つまり、ディオニュソス的エネルギーを秩序づけ、快楽と苦悩の没道徳的な結合についての融和的な解釈を提示する儀礼となった。しかし、その際に、社会秩序をひっくり返しかねないひとつの要素、つまり音楽だけは徹底的に排除されることになった。音楽がもたらす独特の危険とは、「音の圧倒的な力、メロディーの統一的な流れ、そして、ハーモニーのもたらす比類なき世界」が、(眼、四肢、口、などの)身体のいっさいの力の完全な解放を産み出すところにある。そして、音楽によって快楽と苦痛の独自の場へと身体が解体され、われわれは自律的で個体化された社会的存在であるという感覚が破壊されてしまいかねない（『悲劇の誕生』2）。自律的な自我が、一連の感覚的な力や嗜好に解体される危険を回避したのが、オリンポスの神々の創出であった、とニーチェは論じる。この新しい神々の創出こそは、アポロ的ギリシア芸術の偉大なる勝利のひとつであった。なぜならば、それによって、これまで手に負えなかったディオニュソス的衝動の再編が、つまり、ギリシアの宗教による文化的アイデンティティの自己主張の再編が完成したからである。ギリシア人にとってこの神々が必要となったのは、神々こそは、あのオリンポスの「芸術的中間世界」、つまりエクスタシーに溺れる没道徳的なディオニュソス的生活を、個別化されたイメージへと具象化し、封じ込めてくれる「中間世界」だからである。彼ら神々は、「善であろうと、悪であろうと、いっさいの存在するものが、神格化されている生存のあり方」をわれわれに啓示してくれているのだ（『悲劇の誕生』3）。ギリシア人は、生存の恐怖と凄まじさを痛ましいほどによく知っていた。それを知りつつ生きるには、彼らは自ら作り出した神々に範を取る以外になかった。神々は、最も深い苦悩を喜びに、そして生の創造的可能性の肯定へと変容することができるのだから。「生きるためには」とニーチェは結論的に言う、「ギリシア人は、心の奥底からの必要性にもとづいてこれらの神々を作らねばならなかったのだ」（同）。

自己解体にいたるようなディオニュソス的経験をギリシア人がたえず呼び起こさねばならなかったのは、こうした自己解体の補いとなるアポロ的芸術および自律的な自己というヴィジョンが生まれるためであった——こうした考えは、文化史についてのニーチェのダイナミックな考え方の基本的前提であった。悲劇的芸術にわれわれが抱く逆説的な喜びは、大それた野心（例えば神々に挑戦し、王を無きものにしようとする高慢）を放棄し、適切な社会的境界を守ろうという道徳的決断に由来しているわけではない。むしろこの喜びは、われわれがアポロ的形式を完成させるために保持している生のディオニュソス的力への記憶から生まれているのである。ギリシア文化の繁栄の歴史がわれわれに語ってくれるのは、「ディオニュソス的なものとアポロ的なものが、常に交互に新たに生まれ変わる一連の過程で、おたがいに高まり合いながら、ヘラスの文化を生み出して来たこと」なのである（『悲劇の誕生』3）。歴史のこうした筋書きにとって悲劇の発展は決定的に重要である。なぜならば、まさに悲劇こそは、ディオニュソスとアポロという二つの世界の橋渡しをしてくれるからである。悲劇の起源をニーチェは、音楽および叙情詩の持つディオニュソス的な力のうちに探りあてる。叙情詩は、個人主義という近代のいかなる考え方よりも以前から存在していたし、またそれをはるかに越えて存在している、とニーチェは論じる。叙情詩的な音楽家は、世界の根源的矛盾および苦悩と一体である。「彼自身が、根源的苦悩であり、その根源的反響なのである」（『悲劇の誕生』5）。彼のありようは、存在の「深淵そのもの」から立ち上がってくるのであり、彼の叙情詩の形象は、彼を通じて語り出す世界の表現にすぎない。ニーチェが強く主張するところによれば、芸術家自身は、美的創造の基盤でも源泉でもなく、芸術家は、生の根源的な力がその最も力強く、かつ緊密な表現を見いだすための媒体《メディア》なのである。「芸術家であるかぎり主体は、すでに彼の個人的な意志から解放されて、いわば媒体《メディア》となっている。つまり、それを通じて真に存在する主体が仮象において自らの救済を祝う媒体《メディア》となっているのだ」(同)。芸術は、ディオニュソスの根源的な力を表現へと媒介するのであり、それゆえ、芸術家個人が熟考してできるものではない。だからこそ、芸術に道徳的もしくは博愛主義的な機能を要求することなどできない。芸術の価値とは、いかなる道徳的もしくはイデオロギー的解釈をわれわれが生に上から押しかぶせようと、そうした解釈より以前に存在している生の創造的な力をわれわれに経験させるところにあるのだ。芸術は善悪の彼岸に存在する力である。われわれの「正当性」は、生がどのようなものでありうるかという、いまだかつて知られない新たなヴィジョンを発見するところにあるのだ――そして正当性についてのこの考えこそ、芸術がわれわれに教えるところなのである。

音楽と仮象

芸術家は、「生」が彼を通して語り出す特別な媒体《メディア》である、というニーチェの表現はまた、彼の初期の哲学においてなぜ音楽が中心的な役割を占めているかを、説明してくれる。なぜなら、音楽は単に、存在の「根源的一者性」の表現であるだけではない。美的形式による存在の象徴化であると同時に、存在でもあるのだ。音楽はディオニュソス的なヴァイタリティを表現する。そして、存在のあり方を表象するという事実も、自らアポロ的象徴形式へとエネルギーを放出しうる潜在力があることを示している。ニーチェが音楽による「世界の象徴化〔Weltsymbolik der Musik〕」と呼ぶものは、「いっさいの現象を越えて、さらにはいっさいの現象以前に」存在し、言語によって十分に表現しえないもののことである。他方で、この「世界の象徴化」は、形式が存在しうる手段としての象徴的語りをも提示している（『悲劇の誕生』6）。「悲劇はコロスから生まれ、その起源においてはコロスだけであり、それ以外のなにものでもなかった」（『悲劇の誕生』7）というニーチェの悲劇理論の核にあるのは、音楽のこの二重の機能である。つまり、ディオニュソス的力でありながら、たえずアポロ的形象へと自己を流出させるという二重の機能である。

悲劇の「コロス」とは、悲劇のドラマの展開の元になっている合唱〔コーラス〕の歌のことである。元来は五十人ほどの男たちが歌う賛歌のことだったが、この数は、壮大な悲劇が生み出された紀元前五世紀の時代にはおよそ十五人に減っていた。上演におけるコロスの役割は歴史的に変わっている。ある時は、声楽の動きは、時間の経過を表し、またある時は、人間と神々の関係を探る役割を持っていた。コロスはまた時には舞台上の人物たちの心情を披露し、時には彼らの気持ちを挑発することで、舞台上の所作のカウンターパートとしてのリズムという役割を果たしている。だが、コロスについてのニーチェの解釈はこうした学問的な見解とは異なっている。学問上では、コロスは「民衆」や「理想的観客」を、あるいは最悪の例で言えば、「アテナイの民主主義の道徳的掟」を表すとされている（『悲劇の誕生』7）。ニーチェの考えは逆で、コロスは悲劇というミクロコスモスのなかで、悲劇のダイナミズムの全体を表している。つまり、圧倒的なディオニュソス的な生を形式へと翻訳してくれるダイナミズムのことである。この形式のおかげでわれわれは個体化の感覚によって無事にこの生を生き延びることができるのだ。そのためにコロスは、ディオニュソスの尽きることのない力とその根源的存在との一体性を、物語上の「中間世界」という手段によって、象徴的ヴィジョンとして提示するのである。ドラマの語りがコロスによって産み出されて行くことは、観衆にとって重要な機能を果たしている。ディオニュソス的状態は、生存がカオスであり、無意味であることを人間に垣間見させてくれる。こうした非人間的なヴィジョンを「生とうまく折り合う」形象や理想へと変形することによって、コロスは、われわれがディオニュソスのエネルギーに依拠して生きうるようにし、生を考えることをいまいちど可能にしてくれるのである（『悲劇の誕生』8）。ディオニュソス的エネルギーの表現と蕩尽という二つの同時的現象は、下半身が山羊のような姿をしたサチュロスの一群によって産み出される。サチュロスこそは、「いっさいの文明の背後に潜む不滅の」ディオニュソス的動物なのである。そしてそれが可能になるのは、悲劇のコロスとその観客との特別な関係による。その原初的な形態において悲劇のコロスは、観客たちの意識を消失させ、国家や社会において一人ひとりのメンバーを切り離すさまざまな亀裂を想像の中で越えさせ、「自然の最内奥にまでさかのぼる圧倒的な統一感」

を思い起こさせるのだ。これが悲劇によってもたらされる形而上学的な慰謝なのである。つまり、ディオニュソス的な力としての生こそは、その社会や政治への偶然的な影響がどのようなものであろうと、生は最終的に「破壊不可能で、力に満ちた喜ばしき」存在であるという感覚である。一人ひとりの個人が生を拡充して生きる意志を、自己の状況を越えて生きる意志を与えてくれる生の力に関する真理を悲劇は見せてくれるのだ。人間は「芸術を通じて救済される。そして芸術を通じて生は人間自身を救済する」とニーチェは結論する。

しかしながら、悲劇が人間にこの形而上学的な慰めを提供できるのは、ひとえにディオニュソス的な力のアポロ的媒介のゆえである。ディオニュソス的状態の「エクスタシー」が与えてくれる、根源的な「事物の本質」への深い洞察の経験に依拠しているだけでは、人間は俗っぽい日常生活から拒絶され、もはや社会の中で生きて行くことはできない（『悲劇の誕生』7）。ディオニュソス的な知は行為を阻止してしまう。行為というのは、どうしても「仮象のベール」が必要なのだ。この仮象は、ギリシア悲劇の上演における空間的配置によって生み出される。そこでは「観衆とコロスとの間にいかなる基本的な対立も存在しない。というのもいっさいは、踊りかつ歌うサチュロスの、そしてこのサチュロスが演じる生命の壮大で崇高な合唱でしかないからである」（『悲劇の誕生』8）。コロスと観衆の間にいかなる絶対的な区別もないために、観衆は幻想の中で自己自身を、ディオニュソス的群衆のなかに投じることが可能となる。だが、そこには狂乱からのいくらかの批判的距離が保たれている。つまるところ演技する者たちは、パフォーマンスの内部にいるとともに外にも位置していることになる。

見る者にして見られる者でもある。そしてこの二重のポジションが、「ディオニュソス的人間の自己投影」を生み出すのである（同）。サチュロスのコロスはそれゆえ、その動きにおいて自発的であり、同時に自らを意識している。この二重の動きにこそ、ギリシアのドラマの始まりがあるのだ、とニーチェは論じる。演技者も観衆も自己が変容しているのを意識し、同時に、あたかも他の人間であるかのように動いている。ディオニュソス的に夢見る者は、自らがサチュロスに変身しているのを見る。彼がディオニュソスに重ね合わせて見るのは、このサチュロスとしての自分なのだ。ドラマは、この「自己自身の外部にある」舞台上の生の新たなヴィジョンにおいて完成する。この舞台上のヴィジョンは、「彼のおかれた状態のアポロ的補完」（同）なのである。こうしたパースペクティヴからニーチェは、悲劇の特性を「ディオニュソス的コロス」に見る。「たえずアポロ的な形象の世界へと自己を解放するディオニュソス的コロス」ということである。舞台上のドラマは「ディオニュソス的知のアポロ的シンボル」ということになる（同）。

悲劇のコロスはこうして、「世界の唯一の基盤」である、永遠かつ根源的な苦悩というディオニュソス的条件の身の毛もよだつ知を表現しながら同時に、このディオニュソス的知が宥和され、生の基盤へと変形されるための形象と語りをもたらす（『悲劇の誕生』4）。ディオニュソス的な力とアポロ的な形式のこの相互依存性をニーチェは『悲劇の誕生』の末尾で次のように強調する。

音楽と悲劇の神話とは同じように、民衆のディオニュソス的能力の表現であり、相互に切り離しえない。両者はともにアポロ的なものの彼岸にある芸術の領域に由来している、快楽の和音の中で、不協和音も恐るべき世界像も魅惑の中で消えて行く、そうした芸術の領野を、音楽と悲劇の神話は美しい形象とするのである。両者は、自らの力強い魔法の術を頼りに苦悩の棘と戯れる。両者はこの戯れを通じて、「最悪の世界の存在」すらも正当なものと見せてくれるのだ。ここにこそディオニュソス的なものが、アポロ的なものに対抗して、永遠かつ根源的な芸術の力〔Kunstgewalt〕としての姿を現すのだ。そしておよそ現象の世界全体を存在せしめてくれるのである。個体化の生きた世界を生につなぎとめておくために、この現象世界の中央部にすべてを美しく変容させてくれる仮象が必要なのだ。もしも不協和音が受肉してこの世の人間となるということを考えうるとしたら――人間はこの不協和音の受肉以外のいったい何ものだというのだろうか？――およそこの不協和音が生きるためには、すばらしい幻想が必要となる。不協和音という本質の上に美しい仮象のベールをかぶせてくれる幻想が。これこそアポロの真の芸術目的なのだ。われわれは美しい仮象という無数の幻想をまとめてアポロの名で呼ぼう。こうした無数の幻想こそは、いかなる瞬間でも、この人生をおよそ生きるに値するものにしてくれ、次の瞬間も体験したいという気持ちを強くさせてくれるのである。

（『悲劇の誕生』25）

悲劇の死

ギリシアの悲劇的ヴィジョンが持つ美的かつ倫理的な力は、美と個体化された形式というアポロ的世界とそのディオニュソス的「基体」とが「相互に必要としあっている」ことによっていた（『悲劇の誕生』4）。同じ理由によって、ギリシア悲劇の没落はアポロとディオニュソスの分離が引き起こしたのである。ニーチェはこの悲劇の没落に三段階を見ており、それぞれの段階は、エウリピデス、ソクラテス、そしてソフォクレスによって示されているとする。これらの人物の誰をもニーチェが明白に断罪することはない。なぜならば、生の否定はどのようなものであれ、そのつどそれによって抑圧されるエネルギーの痕跡をとどめているからである。とは言いながら、ソフォクレス的悲劇への移行過程にニーチェは、弱さと道徳が強まる傾向を見る。まさにこの道徳こそは、役に立たない徳目に服従するわれわれの近代のあり方の根幹となっているのである。戯曲作家エウリピデス（前四八四―四〇六）は、『悲劇の誕生』における悪役の一人である。なぜならば、彼こそはギリシア劇における一連の形式的変化に先鞭をつけたからである。そしてこの変化は、ニーチェの論ずるところによれば、深刻な害毒を宿した政治的帰結に至ったのである。エウリピデスの真の犯罪は、「ディオニュソスを放棄した」ところにある。つまり、悲劇の観客個人の日常生活が「日常の人間」を演じるべく舞台上にもち出され、もっぱらこの舞台上の「日常の人間」に依拠したため、悲劇のヴィジョンが弱体化し、ディオニュソスの神話をこの弱体化したヴィジョンに合わせることになり、それによって、ディオニュソスが放棄されたのである（『悲劇の誕生』11）。エウリピデスによって弱体化された悲劇は、ニーチェの論じるところによれば、「新アッチカ喜劇」として知られる新たな流行を生んだ。この喜劇においては、社会的リアリズムと道徳的訓戒とが結びついていた。悲劇による形而上学的もしくは非人間的な慰謝の代わりに、エウリピデスは、普通の市民の人生と野心を、日常の市民の利益のための道徳的訴えと結びつけて描いたのである。悲劇はもはや力と衝動の競い合いを描くものではなくなり、悲劇の抗争的なエネルギーは、ドラマの観客の観点から組織されている。観客のユーモアや偏見が固陋な「日常の」人物によって舞台上で演じられるのである。悲劇の世界がひっくり返され、上下がさかさまになってしまった。今やわれわれは生が平均的で弱い人々によって演じられ、それについて判決が下されるのを見ることになった、とニーチェは不満を並べている。エウリピデスの悲劇と新喜劇におけるふつうの人間は、理想の過去や理想の未来への関心を失ってしまった。こういう人間は「過去や未来を現在よりも高く評価することを知らない」(同)。「根源的ですべてにおいて強力なあのディオニュソス的要素を悲劇から排除したこと、そして悲劇を非ディオニュソス的な芸術、道徳および世界観にもたれかかってまったく新たに作り上げたこと」(『悲劇の誕生』12)によってエウリピデスは、コロスの秘儀の謎めいた深さよりも、社会的リアリズムおよび訓戒的コメントの方に優位を与えたのである。たしかにエウリピデスは彼の人生の最後にあって、ディオニュソスを舞台から追い出したことを後悔するようになったが、にもかかわらず合理主義と道徳的批判の勝利はすでに決まっていた。悲劇の重要な批判者の一人であるソクラテスが登場したためである。

ギリシア悲劇の歴史における決定的な抗争は、ディオニュソス神話とソクラテスの哲学の間で戦われた。この戦いによって「ギリシア悲劇の芸術作品は滅びた」(『悲劇の誕生』12)。エウリピデスの悲劇の中心的問題は、ニーチェから見るとふたつある。ひとつは、悲劇の力学を、アポロ的芸術の秩序ある形式に見るのではなく、「冷たい、逆説的な思考」に求めたことである。次には、いっさいの社会的構造の背後に潜んでいるディオニュソス的なエクスタシーを観衆に思い起こさせることをしないで、彼らのエモーショナルな反応のみを引き起こそうとしたことである。結果としてエウリピデスの悲劇では、悲劇のアポロ的効果もディオニュソス的効果も不可能になってしまった。「エウリピデス的演劇にとっては、叙事詩のアポロ的効果を得ることは不可能になり、また他方で、ディオニュソス的要素からもできるかぎり離れてしまった。それゆえ、およそ効果を引き出すためには、新たな興奮手段を必要とすることになった。ところがそうした新たな興奮手段はもはやアポロ的衝動にもディオニュソス的なそれにも、つまりおよそ芸術衝動と言えば、この二つしかないのに、そのどちらのうちにもあり得ないのである」(同)。こうした新たな刺激が出現したのがソクラテスの教えの中である。ソクラテスの哲学は、対話の形式、あるいはディアレクティケーの形式を発展させた。この対話において、道徳的価値、政治的価値、美的価値についての競合し合うさまざまな定義が、普遍的真理の探求を目指して論究の対象となる。神話に取って替わってソクラテスの良心が入ってくるとともに、ギリシア文化の中で創造的原則が覆い隠されてしまった。今や哲学が芸術を圧倒し、芸術はディアレクティケーの進歩的論理的発展にしたがって次から次へと改変されてしまう。ニーチェの論じるところによれば、われわれが悲劇の死を目の当たりにするのは、ソクラテス哲学における三つの「楽天的な公式」においてである。つまり、知は美徳であり、すべての罪は無知に由来し、徳のある人間は幸福な人間である、という三つの公式である。その指導原理は、「現象の渦巻きの下には、破壊されることのない永遠の生命が前へ前へと流れている」という形而上学的慰謝ではなく、むしろ、美よりも明晰さこそが、悲劇的ヴィジョンの本性を定義するという美的ソクラテス主義なのである（同）。

ギリシア悲劇という芸術の解体は、劇作家ソフォクレスによってさらに続けられる。それは、悲劇のコロスに対する彼の攻撃にはっきり示されている。コロスはソフォクレスにとっては、なくてもいい存在となる。「われわれの理解では、コロスは悲劇と悲劇的なものの根拠としかみることができないにもかかわらずである」（『悲劇の誕生』14）。今やコロスの役割は、俳優のレベルに限定されてしまい、そのプロセスでコロスの本質は破壊され、コロスの抹殺の種が蒔かれたのである。この時点からコロスはもはや「音楽の視覚的象徴ではなくなり、ディオニュソス的恍惚の夢の世界ではなくなった」（同）。ソフォクレス以降のドラマにおいては、批判的理性による定義の力が役割を持つようになり、そのことは、性格描写、心理的展開、そして演劇的自然主義において明らかとなる。逆にコロスの機能は、マイナーな登場人物に割り振られることになる。悲劇的芸術のこうした新たなあり方は、ニー

ディアレクティケー（弁証論、弁証法）

プラトンの対話においては、対話とは真の理念もしくは形式に到達するために用いる方法のことである。ソクラテスは対話のさまざまな相手に例えば、真理、友情、正義、美、あるいは愛などの定義を求める。そして得られたさまざまな定義を論じる過程で、それらが部分的だったり、不十分だったり、あるいは矛盾を

はらんでいたりすることを明らかにする。そしてすべての常識的な見解や主張を斥けることで、ソクラテスの対話は、こうした理念の真の定義というのは、単なる見解を越えたところに探し求めねばならないことを示唆するわけである。対話は、このように意見を斥けることからはじまるか、あるいは、賢いと想定された雄弁家たちが提示する巧みな定義とは違ったものを示そうとする。それゆえソクラテスの対話というのは、否定的な様態をしている。

ドイツの哲学者ゲオルク・ヴィルヘルム・フリードリヒ・ヘーゲル（一七七〇―一八三一）においても、弁証法は否定という形態を取る。例えばわれわれは、感覚で知覚したものは真であると理解する。しかしまた、われわれは、「真理」とは常に同じもので、いかなる場合でも妥当するものであると理解する。両方の意味とも真理という概念が要請するように見えるが、両者はおたがいに矛盾しあう関係にある。そしてヘーゲルは、いっさいの哲学的な概念はこのような矛盾をはらんだ、否定的な、つまりは弁証法的な形態を取っていると主張するのである。こうしたもろもろの概念の矛盾および否定から出発してヘーゲルは、生というものも、直接的なものではないということを明らかにしようとした。純粋な存在、矛盾をはらまない、あるいはポジティヴな存在といったものは、存在しえない、というのである。生のいっさいは弁証法的である。つまり、自己矛盾を、あるいは否定を宿している。生についてのこうした否定的な、あるいは弁証法的な見方は、概念に照準を合わせており、われわれが世界について考え、真理に至る方式のこととされているが、ニーチェはこうした見方に対抗して、生におけるポジティヴで反弁証法的な闘いに固執する。生においてはさまざまな力が抗争しあう。それぞれの力はおたがいに違う。しかし、そこにはいかなる矛盾も存在しない。弁証法は矛盾から出発して、対立関係を解消する、より高次の真理へと歩んで行く。それに対してニーチェは、解決もなければ、他の概念の否定となる語彙もないかたちで、抗争とダイナミズムを持続させようとしたのである。

チェの主張によれば、生まれつつあるソクラテス的かつ「アレクサンドリア的」文化と、それに伴う高貴な価値の民主主義的転倒、そして啓蒙された「人間」なるものの輝かしい進歩への安っぽい信仰の美的補いなのである。

ギリシア悲劇の死についてのニーチェの論は、「理論的」人間と呼ばれる新しい生活形式の登場をもって終わる。ソクラテスの思想は、それまでとはまったく異なった文化、つまり反悲劇の文化の先駆とされる。反悲劇のこの文化においては、神話的知は、いかなる意味でも知ではないと見なされるのである。ソクラテスにとって悲劇とは、「まったく非合理的であった。明白な結果のない原因に溢れ、明白な原因のない結果に満ちている」(『悲劇の誕生』14)。有用性はないが、楽しめるものにすぎない。この観点から見ると美学は適切な道徳的知、つまり哲学的かつ学問的探究と同義語であるこの道徳的知からも離れた存在でしかない。今や文化的人間にふさわしい課題とは、概念、議論の組み立て、推論を総動員して、知の普遍的形式を決めて行くことである。それゆえソクラテスこそは世界史の「転換点」であった。なぜならば彼の遺産は、「合理的思考の共通のネットワークを地球の上に、いやそれどころか太陽系全体の法則性をも視野に入れて張りめぐらすことだったからである」(『悲劇の誕生』15)。

理論的人間

近代の理論的人間を描写したニーチェの文章は、悲劇芸術の歴史の陰鬱な結末を示している。しかし、ここでニーチェは見事なひねりを入れて、ソクラテスを両義的な姿に描く。つまり、自らの反悲劇の教えが逆説的にも、悲劇的認識への欲求を新たに蘇らせることになる存在として描くのである。ソクラテスの立場のアイロニーは、合理的認識は現象世界のいっさいを包括し説明しうるという彼の信仰自身が、科学的認識の限界を覆い隠すための好都合な神話であった、というところにある。生のいっさいの秘密を説明することに科学は必ずや失敗する。その失敗こそは、このアイロニーをまた深めるのである。なぜならば、結果として理論的人間は、合理主義が体系的に押さえ込んでいた力、つまり芸術と宗教にこそ今一度訴えざるをえなくなるのである。『悲劇の誕生』の第一版は、「認識への満たされることのない楽天的な熱意」が悲劇的諦念と芸術への新たな渇望へと変じる転換についてこう結論づけている。

今や、自らの強烈な妄想に駆り立てられて科学はとどまるところを知らぬ勢いで自らの限界にまで突っ走る。論理の本質に潜んでいる科学の楽天主義が挫折する限界のところまでである。というのも科学の圏域のはずれの円周上には無限の点がある。いつの日かこの科学の外縁の隅々まで調べ上げることができるのかどうかすら、まだまったく見通しがつかないのだが、高貴で才能に恵まれた人間は、彼の人生のまだ半ばに達する前に、この周縁上の境界点に達し、見通しのつきがたい遥か彼方を凝視することになる。そして論理が自ら輪になって、自分自身の尻尾に嚙みつくさまを見て愕然とする。そのとき新しい認識の形式が見えてくるのだ。それは悲劇的認識である。そしてこの悲劇的認識は、それに耐えるためには、保護と治癒の手段として芸術を必要とするのである。

（『悲劇の誕生』15）

しかし、この新たな認識の形式はいかなる形を取るのであろうか。そしていつそれは現出するのであろうか？『悲劇の誕生』の改訂修正版では、こうした悲劇的認識の新たな形式はモダニティの内部で、しかもヨハン・ゼバスチアン・バッハ（一六八五―一七五〇）とルートヴィヒ・ファン・ベートーベン（一七七〇―一八二七）からヴァーグナーに至る発展（『悲劇の誕生』19）に示される「われわれの現代世界におけるディオニュソス的精神の徐々たる覚醒」という姿を取っている。こうしてドイツ音楽こそは、啓蒙の合理主義の不毛な継承に励むモダニティに対抗する、モダンな対極を形作っていることになる。ギリシア文化と近代ドイツ音楽の関係についてのニーチェの分析は、ヴァーグナーを讃えるためにも重要であったが、それとは別に、もっと一般的な重要性を持っている。つまり、現在における生のあり方のために過去を戦略的に使う彼のやり方の例として、また近代の病の診断として重要なのである。古典的遺産に対するニーチェの関心は、単に古くさいものへの興味とは無縁である。ギリシア文化は、われわれがこの今において取らねばならない生き方のモデルを提示しているがゆえに価値があるのだ。「ギリシア的模範は、二つの異なった生のモデルの境界線に立っているわれわれにとってはかり知れぬ価値を持っている。このモデル自身が自らのうちで、さまざまな移行過程と闘争を経験しており、それらが古典的で教えに富む形式へと作り上げられたのだから」（同）。ギリシア文化の没落が教えてくれることは、「神話がないならば、どんな文化もその健康で創造的な自然力を奪われてしまう」（『悲劇の誕生』23）ということである。これこそわれわれが学ぶべき重要なことであるとニーチェは論じる。なぜならば近代文化はその神話的次元を失っており、神話がなければ人類は文化的秩序やまとまりについてのセンスを持ち得ないからである。

そして今や神話を失った人間は、永遠の飢えに苛まれつつ、いっさいの過去のまっただ中に立ちながら、ルーツを求めて掘り回り、探り回る。たとえ遥かな太古にまでルーツを求めて掘り進まねばならないとしても、それをするのだ。決して満足することのない近代文化のこの猛烈な歴史的欲求は、そして自分たち以外の無数の文化を回りに収集し、認識を消費し尽くそうというこの欲求は、神話の喪失でないとしても、神話的故郷の喪失、神話的な母の懐の喪失をまさに示唆しているのではなかろうか？

（『悲劇の誕生』23）

近代文化のなかでの芸術にとって決定的な役割は、経験に形式を与える神話的構造を産み出し、同時に「生の真に形而上学的な意味」を回復させ、それによって、ギリシアの範例を再び作ることである。こうした美的機能は、サミュエル・テイラー・コールリッジの「クーブラ・カーン」（一七九七）のような、アポロとディオニュソスの二元性に立ち戻る詩において果たされている。この詩は、カオスに対してクーブラが秩序を課すところからはじまっている。

ザナドゥにクーブラ・カーンは
壮麗な歓楽宮の造営を命じた
そこから聖なる河アルフが、いくつもの
人間には計り知れぬ洞窟をくぐって
日の当たらぬ海まで流れていた。(Coleridge 1963)

「肥沃な土地」の一帯は今や、「城壁と物見櫓」が「帯のようにめぐらされて」いた。こうして未知で「計り知れぬ」自然の空間に形式とまとまりが与えられる。形式と形式の欠如のこの分離こそは、人間的な文化の価値を産み出す助けとなるのだ。ドームは「壮麗」で、「歓楽」の場であり、苦悩や闘争の場ではない。しかし、文化となったアポロ的な形式は、それがディオニュソス的生存の根源的な力から切り離されるならば、空疎でうつろな様態へと硬化しかねない。「クーブラ・カーン」の第二連は、根源的で文化以前の力の執拗さを描いている。自然という「荒れすさんだ場」が、人間の作った構造に囲い込まれることに抵抗するのである。

しかしおお、あの深い謎めいた裂け目は何だ、杉の山肌を裂いて緑の丘を斜めに走っている！
何という荒れすさんだ所か。鬼気もせまること
さながら魔性の恋人に魅せられた女が
三日月の下を忍んできては泣くような場所だ。
この裂け目は絶えずふつふつと煮えたぎり
さながらこの大地がぜいぜいとせわしなく喘ぐかのようであったが、
間をおいて力強い泉がどっと押し出された。
そしてその激しい半ば間欠的な噴出のさなか
巨大な岩片《かけら》の飛び跳ねるさまは、たばしる霰《あられ》か
連竿《からざお》に打たれ、はじける籾粒《もみつぶ》のようだった。
そしてこの躍り跳ねる岩塊と時を同じくして
裂け目から聖なる河がほとばしり出た。（同）

大地の底から岩石の「巨大な岩片」をまき散らしながら「激しく噴出する泉」は、人間の文化が生み出したさまざまな壮麗な形にとって、そうした拵えものにとって脅威となる。しかしまたニーチェが指摘するように、アポロ的形式による媒介がないならば、ディオニュソス的エネルギーも、ただ不定形なカオスでしかない。芸術の役割は、このエネルギーを構造化しながら、他方で自然の根源的で没

道徳的な力の記憶を保ち続けることにある。アポロ的なものによるディオニュソス的なものとの和解は「クーブラ・カーン」においては、聖なる河の「入り混じった調べ」によって象徴されている。文化以前のエネルギーを一つの形式へと美的な変容を遂げさせ、自然の世界のパワーと人間性を結びつけるのが、この聖なる河なのである。その「迷路のようなうねり」は、自然の非人間的な力を制限し、枷にはめるために必要なもろもろの形態化された構造が必要であることをクーブラに告げている。以下に引く数行では、歓楽のドームは、自然の聖なる秩序についての美的反省へと変容されている。クーブラの歓楽のドームがその影を水面に投げかけているのは、そのゆえである。

五マイルにわたって迷路のようにうねりながら
森や谷を抜けて聖なる河は流れた。
やがて人間には計り知れぬ洞窟に至り
生きものの棲まぬ海に音を立てて沈んだ。
そしてこの騒音のさなかにクーブラは聞いた、
遠くから戦争を予言する先祖たちの声を。
歓楽宮のドームの影が
川路なかばの波間に浮かび
噴泉と洞窟の双方から

入り混じった調べが聞こえた。
それはたぐい稀な造化の奇蹟、
氷の洞窟を持つ陽光の歓楽宮!（同）

十四年後の一八八六年にニーチェは『悲劇の誕生』の再版を出したが、その際に「自己批判の試み」と題した新たな前書きを附した。ここには、同書の中心的なテーゼに関してかつてとはきわめて異なった見解が表明されている。たしかに、ここでも彼の中心的議論は繰り返される。つまり、「恐ろしいもの、悪しきもの、謎めいたもの、破壊的なもの、運命的災いをもたらすものをすべて」求めるギリシア人の激しい欲求は、生の充実を徹底的に味わい尽くしたいという彼らの深い欲望に由来しているという考えである。そのうえでニーチェはまた、科学的理念と政治的民主主義の楽天主義を、力の衰弱と心理的疲労の徴候として描き出すところまでは同じである（『悲劇の誕生』「自己批判の試み」4）。だがしかし、ここでニーチェは、理想的な美的秩序に先立って存在する「自然」、そうした美的秩序の現れである「自然」という、彼がかつて抱いていた「ロマン主義的な」信仰を批判し始める。この「自己批判の試み」は、『悲劇の誕生』への攻撃が目立つ。今やこの本は、「高慢で夢想的な本」と形容されてしまう（『悲劇の誕生』「自己批判の試み」3）。ニーチェがこうした攻撃を開始した理由は、日常生活の現象世界と、現象の背後の救済をもたらす永遠の価値なるものの圏域——この二つの間の区別をもはや信じないところにある。今やいっさいの生は、「仮象、芸術、欺瞞、光学、パースペクティヴの必然性、そして誤謬にもとづいているのだ」（『悲劇の誕生』「自己批判の試み」5）。われわれは「形而上学的慰謝」へのいっさいの信仰を放棄し、この生の豊饒な経験と力を喜び楽しむべきである、とされる。この目的を達成するためにわれわれがさらに必要とするのは、表象、パースペクティヴ、そして価値の関係を探索することのできる新しい言語なのである。彼は、メタファーについての著作でこの新しい言語を作り始める。この問題は次章で扱うことになる。

まとめ

ニーチェによる悲劇の再読は、生の非道徳的な解釈をめざしてなされた、ギリシア悲劇のラディカルな読み返しである。ギリシア悲劇は形而上学的理念に由来するものではなく、ギリシア文化をディオニュソスの根源的な創造の力と再び結びつける現実の諸力の出会いとして見る議論をニーチェは展開する。ギリシア文化の輝かしい勝利は、ディオニュソス的エネルギーの破壊的な力を媒介し融和する一連のアポロ的形式を見いだしたところにある。ギリシア文化の退潮は、アポロとディオニュソスの離別とともに、そして理性というアポロ的な概念がソクラテスの哲学において高められるとともに始まった。生を規制し、裁くために、真理、道徳、そして理性という新たな概念が生より高い位置に置かれるようになった。ディオニュソスの創造的なパワーから人類がこのように切り離されたために、生の多様な力が概念の内部で制限される。そうした制限は現代の生活にも深くつきまとっている。

第二章　メタファー

この章では、真理の起源と成り立ちについてのニーチェの分析を見ることにしよう。真理が「起源」を持ち、また「作られた」ものかも知れないという示唆は、多くの読者を当惑させるだろう。ともあれわれわれは普通、「真理」が永遠に変わることのない評価基準であり、それによって思考と経験との間に適切な関係を築くのだと考えている。さらには哲学の妥当性は、価値（特定の文化がみずからを規則づけるために使用する諸概念を示すものであり、時と場所によって異なるもの）と、真理（さまざまな事実間の普遍的で客観的な関係を築く超越的な概念）との区別にもとづいていると通常は考えられている。ニーチェが行ったもっとも大きな挑戦のひとつは、まさにこの真理と価値の区別を拒否しようとする点にある。真理とは、人間のさまざまな価値という偶発性のかなたの領域に存在するものではない、とニーチェは論じる。真理はそれ自体が歴史をもった価値なのであり、その歴史が問いただされねばならない、というのである。

歴史的な成り立ちを持つ真理に対する批判を、ニーチェは真理とメタファーの関係を定義しなおすことによって展開する。一見したところ、真理とメタファーは共通点をほとんど持たないように見えるかも知れない。われわれは通常「真理」という言葉を、世界の事実について客観的で価値に左右されない見方を表すために使う。何かが「真」であると言われるのは、社会的あるいは歴史的な状況の影響を受けることなく、世界について恒常的で変わることのない見方が示される時である。数学や自然科学について「真理」という言い方をするのは、このような意味においてである。これに対してメタファーは、多種多様なものの見方を提示しているように見える。たとえばシェイクスピアが『ヴェニスの商人』（一五九八）で「この堤に微睡む月の光のなんと美しいことか」と書く時、彼が詩的な比喩（微睡む）で記述しているのは、字義通りの（literal）、ないしは現実世界の経験（月光が地面に反照しているという知覚）である。この比喩は、メタファーの言葉である。それは字義通りの言葉あるいは事柄について、これまでとは違った新しい認知の仕方を提示している。月光は――肉体をもっているわけではないので――微睡むことなどない。しかし月光をこのように擬人化することによって、シェイクスピアは観客たちも一体化できるような人間的な落ち着きと安らぎの感覚を呼び起こしている。つまりメタファーの言語は明らかに、人間の経験の「客観的」で「現実的」な記述と関係しているのである――シェイクスピアは、われわれが身の回りのどこにでも見いだすことができる経験の真理を表出するような生き生きとした劇的なイメージを提示しているのだ――しかし、この表象は世界について特定のパースペクティヴを作り出すことによって可能となるが、そのパースペクティヴそのものは世界の中には存在しない。それゆえに言葉の字義通りの使用とメタファー的な使用との関係は、真理の比較的強い形態と弱い形態との関係であるとみなされることが多い。つまり字義通りの場合には――われわれがみな経験から知っている月の光のように――客観性や事実と同じ意味と捉えられ、メタファーの場合には、主観的な観点から見た真理を表す修辞的な表象として、客観的真理より下位に位置付けられる。

ニーチェは、「字義通り」の真理を「メタファー的」真理よりも上位に位置付ける思考を、徹底的に掘り崩す。ニーチェは、真理とはそれ自体が、特定の思考や生き方に権威を与えるために捏造されたメタファーであるから、字義的あるいは「純粋な」真理をメタファー的真理より上位に置き特権化することはできないと論じる。彼が繰り返し述べているのは、たとえば宗教的な教えが言うところのさまざまな「真理」とは、ある共同体の生き方に威厳を与えるために作られた、人間の経験の意味についての支配的なパースペクティヴにすぎない、ということである。しかしまた同時にニーチェはさらに議論を広げて、世界についての「真理」の構造を表す場合に使う概念――たとえば「空間」、「時間」、「同一性」、「原因」、「数」など――はすべて、世界を人間の言語によって思考可能とするために人間が世界へと投影しているメタファーなのだ、という。われわれが「純粋の」真理と呼ぶものは、詩的な比喩を概念と取り違えることによって作られたものである。つまり概念とは、それがメタファー的な起源を持つことを忘却されたものなのだ。「真理」が比喩である、あるいは「真理」とはわれわれが世界を表象するために作り出したパースペクティヴであることが分かれば、われわれは真理の機能と目的を問い直さねばならないとニーチェは考えるのである。ニーチェの哲学は、「絶対的な」真理についての客観的なモデルを提示しようというものではない。むしろ生のさまざまな力を制御するために使われる概念として真理を捉え、その歴史と価値を検証しようとする。

反‐道徳的思考

真理の歴史と価値についてニーチェがもっとも集中した批判をくりひろげているのは、小論「道徳外の意味における真理と虚偽」(一八七三)である。以下ではこの小論について詳しく見ていこう。しかし「道徳外」という表現は、ニーチェの思考のより広いコンテクストのなかに位置づけないと混乱を引き起こすことにもなりかねない。『悲劇の誕生』以来ニーチェはつねに、生と思考は価値の抽象的で絶対的なある種の理念に適合すべきであるという独断的な信念によって、古代の文化も近代の文化も弱体化されてしまったと論じている。この独断的な過ちはソクラテスに始まるという。生は真理の普遍的な理念に適うように解釈されるべきだとするソクラテスの主張が、ギリシアの知的文化を崩壊へと陥れた、というのである。ソクラテスの過ちは、彼の弟子プラトンによってさらに上塗りされた。プラトンは、「正義」や「美」あるいは「善」など、すべての生にその形を与える超越的で永遠の「理念」の領域を作り出したからである。「これまでの錯覚のなかでもっとも危険なものは、独断主義者のそれである」、すなわち「純粋な精神と善それ自体についてのプラトンの虚構である」とニーチェは『善悪の彼岸』〔「序」〕のなかで述べている。プラトン的な意味で真理を語ることは、つまり生以前に想定され、かつ生を超越してある絶対的な価値という意味での真理——世界についての主観的な価値評価にすぎないのではない理念上の原理としての真理——を語ることは、真理の意味を誤解することになるとニーチェは言う。真理とは、生についてのさまざまなパースペクティヴの多様性を超えたところにある理念として存在するものではない。これらのパースペクティヴは、ある特定の生活様式の一貫性と権威を作り出す方法であり、真理とはこうしたパースペクティヴによって創られた

PLATONIC IDEAS

プラトンにおける理念

プラトンによれば、理念のみが真に存在するものである。人間が経験する感覚世界はつねに変化し、それゆえに知ることができない。人間が知りうるのは、つねに同一であり、永遠に真なるものである。理念は永遠であり、真であり、超自然的な形態であり、変化する感覚世界にそれなりに認知可能な形と恒常性を与える。プラトンにとって感覚世界とは、真の存在をもたないものである。それは真の世界の形態の単なる模倣か、相似物にすぎない。例えばわれわれが経験する美とは、相対的な美である。なぜならそれは美の理念に与っているか、似ているだけだからである。この世界でわれわれが見る、義にかなった行動が正義の性質を「帯びる」のは、それらが永遠で変わることのない正義の理念と似ているからである。プラトンにとって現実の世界は、真理と真の存在を欠いた副次的な世界である。理念という永遠の世界のみが真の存在を持ち、単なる現世的な生は、不断に変化する経験にではなく、この高次な世界の真理にあわせて営まれる。

ものである。『道徳の系譜学』(初版一八八七)でニーチェはヨーロッパの宗教的道徳についてさまざまな考察を行っているが、そのなかの一つで、現世の経験を救済する超越的な来世の「真理」とは、弱者階級、つまりユダヤ人が、彼らの圧制者より優る力を得ようとして発明したものだと論じている。ユダヤ=キリスト教的な道徳は、かつては価値がないとみなされた人間の性質——忍耐強さ、従順さ、官能や世俗的野望の自制——に対して高い価値を与える特殊なパースペクティヴを確立する。それは理念としての永遠の真理などとはまったく関係ない。パースペクティヴの変更は、真理の新たな形態を生み出す。つまり、かつては弱いとされたものが最大限の強さの指標となるのである。真理がパースペクティヴによるものだということを否定すると、価値がどのように生じるのかを見誤ることになる。「プラトンがしたように精神と善について語ることは、真理を逆さまにし、あらゆる生の基本条件であるパースペクティヴそのものを否定することであった」(『善悪の彼岸』「序」)。生と真理の関係のこの宿命的な逆転は、堕落した人間の世界を超越する救済道徳の規範体系に高い価値をみとめるキリスト教によって、われわれの文化のなかで再生産されることになる。キリスト教は、「「大衆」むきのプラトン哲学」にほかならないとニーチェは結論づける。それは生についてのデカダンス的な解釈であり、それによって生はみずからを回復する創造的な力を失ってしまった。

真理と非-真理

ニーチェが自分自身の仕事を思い描くもっと際だった方法は、「未来の哲学への前奏曲」というものだった。思考を切り拓くための未来を思い描くには、真理の道徳的理念に従って生を捉えるプラトン的＝キリスト教的解釈のかなたで考える必要があったとニーチェは言う。彼はこの課題を、道徳理念を基礎づけている真理という幻想に対して一連の挑戦を挑むことから始めている。『善悪の彼岸』（初版一八八六）でニーチェは、真理についてのわれわれの理念がいったいどこから来るかと問いかけている。真理は世界についてのほんとうに中立的で利害関心をもたない記述であるのか？ 真理を価値から実際に切り離すことができるのだろうか？ さらにラディカルに問うなら、われわれの内にあって真理になろうと欲しているのは何なのか？

> われわれの内にあって「真理へ」と向かおうとするものは一体何なのか？――実際われわれはこの意志の原因への問いの前でながいこと立ち止まっていた。――しまいには、もっと根本的な問いを前にして完全に行き詰まってしまった。われわれはこの意志の価値について問うてきた。われわれは真理を欲するものだと認めたとしても、ではなぜむしろ非真理を欲しないのか。なぜ不確実さを欲しないのか？ なぜ無知すらも欲しないのか？――真理の価値という問題がわれわれの前に歩み出てきた。――あるいはこの問題の前に歩み出たのは、われわれの方だったのだろうか？
>
> （『善悪の彼岸』1）

ニーチェの哲学の多くの部分は、真理の価値の問題を解こうとする試みであったと言うことができるだろう。その最初のステップは、純粋で利害関心とは無縁の真理という時間を卓越した理念が歴史的に発生したものであり、それは諸価値の対立関係への哲学者たちの信仰にある、という主張である(『善悪の彼岸』2)。ニーチェの言うところによれば、哲学的ないしは「形而上学的」な思考が作動するのは、一方に真なるもの、誠実なるもの、無私なるものと、他方に騙そうとする意志、偽物、我欲への意志を置くような価値の二項対立関係を作り出すことによってである。「真理」という理念は、このような二項対立のうち前者の項目が後者の項目を犠牲にして優先される時に生まれる。われわれは普通、「真理」や「善」、そして「誠実さ」が純粋で基本的な価値を表していると考えている。これに対して、「虚偽」や「悪」、そして「我欲」なるものは、本来的な理念の崩壊した派生的なものを示しているのだと考える。しかしニーチェによれば、このような考え方は価値が作られるそのありようを見誤るものである。真理は、何が虚偽であるかを決定する根拠であるどころか、真理と虚偽との区別は価値によって作られているのだ。ある価値が真理であるという場合、哲学者たちは判断するに先だって、すべての価値は対立関係にあるという幻想を創り出している。しかし真と偽の差異がひとつの判断の結果であるとしても、その判断が他のさまざまな判断のなかでよりよいということを承認するには弱すぎる。われわれが「虚構」——誤魔化し、意味の変形、パースペクティヴの操作などの連想を伴うものだが——という言葉を使う場合、ふつうは純粋な真理という客観性に欠ける経験の見方のことを指す。この虚構との対比から、利害関心とは無縁で、普遍的かつ適切で、それ自身と完全に同一でありつづけるような「真理」の理念が創出される。「真理」は価値の理想的な尺度となり、その尺度は経験についてのすべての個別的なパースペクティヴを超越しその彼方にあるものだと想定される。もしそうだとしたら、虚構とは真理の堕落形態ではなく、「純粋な」真理という概念それ自身が、絶対的で超越的な尺度と生の道徳的ヴィジョンを高めるために創られた究極の虚構だということになる。われわれが持っている真理と虚構という理念は、ともに同じ起源に由来しているのである。真なるもの、誠実さ、無私なるものの価値は、仮象、欺瞞への意志、我欲と切り離すことはできない、ということがありうるかも知れない、とニーチェは悪ふざけをするように言う。「(あの良き崇められた事柄の価値をなすものは)まさにあの悪しきもの、一見まったく逆のものと厄介にも似ていて、結びつけられ、つなぎつけられ、もしかしたらその本質においてそれらとまったく同一である、ということもありうる」(同)。ニーチェはこの問題に関して、虚構と非真理は真理を成り立たせるばかりでなく、生の促進のために重要なのだろうと論じている次の見事な文章で展開している。

> ある判断が誤っているからといって、判断そのものに対する異議にはならない。こういう言い方をすると、われわれの新しい言葉はきわめて耳慣れないものに聞こえるだろう。問題なのは、判断というものがどれだけ生を促進し、生を維持し、種を保存し、さらには種を育成するかということである。われわれが原則的に主張したいのは、もっとも誤った判断(これには先験的《アプリオリ》な総合判断も含まれる)がわれわれにとってもっとも不可欠なものである、ということだ。つまり論理

的な虚構を認めることなしには、絶対的なものや自己同一的なものというあからさまに捏造された世界に照らして現実を測ることなしには、数によって常に世界を偽造することなしには、人間は生きていくことができない、ということだ。——すなわち誤った判断を断念することは、生を断念することであり、生を否定することになるだろう、ということだ。生の条件として非真理を認めること。それは当然ながら、慣れ親しんだ価値感情に危険なやり方で反抗することである。それを敢えて行う哲学は、すでに善悪の彼岸に立っていることになる。

（『善悪の彼岸』4）

この文章では、ニーチェの主要概念のいくつかが繰り返されている。なかでも際だっているのは、たとえ間違った判断であっても、われわれにとっては価値があるというニーチェの主張であろう。判断における最終的な「真理」は、どれだけ論理的に矛盾がないかではなく、力強い生のありようを促進することを許すものかどうかにある、とニーチェは論じている。ニーチェが「真理への意志」と呼ぶものは、「純粋な」あるいは利害関心とは無縁の知識を求めることではない。それは生を拡大し変容させるような世界の見方を創り出そうとする衝動のうちに、もっとも激しく現れ出るものである。したがって思考が目指す目的は、利害関心とは無縁な真理の理念ではなく、個々人の潜在力が実現し、その願望が満足され、その創造的な直観が充分に表現されるような生のありかたを捉えることのできるパースペクティヴを創り出すことである。ニーチェは、このようなパースペクティヴが特定の関心によって動機づけられ、創造的な生の解釈であるかぎり、「誤った判断」を創り出すことになる、と喜々とした調子で認めている。しかしニーチェが「不断なる世界の捏造」と呼ぶものは、真理を成り立たせるためには避けられないものである。なぜならそれは人間に自分たちの経験についての「真理」を確立することを可能とするような「論理という虚構」を供給するからである。もしわれわれが世界に無理矢理当てはめている「時間」や「空間」あるいは「同一性」などの概念上の虚構がなければ、生は思考不可能になってしまうだろう。このような虚偽のパースペクティヴを動員することによって、「思考」は「意味」や「経験」について考えることができるのである。

思考が直面する問題は、さまざまなパースペクティヴが真理を創り出すということではない――これは、ニーチェが示すように、概念一般の形成に内在する性質である――そうではなく、むしろわれわれが使う真理をわれわれ自身が創り出しているということを忘却していることである。真理がパースペクティヴによって創られたものだということが、一旦忘却されてしまうと――とニーチェは続ける――これらの真理はきわめて独断的な信念に凝り固まってしてしまう。ニーチェはパースペクティヴが独断に凝り固まる例を、自然についてのストア派の思考を挙げて次のように考察している。

「自然に従って」君たちは生きようというのか。高貴なるストア派の方々よ、なんという言葉の欺きであることか。自然というものの本質を考えてみたまえ。それは限りなく浪費的であり、かぎりなく無関心で、意図も配慮もなく、慈悲も正義もなく、豊饒でありながら、同時に荒涼とし不確実なものである。その無関心さそのものが力であると考えてみよ。君たちはこのような無関心に従って生きることなどできるのか。生きるとは、この自然とは別様にあろうとすることではないのか。生きるとは、評価し、何かを選びとり、不正であり、制約を受け、関心をもとうと欲することではないのか。もし「自然に従って生きる」という君たちの命法が、「生に従って生きる」ということと基本的には同じことを意味するとすれば——なぜ君たちはそうせずにいられるだろうか。

（『善悪の彼岸』9）

自然とは、ニーチェが『悲劇の誕生』で説明しているように、創造と破壊とを繰り返す非道徳的な力である。それは、慈悲や正義、あるいは生に価値を与えるために人間が創り出したその他の道徳理念に対して無関心である。ストア派の哲学者たちは、自然の「真理」を頼みとすることで、虚しい世俗的な野望を断念した。しかし自然についての彼らの考え方は、まさに彼ら自身の生き方の保証を与えるように計算された、洗練された哲学的虚構なのである。ニーチェからすれば、ストア派が自然を頼みとするのは、二つの理由で道理に合わない。まず、いずれにしても自然の存在である「人間」にとって、ある一定程度は「自然に従って」生きないということなど不可能だからである。しかしまた同時に、自然の破壊的な力は、われわれが世界に当てはめている解釈の安定性を脅かすことになるからである。ストア派の言う「真理」は、実際のところまったく違う。彼らは「自分たちの思うところに従って」すべての生を存在させるような自然の理念を創り出そうとしたのである（『善悪の彼岸』9）。自然が無垢であるというストア派の穏和で、道徳的で、しかし間違った見方は、次第に独断的な考え方へと硬直化していく。それはありとあらゆる形のロマン主義のなかにまた蘇ってきた、とニーチェは言う。確かにこのような独断主義は、思考の体系がみずからを保持する最初の方法なのである。このような意味で哲学は利害関心と無縁の知ではなく、「暴君的な衝動そのものであり、「世界創造」への第一原因（prima causa）への、もっとも精神的な意志である」（同）。しかし独断主義的な理念を超

THE STOICS

ストア派

ストア主義は、ヘレニズム期に起きた新しい哲学の運動であり、ローマ帝国の知識人文化にも大きな貢献をした。ストア派の主な思想家は、ギリシア人ではキュプロスのゼノン（前三四四―二六二）、クリュシップス（―前二〇六頃）、ローマ人ではセネカ（前四―後六五）、エピクテトス（五五頃―一三五）、そして皇帝マルクス・アウレリウス（一二一―八〇）である。ストアという名称は、彼らが集まりゼノンから教えをうけた柱廊（ストア・ポイキレ）に由来する。ストア派は幸福への道は道徳と知的な徳を磨くことにあると信じた。このような徳は、激情や世俗的な野望を断念すること、そして運命が与える苦難に対して心静かに無関心でいる態度を身につけることによってのみ達成できるとされた。よき生にとってもっとも重要なのは、われわれが制御できるものとそうでないものとの区別を知ること、そして平静に自分の運命の展開を受け止めることであるとされた。熱情的な感情や欲求を断念し徳にかなって生きるということは、自然の合理的な秩序と調和して生きることであり、また自然にはロゴスないしは摂理が現れ出ているのだという。ストア派の徳とはすなわち、自然界のいたるところに運命の道徳的な原理を読みとるという一種の汎神論に立つものである。

える未来があると考えるためには、非真理が生の条件であると認識しなくてはならず、またわれわれの衝動や能力をもっとも生産的に組織化することを可能とするような、新しい真理を創造しなくてはならない。このように考える哲学は、これまでの道徳的価値に頼ることなく真理を創造するので、「善」と「悪」の彼岸に立つことになる。

真理の起源

小論「道徳外の意味における真理と虚偽」〔以下「真理と虚偽」と略記〕において、ニーチェは人間の思考の本性とその深化についての歴史的な理論を提示している。この書をニーチェが書いたのは、思考はそれ自体「道徳感覚」と「真理へのあからさまな衝動」の表出として現れるのだという考えを試すためである〔「真理と虚偽」1〕。まずニーチェは人間の知性が最大の強さを発揮するのは、真理や純粋な道徳感覚のための能力ではなく、偽装にあると論じる。偽装はニーチェによれば、社会の発展のための基本である。なぜなら弱い個体は強い個体を騙すことによって、自己の存在を維持するほかないからである。強い個体は、生存に必要なものを獣的な力によって得ることができるが、弱い個体はさまざまな戦略を考え出して、好感を与えるような外見を作り出して自分を守り獲物の分け前に確実に与れるようにしなくてはならない。社会が発展すると、この偽装の原始的な形は、社会的な儀礼、愛顧、礼儀作法として記号化される。偽装の術が、人間社会の維持と発展においてこれほど明白なものであるとしたら、本当に問われるべき問題は、なぜ真理へと向かう純粋な衝動がいつも最初に現れるのか、ということである。

偽装の術は人間において頂点に達する。人間においては欺瞞、へつらい、嘘、騙し、ひそひそ話、体面を作ること、借りものの栄華を使って生きること、仮面をかぶること、真相を隠す慣習、他人と自分に対する演技、要するに虚栄という炎の回りを絶えずひらひらと飛び回っていることが、決まりであり掟であるので、いったい真理を求める誠実で純粋な衝動が人間たちの間に現れることがどのように可能であったのか、これほど不可解なことはない。（「真理と虚偽」1）

ニーチェがここで示唆しているのは、真理を求める「純粋な」衝動は、偽装と欺瞞の結果だということである。すでに見たように、どの個人も社会のなかで自己を守るために他者を欺いている。しかし個々人の安全は、社会的な連携関係や約束事が確立されることで、より安全に保証される。そうしたものがあるから、社会はお互いに殺し合うような闘争状態に陥らずにいられるのだ。こうした条件は、誰にでも共通する一連の規則や禁止を確立することによって暴力的な潜在力を減らす「平和条約」の形へと、欺瞞や偽装を置き換えることによって作られる。まさにこの「平和条約」への目覚めのうちにこそ、「真理を求めるあの謎めいた衝動の獲得への最初の一歩と見えるもの」（「真理と虚偽」1）が現れてくるのだ、とニーチェは述べる。したがって、この平和条約が認知され、実施されねばならないとするなら、真理の価値は時間や空間が異なってもつねに同一でなければならない。このようにして普遍的な真理という理念が生まれたのである。ニーチェの議論の要点は、普遍的な真理という新しい概念が、時間とは無縁の超越的な理念ではない、ということである。それは「言葉の立法」がもたらす副次的な効果であり、それがさまざまな事物について「どこでも同一の妥当性と効力」を持つような名称を作り出すのである。同時にまた、言葉の立法と真理の法との関係は、真理と虚偽との新しい区別となる。言葉の法と普遍的な真理が登場した瞬間に、虚偽は不適切な名称のモデルとなり、嘘つきな人間は良き社会から排除される。真理の法がこうした区別の結果であるとしても、人間が真理を求めるのは「限られた意味」(同)においてにすぎない。真理は欺瞞を憎むような絶対的な道徳を主張するわけではない。なぜなら真理は社会を存在可能にするような偽装によってこそあるものだからだ。人間は自分たちの社会を脅かすような「ある種の偽装」がもたらす有害な結果については非難する。これと同様に、人間は自分たちにとって直接的な利益をもたらさないような知識については無関心であり、自分たちの社会の実践やヒエラルキーを破壊しかねない真理に対してはすすんで敵対する。要するに社会の発展を特徴づける真理への意志は、価値や適切さについての抽象的・絶対的な理念ではなく、むしろ実践的な思慮によって動機づけられた自己保存の手段なのである。

ニーチェは、われわれが真理を純粋に信じ続けることができるのは、他でもなく忘却のおかげであるという論を展開することによって、真理と知についての分析をさらに進めている。言葉の慣習についての彼の分析は、実在や因果論に対する批判へと次第につながっていく。われわれは「言語の発生において真理のみが決め手であった」かのように、確実性の原理が事物と事物を表示する記号との間の完全な照応関係を定めたかのように考え振る舞っている（「真理と虚偽」1）。しかし、こうした考え方は言語がどのように作用するかを見誤っている、とニーチェは論じる。事物の実在と、言語におけるそれらの表記との間には、いかなる理念的かつ本質的な関係もない。たとえばドイツ語では木を男性として、植物を女性として表示するが、しかしこうした性の属性は単に言語上の慣習であり、自然界にあるものの実在の性質を表すものではない。言語が異なれば、別の言葉が同じ事物の諸特性を示すのに使われる。このように言語は、それぞれの文化の体系のなかでの事物の意味を記述するものではなく、事物の意味を作り出すのである。言語がこのように意味を創造するという性質は、言葉が「事物を完全かつ適切に」（同）表現できないということを知れば、驚くべきものではない、とニーチェは言う。言語についての伝統的な理論は、「物自体」が現象——自然の諸事物からなる世界——の背後に潜んでいるのだと、また真理は言語の概念化作用によって表現されているのだと前提していた。したがってこのような言語モデルは、最初の原因（物自体という理念）が現象（自然の諸形態からなる世界）となって現れ出るという運動を図式化したものである。ニーチェはこのような考え方に反対して、多様な現象の秩序や意味を決定するような理念的あるいは超越的な原因がわれわれの世界の外部にあるわけではないと主張する。言葉とは、人間の世界を超えた真理から純粋に由来するものではなく、身体や頭脳の「神経刺激」がイメージや音という形にコピーされた従属的なものである（同）。われわれが「言語」と呼ぶものは、二種類のメタファーから発生する。まずは神経刺激がイメージに移し変えられる（第一のメタファー）。さらにそのイメージが音に模造される（第二のメタファー）。身体に起源を持つ意味は、それが実際に意味を持つようになる前に、まずはこれらのメタファーへと置き換えられねばならない。ニーチェがメタファーと真理との関係をラディカルに解釈しなおすのは、まさにこの点である。メタファーは理念的で、人間世界を超えた、前言語的な現実に従属する表現ではない。そうではなく、視覚的・聴覚的なメタファーは、われわれが「世界」と呼ぶ、共有された現実をもたらす効果を生み出すのであり、この効果が真理や価値の理念という言葉によってさらに置き換えられることになる。

　言語的な意味は、事物の本質と概念とが完全に一致するということではない。物自体は「まずは神経刺激として、次にイメージとして、そして最後に分節化された音として」（「真理と虚偽」1）現れる。思考は真理を純粋に体現するものとしての言語を構築することによって、遡及的に意味の身体的な起源を消し去る働きをする。意味の起源をメタファーで置き換えるということは、なにも言語にだけ特有なものではなく、すべての思考を決定づけている、とニーチェは言う。この点についてニーチェは言語から転じて、概念の一般的な成り立ちへと視点を移して説明している。概念は、思考の基本となる単位であるがゆえに、われわれにとっては極めて重要である。しかし概念形成のプロセスはすべて、個別的な事例の一般的な事例への置き換えに基づいている。ある言葉は、一回限りの個別的な経験についての理想的形態であるがゆえに概念になるのではない。概念は経験から導き引き出されるものではあるが、しかし「数限りない他の事例、多少なりとも似ている事例――つまり厳密に言えば決して等しくない、それゆえに非等質的な事例――にも当てはまらなくてはならない」(「真理と虚偽」1)という条件にかなうことで概念となる。ある概念が概念となるのは、異なったもの同士をメタファーによって等しいものとすることによってである。たとえば、「青」という概念を考えてみよう。「二種類の青色はまったく同じであることはない」と主張する場合、差異のどのような度合も(たとえば藤紫色やターコイズブルーなど)測ることができるような概念的な規範――理念的な意味での「青」――を前提としている。他の概念と同様に、「青」という概念も「個人的な差を恣意的に捨て去ることによって、つまり相違点を忘却することによって」(同)形成されるのである。その結果、「青」は光のさまざまな強度の原因であり、それを説明するものとなるのだ。概念形成の起源はつねに、言語の起源と同様に、異なったもの、あるいは非等質なものから、差異を消され固定された概念へという運動にある。この運動は根本的に擬人化のそれである、とニーチェは主張する。なぜなら自然は形式も概念も知らないからである。われわれはさまざまな固定概念に人間のような性質を賦与する。というのも「理性」や「誠実さ」といった価値の創造は、われわれの欲求を世界に投影することを可能にするからである。実際にわれわれの思考は、人間の知識――それは人間自身のイメージのなかで作られた世界なのだが――のある特殊なモデルを高尚だとして持ち上げ、そのあげくにこの人間の規範を作り出したわれわれ自身の創造そのものを押さえ込むことによって発展してきたのだ。

言語と思考との関係をめぐるニーチェのラディカルな問いかけは、真理の有名な再定義へとつながっていく。

真理とメタファー

真理とはいったい何だろうか。真理とは隠喩、換喩、擬人化などの動的な群であり、要するに人間的な諸関係の総体である。この人間的な諸関係が詩的に、あるいは修辞的に高められ、転用され、修飾され、長いこと使われた末にある民族にとっては固定され、規範化され、拘束性を持つと思われるようになったものである。真理とは、それが錯覚であることを忘却された錯覚であり、使い古されて感覚的には力を失ってしまったメタファーであり、肖像が消えてしまってもはや硬貨としてではなく、ただの金属としかみなされなくなった硬貨なのである。（「真理と虚偽」1）

ニーチェの主張のポイントは、真理のようなものが存在しないということではなく、真理という概念が社会的な抗争を減らし、新しい生き方が可能になるように意志によって欲せられたのだという事実が忘却されている――あるいは故意に押さえ込まれている――ということである。平和条約という形で、言語的・社会的に暫定的に作られた妥協として始まったことが、絶対的な掟へと凝固してしまった。いまや「真理」という掟は、すべての生が合わせなくてはならない最終的かつ根本的な概念となった。この掟が確立したことで、「人間」とは何かを捉えるわれわれの感覚が根底から解釈しなおされた、とニーチェは論じる。真理の掟がいったん確立してしまうと、人間は自分たちを「真理」や「理性」という潜在力を持つがゆえに「人間」なのだと考えるようになる。「理性的存在としての人間は」――こうニーチェは言う――「自分たちの行為を抽象の支配下におく。すると突然の印象や、直観によって煩わされることはもうない。彼はこうした印象をすべて一般化し、色彩のない冷たい概念へと変えて、自分の生活と行為を載せた乗り物をこれに結びつける」（「真理と虚偽」1）。人間はみずからを動物と区別するが、それは人間には抽象的な理念を受け入れ、直感や知覚を特定の概念へと普遍化する能力があるからである。つまりわれわれは人間の特徴を「直感的な諸々のメタファーを一つの図式へと昇華させる能力、言い換えればイメージを概念に解消する能力」（同）に見いだす。この新しい概念図式は、道徳の体系と一連の真理作用を作り出すためである。ニーチェが示す真理の歴史は、人間には生まれつき道徳感覚が備わっていて、それが特定の理念や世界に対する態度を発展させるのだという主張が間違っていることを示そうとするものである。そうではなく、人間は序々に「真理」や「道徳性」といった固定的な概念に従って、認識を組織化するという社会的な義務に従うようにされたのだ。人間はこうした義務を道徳的義務として経験し、その道徳的義務は時代のなかで繰り返されることによって道徳的な真理へと固まっていく。

近代社会において道徳と真理の問題は、「人間」たるべき用件とわれわれが考える重要な要素となった。このような道徳の発展は、〔TV番組などの〕チャット・ショーで言われるように、「自分自身に真実に」なることで真の自由を学べというような、無限に繰り返される道徳的命令に現れている。ニーチェが注目しているのは、真理という場合にそれが意味するものは、社会的因襲である「慣習的メタファー」(「真理と虚偽」1)に付着したものにすぎないという点である。ニーチェは、堅固に確立された社会的・道徳的な生の慣習がメタファーであると述べる。なぜなら時間の経過はわれわれに、支配的な価値が世界を置き換えた強力で恒久的な表象にすぎないことを忘れてさせてしまったからである。しかもその表象は、ある特定の生活形式(たとえばキリスト教的な世界観や、支配階級の価値など)を促進させたという点でみごとにその効力を証明したのだ。価値の歴史的起源をわれわれはすぐに忘れてしまうがゆえに、共有の社会的慣習に無意識のうちに従ってしまうという結果を生む。そして社会的慣習は次第に——似ているがゆえに——真理についての新たな理念へと発展していく。したがってある価値が「真理」であるかどうかは、その価値がどれだけ頻繁に使われているかによって決定されることになる。つまりある価値が頻繁に使われれば使われるほど、それが「真理」である程度が高くなるというわけである。

ニーチェは真理とメタファーに関する彼の批判を、自我の概念にまで広げている。形而上学的思考のもっとも大きな欠陥のひとつは、現象の背後に現象界の諸物に意味を与えるような実在あるいは「主体」を仮定したことである、とニーチェは言う。周知のとおりニーチェはこの仮定を考え直すのだが、その際に言語学の用語を用いて、文章の「主語」と「術語」（主語の性質に関する何らかのことがらについて、肯定か否定をするもの）の区別を使っている。彼は「〈われ〉という主語」が「〈思う〉」という術語の条件であるとするありきたりな仮定に対して挑戦を挑む。ニーチェにとってこの仮定がはらむ問題とは、思考という行為が、「物自体」として想像される世界に関しての自然な自己確証〔直接的な確実性〕を認知できるかのような、至高で独立した主体の行為結果としてみなされてしまう、ということである。ニーチェがこうした主張に反対するのは、思考以前、あるいは思考の背後に想定される〈われ〉という主語は、「思考過程の解釈だけを含むものであり、思考過程そのものには属さない」（『善悪の彼岸』17）からである。「思考過程」という場合にニーチェが持ち出してくるのは、多種多様な感覚、衝動さらには筋肉の運動などであり、それらが「自我」を行動という形で表現できるようにするのだという。ひとつの主体という理念へのわれわれの信頼は、偶発的なものであり、自我は思考過程とは別に存在し、その「意志」を自覚的に表現するものだという仮定に基づいている。このような主体への信頼が問題なのは、「意志」や「思考」が自我のアイデンティティを決定づけるような、自発的で「より高い」次元の存在ではないという点にある。意志や思考は、身体の生理学的な経済のなかでさまざまな役割を占める「多種多様な感情」を置き換えたメタファーにすぎない

(『善悪の彼岸』19)。われわれが普段、「欲する」「思考する」あるいは「行為」という言葉を省略することは、驚くにはあたらない。しかし実際には、こうしたメタファーをつなぎ合わせることで、「私」という概念を確立することができるのであり、主体の自律性という考えはすべてこの概念に依拠している。ところがニーチェは、「私」という主体は、それを成り立たせる一連の抗争の結果として後から合成されたものであると言う。解釈の結果であり、解釈の行為であるもの——つまり何かを欲し、行為する「主体」——が、われわれのアイデンティティの起源になったのである。このように見れば、「自由意志」というものは人間のアイデンティティを形成する最終的な主体的な基盤ではない、ということになる。自由意志とは、思考過程の後からそれを見るわれわれの見方に過ぎない。「思考」と「自我」は生理的な衝動がメタファーによって置き換えられた結果であるというニーチェの確信は、後期の優れたアフォリズムにも現れている。

〈精神〉、思考する何か。場合によれば〈絶対かつ純粋な精神〉。この概念は〈思考〉なるものを信じる誤った自己省察から導かれた第二の帰結である。この場合、まずは実際には起きない行為が想像される。それが〈思考〉であり、次に主体＝基体が想像され、思考という行為はすべて、ほかでもなくまさにここにその起源を持つ。つまり行為も行為者も想像の産物なのである。

(『力への意志』477)

このような主張からニーチェが導き出す驚くべき結論とは、われわれは真理と道徳についての信念を言語の文法構造から引き出しているのであり、世界を「客観的」に解読することによってではない、ということである。現象と実在、あるいは本質とその現れとを区別することができると思っているが、それはわれわれの言語が思考の主語と術語を必要としているにすぎないからなのだ。「ほんとうの」世界といわれるものは、実際には生理学的な知覚の絶え間なき流れであり、われわれはそうした知覚を「主体」や「客体」、あるいは「意志」や「起源」という概念にあわせて、減少させたり、あるいは分割したりしているのである。これらの概念は、「すべての行為に行為者をつけ加えるという文法上の慣習」(『力への意志』484)の結果として成立するのだ。知覚の流れから実在やアイデンティティの形成に注目するのは、このプロセスが社会的・政治的な抑圧をもたらす力の中核にあるからだとニーチェは言う。「自我」はニーチェにとっては、形而上学的・本質的なアイデンティティを持つものではない。自我は、その行為の総体であるにすぎない。ところが、行為とその行為の責任を負う実体的な自我との区別がいったん出来上がってしまうと、個々人を社会的・政治的な規範への忠実さの度合いにしたがって道徳的に裁くことが可能となる。「自由意志」という偉大な解放的な概念も、この意味では考えられうるかぎりもっとも抑圧的な捏造物であることになる。なぜなら自由意志が想定されることによって、人間はいまや道徳的禁止の必要性を「自由に」思考するものだとされ、その道徳的禁止を犯すという選択をした場合には「有罪」となるからである。このような意味で、自由意志の理念が原理となっているキリスト教の教えは、解放というよりは断罪のレトリックであり、人間に関する事柄の中核に「絞首刑執行人の形而上学」を据えるものである（『偶像の黄昏』「四つの大きな錯誤」7）。

芸術

ニーチェは概念にもとづいた理性の発展を容赦なく疑問に付す。なぜならこの理性こそが知覚や直感が真理という理想に適合しているか否かによって分類され、審判が下される際に使われる普遍的な言語を与えているのだと想定されるからである。この「限りなく複雑に出来上がった概念の大聖堂」がいったん生という「ぐらぐら揺らぐ基盤」の上に建てられてしまうと、普遍的な人間性という言い方が許されるようになる。なぜならこれらの法や区別や分類はどの時代のどこの人間にも適用されるからである（「真理と虚偽」1）。ニーチェが異論を唱えるのは、この新しい思考形態が原因と結果について根本的に間違った理解をしている、という点である。すなわち、われわれは人間とは何かについての真理を理性という普遍的な原則に求めるべきではなく、このような概念に基づく新しい法が本質的な人間性という理念をまずは作り出すのだということを理解しなくてはならない、ということである。概念に従って生の流れを判断する場合にわれわれは、世界を人間の言葉に翻訳して置き換えているだけである。われわれ自身をすべての事物の尺度にしてしまえば、それはわれわれにとっては心地いいことだろう。しかしこのような真理についての擬人化された理念は、それ自体が循環論法である。

なぜなら「人間」の秘密の謎解きをわれわれ自身が捏造した言語ですることになるからである。

　概念的理性の法は、真理の普遍的な基盤としての「人間」をたゆみなく作り出す働きをする。この法への異議申し立ては、人間とは何かというわれわれ自身の理念をも変える可能性をつねに秘めている。ニーチェはそのようなラディカルな異議申し立てを芸術のなかに見いだしている。芸術の力は、われわれの知覚が価値の抽象的な体系に同化されてしまう前には、それが一回限りの個別的なものだということに注意を向けさせ、われわれの概念の体系がメタファーに由来している――つまりどの概念にも「メタファーの残滓が残っている」（「真理と虚偽」1）――という事実を思い起こさせる。芸術は、主体と客体の関係が場合によれば別様に理解されるような方途を示すことによって、概念の成り立ちと自己同一性を再考することを可能にする。芸術家は「禁じられたメタファーと前代未聞の概念の組み合せを使って語り、少なくとも古い概念の枠に揺さぶりをかけたり、嘲ったりすることで、いま目前にある強力な直感の印象に創造的に従うだろう」（同）。この所見は、生に凝縮した表現を与える芸術家、文化の人間である芸術家を賛美するニーチェのレトリックの力強い調子をよく示している。しかしこれとならんでニーチェのもう一つの主張を認めねばならない。それは理性の人もまた一種の芸術家――彼自身はそうだと思わないだろうが――である、というものである。なぜなら理性の人は、詩的な関係性を価値という概念体系へと変形させることによって「現実」というヴィジョンを創造するからである。芸術家と理性の人との違いは、後者の場合にはその芸術作品――「理性」という芸術作品――が、自分の創造的な直感によって与えられた多くの可能性を大切にするのではなく、手放してしまうように構想されているという意味で、受動的な反応の姿勢である、という点にある。思考が能動的か受動的・反応的かという区別、および芸術は生の能動的な肯定であるべきだとする信念は、メタファーに関するニーチェの考察にとって重要な柱である。この考察をニーチェは後期の著作で道徳、意志そして力についてさらに展開している。

生の支配的な考え方がメタファーに由来することを示す芸術の力。それを主題としているのがアメリカの詩人ウォレス・スティーヴンズ（一八七九―一九五五）の叙情詩「日曜の朝」である。スティーヴンズの詩は、永遠の存在者の超越的な世界と、偶発的で変化する人間世界との宗教的区別にいかにわれわれの力が注がれているかを考察している。この詩は、一人の女性が陽の降り注ぐ日曜日の朝、コーヒーを飲み、オレンジを食べているシーンで始まる。暖かい朝日を充分に浴びながら味わう味覚と色彩の充溢と豊饒感は、彼女にこの世を超越した、ささやかな感覚的な瞬間を与える。この瞬間の完璧さに気づいて、彼女はこのような超越とは何なのだろうかと考えはじめ、彼女の思考は留まるところを知らずに漂いはじめる。「海を越え、沈黙のパレスチナへ――／血と墓の領土へと向かう」。官能的な喜びの充満から、キリストの犠牲という神性へとほとんど無意識のうちに思いが移ったことに驚いて、女性はわれわれの本質のなかの永遠についての人間的な考え方と神話的なそれとの関係に思いいたる。

なぜ彼女が死者に贈り物をする必要があるのだろう。

ひっそりと音もない薄闇や夢にしか出てこない
神とは一体何だろう。
心地よい陽射しや、舌を刺すオレンジ、
緑あざやかな羽にせよ、また大地のどんな
香りや美しさにせよ、そのなかにこそ、天国への
想いに劣らず大切なものが見つかるのではないか。（Stevens 1984）

「日曜の朝」は、神話の世界と人間の経験との間に広がる境界をテーマとしている。スティーヴンズが示唆しているように、神々の「人間離れした誕生」や「いかにも神話的な精神」とわれわれ自身の堕落した存在との間の対比は、あまりにも頻繁にわれわれを圧倒するように脅かす。天国という考えを前にすると、われわれは自分が弱く、適していないと感じる。神性や超越という理念は、人間の努力の虚しさだけを浮立たせるように見える。これに対してスティーヴンズの詩は、勇気を持ち、そして神性という理念が感性に起源を持つことを思い出すように呼びかけている。そうすれば、天国という概念の手の届かぬほどの遠さや無垢な完璧性は、自分自身の創造力の象徴となるのだ。

われわれの血では不足なのだろうか。それともそれこそが
楽園の血になるのか。そしてこの大地がわれわれにとって

楽園のすべてと見えるようになるのだろうか。
そうなれば、空は今よりずっと親しみやすく、
労働の一部、また苦痛の一部となって
長続きのする愛に次ぐ栄光の輝きを帯び、天と地の
なかを裂く、こんな冷淡な青色ではなくなるだろう。(同)

「天と地のなかを裂く、こんな冷淡な青色」の空を超越者の神聖なイメージから人間を隔てる架橋できない割れ目を示していると見るのではなく、「日曜の朝」は世界の超越性はわれわれ自身がわれわれのために作り出したのだから、それに向かってみずからを開くようにと願っているのだ。「楽園の血」はなにもキリストの犠牲の血である必要はない。それは創造性の能力をもたらし完全性を享受する時の人間の「労働」や「苦痛」の表現でもありうるだろう。ニーチェの言葉で言えば、人間の最高の本質の実現とわれわれの間に介在するのは、挑戦を受けいれる意志だけだ。それを実現した時には、われわれは超越性や「天国」について考えることはもはやなくなり、生のより高い段階へと到達することによってわれわれ自身のありようの自己克服を考えようとするだろう。「日曜の朝」の最後にも、葛藤と自己変容という感性的な人間世界に対するこの再評価が現れる。この詩は、人間世界と超越的世界という絶対的な区別をするのではなく、二つの世界を徐々に近づけて、「聖なるもの」が人間自身の想像とメタファーの「織物」によって作られているのだということを示している。神性とは、わ

れわれ自身の本質のうちでもっとも深く、もっとも貴重なものを表現するために使うメタファーである。いまや「楽園」は理想的で時間を超えた価値としてはみなされない。それは死すべき運命にある男たち、女たちが創り出すものであり、われわれと同じ色をまとい、自分自身を維持し再創造するわれわれの能力の持続的な証明である。

楽園には、死による変化はないのだろうか。
熟《う》れた果実が落ちることも、ありえないのか。木々の枝は、
あの完璧な空に、いつまでも重く垂れているのか――
何の変化もなく、しかも滅びゆく地上そっくりに。
地上そのままの川が、海を求めて流れつつ、永劫《えいごう》に
海とは行き会わず、地上さながらに退《しりぞ》いていく岸辺が、
言葉にならない苦痛の轟《とどろ》きで、打ち寄せることもないのか。
……あちらの連中が、地上の昼さがりに織り出される
絹の色合いを身にまとい、さえない地上のリュートを
爪弾《つまび》いたりするのは、何と嘆かわしいことか。
死こそが美の母、謎にみちた美の母で、その燃える
胸のなかにこそ、われわれは、まんじりともせずに

待ち受ける、地上の母たちを生み出すのだ。（同）

まとめ

ニーチェは、真理とメタファーとの慣習的な区別を再考し、純粋な真理という理念それ自体がメタファーのひとつの形であり、生についての特定のパースペクティヴであると論じる。人間の思考と文化が発展するにつれて、真理がメタファーとして発生したのだということを人間は忘却してしまう。その理念によって人間は、世界に対して人間の価値とパースペクティヴを押しつけることになり、理念を客観的で絶対的かつ理想の形にまで持ち上げた。真理が実際には慣習的な解釈であり、生についての支配的なパースペクティヴであると認知することは、真理の歴史と真理を高めた価値のタイプの両方に注目するということを意味する。このような認知の仕方を補強するために、ニーチェは普遍的真理という理念の非‐道徳的起源の歴史を示す。それは、普遍的真理の理念を人間に生まれつき備わっているとされる道徳感覚と同一視する思考が、「人間」についての理念の歴史的起源に帰因することを明らかにするためである。抽象的で普遍的な概念に忠実に生を理解することは、世界について反応的な見方をすることである。これに対して芸術家は真理と概念がメタファーに由来することを暴露することで生の能動的なありようを表現する。その結果、われわれは生についての新しい見方を発展できるかも知れない。

第三章　系譜学

ニーチェの著作の発展とその幅を理解するためには、「系譜学」および「系譜学的批判」という彼の考えを検討する必要がある。ニーチェは、道徳および文化に関する伝統的な歴史家のやりかたと自分のアプローチの違いをはっきりさせるべく、自ら分析の「系譜学的」方式と呼ぶものを作り上げた。「道徳」と「歴史」についての彼の系譜学的批判が、本章および次の二つの章の中心テーマである。すでに見たように、メタファーについてのニーチェの議論は、「真理」という概念の歴史的起源とそのありようを探求するものだった。「系譜学」についての彼の仕事は、この企てをさらに拡大して、われわれの道徳的価値が歴史的に発展してきたさまをどのように理解すべきかを、考察しようとする。この企てが最もまとまって表現されているのは、『道徳の系譜学』である。この本でニーチェは、歴史に関わる問題と方法論上の問題の両者に取り組んでいる。歴史に関する問いは、簡単に次のように言い現すことができよう。「キリスト教」や「良心」および近代の平等道徳への信仰にこそわれわれの最高の、そして最良の諸価値が表れていると見るような、人間性についての「道徳的」評価にわれわれが到達したのは、どのような道筋を経てのことなのだろうか？　方法論的な問いとしては、そもそもわれわれはいかにして「価値」という概念を定義しているのだろうかという問題である。価値の理想をわれわれがそれに先行するもろもろの価値に依拠して決定しているというのは、本当ではないのではなかろうか、とニーチェは問いかける。むしろ、道徳の全歴史は、道徳には価値があるということ、および道徳的責任を担う自然の能力を備えた自律的個人があるということを前提にしてきたのではなかろうか？という問いでもある。

ニーチェの系譜学的批判は、「道徳」や「人間」の価値や本性について何らかの先行する定義を立て、それに依拠するといったことをせずに、その代わりに道徳的価値の発生の痕跡を辿ろうとするのだ。起源と習慣的実践もしくは信仰の目的との関係についてニーチェはたえず考え、また考え直していた。それは、われわれが「道徳の歴史」と呼ぶものは、生の発展についてのさまざまな権威的解釈の寄せ集めであることを明らかにするためであった。今日われわれが知っているような「人間」なるものの道徳的理念は、ニーチェの推測によれば、実際には、歴史上のさまざまな習俗的な行為のたまたまの帰結なのであって、道徳的進歩による必然的帰結なのではない。歴史は生の意味と機能についての一連の解釈であるというラディカルな見方を彼は唱え、それゆえに、さらに次の二つの問いを立てる。一つの問いはこうである。もしも、歴史上のさまざまな価値の登場が、生についての種々の権威的解釈のあいだの運動を意味するなら、われわれは、さまざまな習俗的行為を結びつけるパターンや目標——例えば、人類に内在する道徳的能力とか、闘いと償いというキリスト教的な物語——を求めることなどやめて、むしろ、こうした歴史上の習俗の間で起きるずれや断絶にこそ注意を向けるべきではなかろうか？　二つ目の問いは次のようである。もしも、歴史の「意味」なるものが、さまざまな解釈の間の抗争によって生まれるものならば、われわれの前にある最も重要な課題とは、現在においてわれわれが生産的かつ創造的に生きて行くことを可能とするような、過去についての解釈を打ち立てることではなかろうか？

文献学

ニーチェの系譜学的方法を紹介するのに最も分かりやすいやり方は、彼の著作を一九世紀の文献学のコンテクストに位置づけることかもしれない。一九世紀において文献学という専門分野は、さまざまな知の歴史的成立を研究する分野として定着した。文献学者は、宗教、神話、科学などの歴史を研究する。ニーチェはまず文献学者としての訓練を受けて、一八六九年にバーゼル大学の文献学講座のポストに就いた。しかし、伝統的文献学は自らが推奨する歴史的価値の問題を扱うときに、ニーチェから見ると時代遅れの、非哲学的な対応をしていたため、そうした文献学のあり方にニーチェは次第に幻滅を感じるようになった。一九世紀の文献学の内部でも、神話や歴史的物語について伝統的な読解とモダンな読解との緊張関係があったが、それを見るとニーチェのこの態度がもっと明らかになる。伝統的文献学を動かしていたのは、きれぎれの考古学的な断片的証拠から、そうしたテクストの「背後」にあって、それに「意味」を与えている元来の存在もしくは事件を見いだす試みであった。例えば既成の聖書学者が聖書の物語における考古学的な資料を検証するときには、ローカルな表現の差異や文体上の齟齬などにはあまり関心がない。その代わりに彼らの関心はもっぱら、神の言葉によって言い表されている宗教的意味のオリジナルな源泉について聖書のテクスト群が何を示してくれるかにある。同じように、例えば『オデュッセイア』のようなテクストの入念な文献学的精査は、ホメロスの「心」と「精神」について動かしようのない事実を確定するためになされる。この二つの例のいずれにおいても、歴史的な物語やもろもろの文化的な価値の意味は、作られたテクストから遡って、そのテクストの「アイデンティティ」および「真理」を作った元来のコンセプトへと至る解釈学的関連によって決められるのである。

ニーチェは文献学者として、文化や神話のさまざまな実態を調べることから始めた。しかし、じきに歴史上の「原典」といったものへのわれわれのアプローチについての基本的な考え方を変えてしまった。ニーチェが拡張し、実践したモダンな文献学は、テクストという資料から、その「背後」にあるとされる概念や価値への解釈学的な遡行を拒否する。彼の仕事は、研究の焦点を元々ひとつの概念や価値が存在しているという考えから切り替えて、まずはそうしたさまざまな概念を生み出した、非連続的で偶発的な、分散するさまざまな力に照準を当てる。ニーチェの観点から見るならば、歴史的現象の「目的論的な」、あるいは「終着点を頭に入れた」読解（つまり、歴史を、はじめにあった目的が最終的なゴールに向かって展開して行くものとして読む読み方）はもはや不可能となっていた。また、文化的なさまざまな所産を、それ以前に存在している何らかの理念や意味の単なる表現であるかのように理解することは、適切とは言えなくなっていた。聖書のような文化的な産物を「理解」するには、著者の意図とは無関係で偶発的な一連の出来事を考えに入れる必要がある。それゆえ、次のように問わねばならない。聖書のテクストを出現させている秩序は、われわれによる過去の読解にどのような影響を及ぼしているのだろうか？　こうした文書に触れることができたのはどのような人々なのだろうか？　そしてこのことはテクストの解釈にどのような影響を及ぼしているのだろうか？　学者たちのお墨付きの利害は——あるいは彼らの間のさまざまな敵対関係は——彼らに付与されている価値にとってどのような重要性を持っているのだろうか。またテクストの重要性なるものは、より大きな社会的かつ歴史的なさまざまな力によってどの程度に決定されているのだろうか？　こうしたさまざまな問いの光に照らしてみると、聖書や『オデュッセイア』の意味は、何らかの精神やヴィジョンの表現にあるというよりは、社会、歴史、そして道徳についてさまざまな解釈の争いの中で作られて行くことになる。

歴史上の実践へのこの二つのアプローチ——かたや伝統的な文献学における解釈学、それに対して、元来の意味というものを疑うニーチェのアプローチ——の区別をはっきりさせるには、小説という文学ジャンルに簡単に目を向けてみるのがいいかもしれない。このジャンルの発展を論じた古典的な叙述、例えばイアン・ワットの『小説の勃興』（一九五七）は、二重のプロセスを描いている。資本主義の構造が変動したために、社会的ヒエラルキーと個人との新たな関係が生まれ、その結果として新しい想像力の形式が出現し、このような社会と個人の変貌した関係のあり方を探るべく「小説」が要請された、とするのである。それゆえ「小説の登場」という表現は、文化史におけるひとつの時代（およそ一七世紀中葉）の出来事を言っている。つまり、新たな想像力の形式が出現し、それによって、人間の生活を表象する新しい方途が開かれたのである。このように小説の「勃興」を描くことは、意味深い誕生の瞬間を、つまり「個人」という新たなカテゴリーの発見を小説は表しているということである。このような読解にもとづくと小説の出現は、纏まった統一的な出来事を意味しているかに見える。しかしまた、小説の登場を自立したそれ自身としての出来事として、あるいはカテゴリーとして歴史的に見ようとするこのような試みと逆の見方も可能である。つまり、その頃に登場してきて小説と競合しあっていたさまざまな力や異なったスタイルの拒否であったと見ることもできるのである。「小説」を統一的なジャンルとして見る権威づけられた見方に対するこのような挑戦が、最近のさまざまな読解によって試みられてきた（Davis 1997; Hunter 1990; Stallybrass and White 1986）。こうした新たな見方は、さまざまな出来事ややり方のあいだに一連のダイナミックな交換関係があったにもかかわらず、小説というジャンルだけを見るのは、定着した特別な概念への切りつめでしかないとするのである。今日のわれわれは小説というものを、統一的な概念として、ただし――「リアリズム」小説、「ロマン主義」小説、そして「ポストモダン」小説といったさまざまな表現が可能なように――無限の変異能力を持った統一的概念として受け入れている。しかし、そうした概念は、実際には個別的な社会的実践（書簡を書き、日記を記すといった習慣的実践）、さまざまなタイプの書き方（例えば政治的印刷物やパンフレット、また紀行文の語りや近代の新聞という多様な記録の形式）、さらには図書館や印刷出版といった制度によって作られた全体的な規則や制限のあいだで揺れ動く不確定な関係の所産として出現してきたのである。小説のこのような「系譜学的な」新たな分析は、さまざまな概念が実際には、多様で、偶発的な力の集積によってもたらされたにもかかわらず、そうした多様性を後から合理化するために持ち出されていることを暴露するのである。

概念と力

個々の概念や価値を疑問に附すニーチェの系譜学的批判は、『悲劇の誕生』に見事に展開されている。彼の悲劇論は、悲劇性についてのルネサンスや近代の捉え方とは異なっているかもしれない。なぜなら彼は、悲劇をひとつの概念としては見ていないからである。悲劇の本質、つまり、解決不能な形而上学的もしくは社会的抗争といったひとつの本質があるわけではないのだ。悲劇の通常の概念は、人間がうごめくこの地上の世界と、正義と応報に関する特定の理想との間にある本質的な概念的亀裂と関連づけられる。悲劇にはそれを統べる概念が――自我の理念が、あるいは、運命や普遍性に抗する特定の姿勢が――与えられていて、その統一的概念が歴史を通じて次第に洗練されてきた、という考え方である。なるほど、悲劇的抗争というこうした考えはソフォクレスの『オイディプス王』にさまざまな形で見ることができる。テーバイ王国に秩序を再建しようとするオイディプスの試みは、父を殺し、母と結婚するという、神々によってあらかじめ定められた邪悪な運命によって、妨げられるところがそれである。傲慢《ヒュブリス》によって——つまり、神々の定めた境界を無視した個人の行き過ぎによって——没落が引き起こされるという悲劇のこうした古典的な理念は、ルネサンス文化の中で復活することになる。その理念は、封建的社会構造の定められたヒエラルキーを少しずつ越えつつある世界の中で、個人の限界を探るべく復活したとされる。例えばシェイクスピアの『マクベス』（一六〇五）では、悲劇的抗争は、個人の「美徳」というコンセプトのなかに再配置されている。忠誠の義務（ダンカン王の臣下としてのマクベスの義務）と野心の報酬とのあいだのマクベスの葛藤としてそれは表現されている。現代ではアーサー・ミラーの『セールスマンの死』（一九四九）に現代悲劇を見ることができる。つまり世俗的な市民的世界に悲劇的抗争が援用されているのである。家族というプライベートな世界と仕事という公的な世界の要求が相互に抗争しあうため、主人公のウィリアム・ローマックスは、夫および父としての義務を果たすことができないのである。

　ところがニーチェにとって「悲劇」なるものは、ひとつの概念でもなければ、なんらかの意味や価値の表象とはじめから結びついているものでもない。悲劇的な抗争という理念が先にあって、次にその形象化が来るのだという、こうした悲劇理解と反対に、ギリシア悲劇についてのニーチェの考えは、質料としての複数の政治的力という、概念以前のレベルに断固としてとどまろうとする。ギリシア悲劇における抗争というのは、理念のそれではないのだ。つまり、理念に対峙される現世、あるいは普遍性に対峙される特殊性といった対立ではなく、諸々の力が相争うことなのだ。舞台の上では神々と人間たちが闘争を繰り返す。コロスと登場人物たちはさまざまに競合し合う声とともに揺れ動く。もろもろの理念も概念も音楽と仕草によって粉々にされて行く。ニーチェから見ると、悲劇は生についての道徳的解釈を提示しているのでもなければ、生存の目的やゴールについての目的論的な展望を与えてくれるのでもない。その代わりに、悲劇の価値は、形而上学的な慰謝や有和の希望といった想念を越えたところで、われわれを最も根源的な質料的な力——つまり、無限に生成し続ける生——と一瞬結びつけてくれるところにある。悲劇的経験への参入とは、個人の狭隘な限界を越えて、生の永遠の流れの一部と化すことである。この生の流れのなかでは苦悩も苦痛も、そして暴力もが、快楽、権力、そして創造力と分ちがたく結びついているのである。こうした経験こそはギリシア人をして道徳的観念を越えて、すべての観念が発している質料の生成流転へと参入させてくれるのである。

もしも誰かが、心のうちに他の宗教を抱いて、このオリュンポスの神々に近づき、道徳的高潔、いやそれどころか聖なるものを、そして肉体を離れた霊性を、慈愛に溢れた愛のまなざしを求めるならば、そういう人は、失望し、意気阻喪して、すぐさまこの神々に背を向けざるを得ないであろう。ここには禁欲、霊性、そして義務を思い起こさせるものは何もない。ここで語り出しているのは、勝ち誇った豊饒な生のあり方以外の何ものでもない。この生においては、善であろうが悪であろうが、存在するもののいっさいが神々しい存在となっているのだ。（『悲劇の誕生』3）

「道徳的」人間の創出

ニーチェの『道徳の系譜学』は、道徳的理念の歴史と価値を検証しようとする。歴史への問いと価値への問いというこの二つの問いは、ニーチェにとっては根本のところでつながっている。というのも、もし道徳的価値が歴史を持っているならば、「こうしたもろもろの価値はいったい誰に役立ったのだろうか、また生についてのいかなるヴィジョンを推進するものだったのだろうか」と問いうるからである。さらには、もしも道徳がすべての男性と女性が共有する、自己規制のための自然な能力ではなく、むしろ歴史的な解釈に曝しうるものならば、われわれは価値の道徳的定義を放逐して、われわれ自身による別の解釈を行うことができるはずである。つまり、価値は存在しており、それを見いだすか見いださないかだけが問題なのだと——道徳性という言葉がするように——単純に想定したりはしない解釈ができるはずである。『道徳の系譜学』と『善悪の彼岸』においてニーチェは、道徳の歴史の批判と、道徳的価値を越えた新たな「貴族的な」生活のヴィジョンを提示している。「道徳」なるものは、生についての「退化的な」、あるいはデカダンス的な解釈の勝利によってでっち上げられたのだ、とニーチェは論じる。生についての「上昇的な」、あるいは能動的な解釈は、自己自身の価値を生み出し、肯定する強い意志の力を讃えている。これとは反対の、生についての道徳的な見方は、生の上に超越的な価値を、つまり善と悪といった区別を設定し、いっさいの生はそれに合わせねばならないとする。価値についてのニーチェの系譜学は、こうした道徳の捏造のプロセスに対抗するのだ。そのために道徳の歴史を暴露して、道徳とは道徳以前にある一連の文化的習わしの絶えざる再解釈でしかない、とするのである。これまでの系譜学者は道徳の歴史をより巧みに書き直すだけだったのに対してニーチェの目的は、道徳的理想を支える価値を特定し、それを克服することであった。「道徳」なるものは、力への意志のそのつど歴史的に特殊的な再解釈でしかなく、この再解釈は、衰弱しきった弱い生のあり方に帰着している——このように論証することでニーチェは、生についての没道徳的なヴィジョンの基盤を作ろうとした。これこそが後期の仕事の特徴である。

ニーチェの道徳思想は時として誤解されてきた。それは、『人間的な、あまりに人間的な』（初版一八七九）や『道徳の系譜学』のような著作において「支配」や「高貴」といった言葉を使って、生を肯定する思想を論じようとしたためである。ニーチェは、彼が西洋の思想における「受動的」道徳もしくは「奴隷道徳」と形容するものと、彼言うところの「支配道徳」の間に明白な区別をするが、その際、後者の「支配道徳」は生の「高貴な」ありかた、つまり、個人的で、反省以前の、そして自発的な経験としての活力ある生を描いたものとされ、前者の「奴隷道徳」は、人間におけるすべての形態の生活に課されるべき規則と禁止の抽象的なコードを指定するものと考えられている。他のことばで言えば、「支配道徳」という言葉は、人類を「文明的な」社会的動物に飼い馴らし、矮小化する道徳化のプロセスが捏造され始める以前の、力強く上昇する輝かしい生のあり方を道徳的な語彙に翻訳したものとして理解しなければならない。そして、高貴な存在は前＝道徳的な「道徳」であるとする見方から、そもそも道徳というものは生を否定する考え方であるとする後期の道徳観へと、ニーチェは移行していく。この移行をニーチェは、一八九四年に最初に出版された『アンチクリスト』において次のように記述している。

道徳はもはや、ある民族が生き、拡大する条件ではなくなる。生の最下部の本能ではなくなり、抽象的になり、生の反対物となってしまった。ファンタジーの根本的劣化としての、またいっさいの事物に対する邪悪なまなざしとしての道徳。（『アンチクリスト』25）

この引用が示しているように、「道徳」は、ニーチェにとって最初は「諸民族の最内奥の本能」（つまり民族の価値や風習）であったが、やがて、「抽象的」で、硬直化した法となった。すなわち、すべての個人に対して、どのように生きるべきかを定める法となってしまった。その時からニーチェにとって「道徳」が問題となったのである。

『道徳の系譜学』の第二論文は「良心の疚しさ」と題されて、ニーチェが「人間」の「道徳化」と呼ぶものの歴史が論じられ、また系譜学的批判を支える方法的原則についてのより一般的な議論がなされている。ここでニーチェは、「人間」なるものが自然的動物から社会的動物に移行するにあたって、心理的トレーニングがなされると論じている。つまり「約束ができるような動物を飼育する」ためのトレーニングである（『道徳の系譜学』「第二論文」1）。このようなトレーニングは、社会的責任なるものの発展にとって枢要である。なぜならば、自分の発言や信念を請け合うわれわれの能力は、われわれが行う約束と、果たす行動との間の連続性に依拠しているからである。責任なるものの涵養はしたがって、「人間」にとっての記憶の創出を中心としている。記憶が生まれれば、人間は、過去の発言と現在の行動の間につながりがあることを理解するようになる。「私はそれをしよう」と「今の意志の発散」とのあいだに必然的な結びつきがあることを人間がいったん認めるならば、自分についてのイメージ、つまり「信頼できる」「規則を守る」「必ず」といったイメージを受け入れることになる。なぜならば、それとともにこの人間の同一性が、時間を越えた連続的で一貫したものとして自覚されるからである（同）。

個人とは、約束をし、また約束を果たす能力について十分な感覚をもった存在であるとする見方は、ニーチェによれば、「自由意志」および、道徳的自律性を持った「主権者としての個人」というわれわれの考え方の基本である。こうした個人はもはや風俗習慣に自己を合わせる必要はない――風俗習慣とは、伝統的な掟の蓄積した重圧として当該部族に強制されているものである。逆に個人は今や道徳的自己決定の可能な存在となる。そして自己自身の価値の基準となる。なぜならば今や個人は、どのような行動をとれば自己の世界観と一致するかを自ら決めるからである。風俗習慣から道徳的自己決定へのこの移行は、自我の歴史における画期的な移行である。これは、人間の新しい能力、つまり意識（良心）の登場を伴っている。意識（良心）によって人間は、彼自身の道徳的責任についての記憶を維持できるようになるのである。

責任能力というこのとてつもない特権、このたぐい稀なる自由、つまり、自己を支配するこの力が自分たちにしかないという意識、この負託は彼の心の最も深くにまでしみこんで、本能になってしまった。支配的な本能になってしまった。もしこの本能を表す言葉を自分として必要とするなら、何という名前をつけるだろうか？　いかなる疑いの余地もない。彼、この主権能力を持った人間は、この本能を自己の良心と呼ぶのである。

（『道徳の系譜学』「第二論文」2）

われわれは、「意識」も道徳的良心も生来の能力であると軽率にも思い込んでいる、とニーチェは言う。そうしたものは、人間を温順にし、自己規制能力が育つための能力であり、それによって暴力と残虐と野蛮に落ち込むのを防いでいる、と考えがちである、と。この単純素朴な歴史的想定にニーチェは異議をとなえる。そして、われわれの「道徳的」感覚は妥協の産物というより、暴力と残虐に対する文化的支配によって作られたものである、とする。「記憶」や「良心」は自然的能力などではまったくなく、それらは、一率に課された「記憶の技法」が後からもたらす歴史的効果なのである。そうした「記憶の技法」は、道徳的逸脱を常に恐れさせるために苦痛や刑罰を用いる。

人間が記憶を生み出そうとしたときには、流血、拷問、生け贄なしにそれに成功したことは決してない。恐るべき犠牲と生け贄（長子の生け贄も含まれている）、吐き気のするような切断（例えば、去勢のような）、いっさいの宗教的祭儀における残虐きわまりない儀礼（そして、いっさいの宗教は、その奥底においては残虐行為である）――こうしたいっさいは、苦痛こそ記憶を残すための最強の手段であると見るあの本能のうちにその起源がある。

（『道徳の系譜学』「第二論文」3）

能動的分離

「良心の疚しさ」というこの論文の冒頭は、ニーチェの最も重要なテーマのひとつを扱っている。つまり、「系譜学」は、さまざまに異なった価値のタイプ、さまざまに異なった生のレベルの「能動的分離」であるとする考えである。こう述べると難しいテーマに聞こえるが、理解するためには、ニーチェにとって「系譜学」とは、道徳の歴史の再検証の手段であるとともに、「高等な」価値と「低級な」価値の区別をつける方法でもあったということを思い出してみればよい。『道徳の系譜学』の第一論文「善と悪」および「上等と下等」でニーチェは、イギリスの心理学者たちを批判して、彼らが提示する道徳の歴史は「本質的に非歴史的」であると述べている（『道徳の系譜学』「第一論文」2）。「善」という概念および判断の起源をめぐる彼らの議論を見ると、彼らの間違いが露呈すると、ニーチェは論じる。イギリスの心理学者たちは、力ある者たちの、自分を顧みない、無私の行動――例えば弱い者の命を守り、彼らが社会の中で生きて行けるようにしてあげる行動――、それによって恩恵を受ける人々からは善として判断されるこうした行動こそ「善」の起源であると見るが、まさにそこにこそ、彼らイギリスの心理学者たちの誤りがある。こうニーチェは論じる。道徳の歴史についての、心理学者たちのこのような考えにおいては、「善」とは、弱い者たちが、強者の自己抑制の恩典に報いるために、そして自分たちの弱々しく追いつめられた生活をなんとか維持するために創出した価値でしかない。そして、心理学者たちの理解では、やがて時が経つとともに、「善」の起源が本当は自己抑制と寛大さを戦略的に言祝ぐためのものであったということが忘れ去られ、道徳的美徳の理想、いや時間を越えた基準へと「善」が次第に組み替えられていった。こうして善とは、特定の個人たち――つまり、強者によって罰せられなかった人々――にとって都合の良いこととは定義されなくなり、個人を越えた善そのものとなった。暴力を阻止するための普遍的な善となった。弱者の価値が普遍的な価値になったのである。

道徳の歴史のこのような見方にニーチェは反対する。それには二つの理由がある。弱者にとっては、価値を自ら積極的に創造するなどということは不可能なはずである、とニーチェはまず論じる（この点は第五章で見るとおりである）。弱者たちは、すでに存在している価値の構造に対して受動的な反応はできるかもしれないが、高貴な生活と低級な生活に根源的な区別をつけることは、彼らの能力を越えている。心理学者たちの見方からニーチェが距離を取るもうひとつの理由は、こうした見方では、社会的実践についてのある特定のパースペクティヴを、つまり、弱者たちが無私の恩恵的行動を名づけるために提案した善という理想を認め、こうした理想を、さらに道徳的価値一般を定義するパターンへと組み替えているからである。この間違いは、ニーチェの論じるところでは、道徳的価値の能動的な創出の代わりに道徳的規範の受動的な承認になってしまっているところにある。善とは、ニーチェが続けて言うところによれば、善行をしてもらう人々から発するのではない。そうではなく、強力で、高貴で、創造的な個人たち、つまり上等な（良質な）人々こそが、自らの行動に「上等」（よし）という価値づけを行うのである（『道徳の系譜学』「第一論文」2）。強者は、自己の意志を肯定し、生の弱体で低いあり方から自らを能動的に切り離す。そのことによって自らの行動を「善」（上等）とするのである。「善」と「悪」といった価値の創出とは、強い人々が弱い人々から能動的に自らを切り離した帰結を言うのである。価値の発生にあたって生じるこの分離運動は、ニーチェによれば「距離のパトス」である。生の異なったレベルの間に生じざるを得ない「距離のパトス」である。「高貴と距離のパトス、すなわち、低劣な種類、〈下方〉に対して、上等な、支配的種類が抱き続ける全体的で根本的な感情――これこそは、〈良質〉（善）と〈劣悪〉（悪）の対立の起源なのである」（同）。「系譜学」とはニーチェにとっては、歴史的起源に注目することであるとともに、生の能動的な形式と受動的な形式を区別する運動のことである。この区別こそがわれわれの価値を生み出すのだ。ニーチェの哲学を論じた本でジル・ドゥルーズ（一九二五―九五）が書いている次の文章を引いておこう。

系譜学とは起源の価値と、価値の起源の両方を意味している。系譜学は絶対的価値に対立するとともに、相対的な、また功利主義的な価値にも対立する。価値そのものが由来する、諸価値の差異化の運動こそは系譜学の意味するところである。それゆえ系譜学とは、起源もしくは発生を意味するとともに、この起源における差異もしくは距離をも意味するのだ。

(Deleuze 1983: 2)

良心の疚しさ

ニーチェの系譜学的批判は、犠牲や手足の切断といった物質的な実践が、例えば「記憶」や「良心」といった主体の内面空間のような新しい生の形式を生み出し、そうした「良心」などが道徳的価値の「自然な」根拠であるとされるとき、実際には原因と結果の倒錯が起きていることに注目する。この分析をニーチェは、「良心の疚しさ」――あるいは「罪の意識」――そして罰の起源を再考しながらさらに拡大する。これこそニーチェの最も重要な、しかしまた最も異論のある議論である。なぜなら、こうしたニーチェの議論は、正義、法、そして刑罰についてのわれわれの最も基本的な想定を疑念に曝すからである。ニーチェの論じるところでは、道徳の系譜について論じる伝統的な人々は、刑罰と

経験主義と心理学

経験主義は、古代ギリシア哲学にまで遡る長い歴史があるが、イギリスの経験主義と心理学の伝統は、ス

コットランド啓蒙主義の思想家デイヴィッド・ヒューム（一七一一―七六）にはじまる。ヒュームから見ると、われわれが無時間的で、論理的で普遍的な原則と思っているいっさいは――例えば、因果律や必然性、同一性や法則性といったもろもろの原則は――すべて経験の結果にほかならない。それらは精神が経験の上に覆いかぶせたフィクションでしかない。経験に先行し、経験の根拠であるとされている自我や主体なるものも、ヒュームから見ればフィクションである。つまり、われわれが世界とわれわれ自身を整理し、運用可能な、そしてその中で生きて行くことができるような形にするために想定されたアイデンティティでしかない。ヒュームに由来する心理学と連想主義の伝統は、感覚的経験の流れが原因と結果の整合的な世界へと調整される際のさまざまな動きの見取り図を作って、人間精神の「法則」を説明しようとする。またシャフツベリー伯（一六七一―一七一三）のような他の思想家たちは、道徳的感覚も存在するとする。善とは彼らから見ると、外部にある理想ではなく、人間存在そのものが世界を美徳と悪徳の枠で、あるいは、人間の生活にとって有益なものと有害なものという枠で世界を整理し、判断する生来の能力を備えているのだ。こうした心理主義の伝統はしたがって、時間を越えた、人間と無関係な論理法則なるものは消し去ったが、同時に、人間の心理に法則性を、規則性を作り出し、そこに常識があるとしてしまった。ニーチェの経験主義はこうした伝統に抵抗して、理想も同一性も、そして法則も、精神がかぶせているフィクションにすぎないと論じる。しかしニーチェはまた、この人間の精神もしくは心理に法則性があるとか、それらが好意を抱いているといったようには考えない。人間の心というものは、常に世界を規則的かつ因果律に沿った形で整理しようとするなどと想定したりはしない。むしろ逆にニーチェは、そもそも普遍的な理想というものが――人間性という理想も含めて、こうした普遍的な理想というものが――どのようにして生み出されるかを探求しようとする。いかなる感覚的印象が――例えば刑罰とか、道徳という想念といった感覚的印象が――道徳的「人間」なるものを生み出したのであろうか？　これが彼の問いなのである。

は道徳的逸脱に対する返答として決められるものであると考えている。この考えこそが、われわれの道徳システムおよび法システム双方の基盤になっている。こうした観点から見れば、悪人を罰するのは、当人が意志の自由と道徳的自律性をもっていて、実際にしたこととは違った行動も取れたはずであるということを認めるならば、「正しい」ことになる。しかし、ニーチェに言わせれば、道徳的逸脱行為に対する返答が刑罰であり、それは正義によるとする考えは、実際には「人間の判断や推論の形式としては、きわめて後になってできた、洗練された」ものであり、原初の心理とは、ほとんど何の関係もない（『道徳の系譜学』「第二論文」4）。原初の人間にとって――そして実際には、人間の歴史の大部分において――罪という道徳的概念が先にあって、それによって罰が定められたという順序にはなっていないとニーチェは言う。罰とは道徳の力による仕返しではなく、つまり、行為や行為の意図に対する道徳的判断の実行ではなく、弱者に対する強者の力の原初的行使であったのだ。だがのちに刑罰は、負債という概念を持つようになる。そして最初の力への返答もしくは仕返しとして道徳の力が今や使われるのだ、ということになる。ここから、刑罰は単なる復讐以上のものとなり、正義と過ちという普遍的システムの基礎となったのだ。刑罰は当初の逸脱行為に対する仕返しなどではなく、ある特定の行為を犯罪として、それゆえに掟に反し、懲罰を加えうると定義する力のことなのである。刑罰は、それが実力による特定の仕返し以上のものとして、逸脱行為を罰する権力という一般的性格を持ちはじめるとともに、道徳的な力となるのである。正義と過ちという道徳システムが元来あって、その考えが刑罰というものを持ち出したのだとする非歴史的な考え方にわれわれは反対しなければならないと、ニーチェは主張する。そうではなく、彼によれば、まずは刑罰が先にあって、それが道徳システムを生み出したのだと理解しなければならないのである。なぜなら、刑罰の恐怖があり、また同時に刑罰を加えうるような、あるいは有罪と見なしうるような自我というものがあってはじめて、人間は掟に従い、また掟を作るものだからである。以前に行使された力への仕返しが、ある特定の行為に道徳的価値を与えるという、このことこそ刑罰の重要なところなのである。これこそニーチェが（道徳的）有責と（経済的）負債の関係に密接な関連を見る基礎なのである。

人間の歴史の最長の期間にわたって、悪をなす者はその行為に責任を負っているがゆえに罰されたのではない、つまり、有責者のみが罰されるべきであるという前提から刑罰が加えられたのではない。むしろ、親が自分たちの子供を罰する時と同じに、損害を受けたことへの怒りからである。その怒りが、損害を与えた本人に向けられたのである。ところがこの怒りは、どんな損害もどこかにその等価物があるので、賠償支払いが可能であり、たとえそれが本人の苦痛を通じてであれ、支払いが可能である、という考えとともに、抑制され、変化を受けることになる。損害と苦痛はどこかで弁償可能であるというこの考え、これは、きわめて古い、われわれのうちに深く染みついていて、それゆえおそらく今では決して取り払うことのできない考えである。この考えが、なにゆえにこれほどの力を得ることになったのだろうか。すでに私は答えをほのめかしてある。それは債権者と負債者という契約上の関係に由来しているのだ。この関係は、「法的主体」

と同じに古いものであり、売買、交換、商業活動の基本形態に遡るのである。

（『道徳の系譜学』「第二論文」4）

ニーチェは、有罪という「主要な道徳的概念」と、負債という物質的な考えとのあいだのつながりを二つの形で確定する。そもそも交換と取り引きが可能となるためには、負債者は支払いの約束を覚えていることができなければならない。記憶という「厳しく、残酷で苦痛に満ちた」技術が第一義的に正当化されうるのは、まさにこの点においてである（『道徳の系譜学』「第二論文」5）。だがもしも、負債者が彼の借金を返すことができない場合には、債権者はありとあらゆる身体的損壊を、そして侮蔑を彼の身体に加える権利を取得する。例えば「負債に見合うと思えるだけの肉を切り取る」などである。そして、この「経済的」交換は、法のさまざまな原初的かつ古典的な規約の基盤となっている。シェイクスピアの『ヴェニスの商人』で商人シャイロックが依拠しているのは、正義についてのこの経済的観念である。これにもとづいて彼は、借金を返済できないアントニオから代償に一ポンドの肉を切り取る権利を要求するのである。ニーチェの議論によれば、このような経済的補償の底にあるのは、財産の支払いの代わりに、債権者の権力感覚を増大させるという論理である。つまり、苦痛を与える権利の行使によって債権者は、自分より弱い者の苦痛を見て快楽を得るという「主人の権利」を瞬間的にでも楽しめるのである（同）。ここでは刑罰を科すのは、道徳的掟に対する違反への対応ではなく、経済的補償のメカニズムであり、その際に差がつけられ、支配が明らかにされるのである。

ここには、道徳思想の歴史に対するニーチェの最大の挑戦がある。「人間」なるものが動物的な状態から道徳的存在に変容するのは、われわれの道徳意識が残虐と権力において発生していることが抑圧され、忘却されることによってのみ可能となるのだ、とニーチェは議論する。この転換点は、債権者と負債者との経済的関係が、道徳的解釈によって置き換えられ、罪を人間のすることとして見ようとする解釈が出てくるところにある。ニーチェの系譜学とはこの転換についての歴史的な筋書きの話なのである。この転換がどれほど巨大なものであったかを確認するためには――と、ニーチェの議論は続く――罪と個人的負債の感覚が売り手と買い手のあいだの経済的関係に由来することを思い出すだけでは不十分である。それ以上に、この関係は人々が自分を他の人々との関係で測り、弱い生のあり方から強い生を能動的に切り離すことを可能にしてくれることを見なければならない。「価格を設定し、価値を評価し、対価を考え出し、交換する――これこそは、人間の最も原初的な考えを深く捉えているものであり、それゆえある意味ではこれこそが思考そのものだ、と言えるほどである」（『道徳の系譜学』「第二論文」8）。弱者が強者への復讐を試みないような最高の権威を設定すべく、最強の人間たちが設定する道徳と法の起源には、会計計算と交換という経済的想念もまた潜んでいるのだ（『道徳の系譜学』「第二論文」11）。

　罪、正義、そして法のこうした経済的起源は、「良心の疚しさ」および、キリスト教道徳的な生の解釈が到来するとともに隠されてしまう。キリスト教の到来とともに「人間の上で天空が暗くなり始め、さらに、人間が人間であることに恥を感じる度合いが強まるにつれて、天空はいっそう暗黒になってきた。……つまり、病的に柔弱になり、道徳心が強まり、それによってついには「人間」という動物が、自分の本能のいっさいを恥じることを学ぶようになったのだ」(『道徳の系譜学』「第二論文」7)。こうしたデカダンスへの変化の理由は、人間が社会の中に閉じ込められたところにある。本来なら外に向かって発散されるはずのわれわれのいっさいの本能は、今や「内側に向かう」ことになる。「これこそ私が人間の内面化〔Verinnerlichung〕と呼ぶものである。今や人間のうちに、後に「魂」と呼ばれることになるものが発展してくる」(『道徳の系譜学』「第二論文」16)。キリスト教的モラリズムの核心は、本能の赴くままの拡大的な生に対する「良心の疚しさ」を、罪と、生きていることそのものに対する羞恥へと解釈し直したところにある。こうした深刻な新しい感覚の創出は、ニーチェの論によれば、有限な経済的関係(借金は、少なくとも理論的には返済可能である)を、「原罪」という無限の精神的負債へと解釈し直したことに由来している。今や人類は、そもそも生きていることそのものに精神的な負債を負った存在となった。そして、「ともかくこれで返済完了」となる見通しがなくなり、代わりに生じたのは「悔い改めを果たすことの不可能性」であり、「罰金の支払い不能」(「永遠の罰」)という想念である。罰という道徳的概念の起源は、生についてのこの新たな解釈のうちにこそ見いだされるのであり、そしてこの解釈が支配的となったのだとニーチェは結論づける。「人間」についてのこうした「道徳的」見方は、この世の存在についてのすべての見方と同じに、価値の戦略的な転換であり、それによって生についての特定の解釈が圧倒的な地位を獲得したのである。

起源と目的

道徳の起源についてのニーチェの系譜学的な解釈は、哲学や文化についての考え方に強烈な影響を及ぼしてきた。そのひとつの理由は、歴史上の動きや日常の実践についてわれわれはまったく新しい理解を必要とする、というニーチェの主張である。『道徳の系譜学』においてニーチェは、彼の認識の多くを、「歴史的方法という中心的観点」によるものとして描き出す（『道徳の系譜学』「第二論文」12）。まさにこれによって伝統的な歴史記述と系譜学との断絶が生じる。ニーチェから見れば、これまでの歴史記述の問題点は、習慣的実践の起源をその目的と混同するところにある。例えば、刑罰と法について議論するときに、伝統的歴史記述は、刑罰における「目的」――復讐とか抑止といった目的――に光を当て、この目的なるものが法のはじめにある、つまりその「起源」であるとするのである。しかし、刑罰の「経済的」解釈と「道徳的」解釈の相互移行についてのニーチェの記述が示しているように、習慣の起源とその究極の目標とが限りなく離れていることは十分ありうるのである。適切な「系譜学的」記述は、習慣的実践の目的や意味をその起源と錯覚して、その歴史的発展の物語を提示するようなことはしない。むしろそれとは違って、こうした習慣的実践の「意味」と「目的」を、そこに働く支配的な力の要求に依拠して体系的に再解釈しようとするのだ。

こうした問題についてこれまで道徳の系譜を論じた人々は、どういうやり方をしてきたのだろうか？　彼らはいつも単純きわまりなかった。彼らは刑罰のうちに何らかの「目的」を見つける。例えば、復讐とか抑止といった目的である。そして、無邪気にこの目的を刑罰の冒頭におき、その発生の理由（causa fiendi）とし、それで事足れりとするのである。しかし、「法における目的」を法の発生史に使うのは、一番最後にやることであって、むしろ、すべての歴史にとってこれ以上に重要な命題がないと言える命題は、ある事物の発生の原因と、その最終的な有用性、もしくはその実際の使われ方、そして目的の体系での位置はまったくかけ離れているのだという命題である。この命題を得るには大変な苦労が必要だったのだ。そして今もなお本当に実行されてはいないので、実行されるべき命題なのである。その命題はまた、今目の前にあるもの、なんらかのかたちで今のようになっているものは、そのつどそれを越えた力によってなんども新たな意図に合わせて解釈され、新しく取り込まれ、新たな利用に向けて作り替えられ、新たに方向づけられる、ということでもあり、また生命の世界に起きるいっさいの出来事は、力による圧倒であり、支配の獲得であり、またいっさいの圧倒や、支配の獲得は新たな解釈であり、新たな調整である、ということでもあるのだ。そしてそうした解釈や調整にあっては、これまでの「意味」や「目的」なるものは当然のことながら背景に斥けられ、または完全に消し去られるのである。

（『道徳の系譜学』「第二論文」12）

物事の目標もしくは有用性とその発生の歴史とが途切れず連続しているということはない。物事の

「目的」とは、特定の「力への意志」が当該の物事に加えた解釈にすぎないと、ニーチェは論じる。この意味で、ものごとの、あるいはある慣習的実践の「歴史」なるものは、「より大いなる力」への適合の記録であり、またその力が自己の要求に合わせてそうした事物や実践を作り替えた記録でもある——その力とは個人の場合もあれば、制度やイデオロギーの場合もある。例えば、シェイクスピアの演劇という歴史的遺産が過去六十年間にたえず新たに解釈され続けてきた事態を考えてみればよいであろう。ローレンス・オリヴィエによる『ヘンリー五世』（一九四四）の解釈の重要性は何よりも、特定の英国人気質のタイプを訴えかけるところにあった。控えめだが断固たるイギリス文化の防衛者としてヘンリー五世はその軍事的勇猛のおかげで、外国の土地で圧倒的に優勢な相手に対して有名な勝利を得た。こうした英国人気質のイメージは、第二次世界大戦のトラウマに苦しむイギリスで大きな反響を浴びた。イギリス「文化」もしくは「精神」のある特定の傾向とシェイクスピアを同一化するこの動きは、戦後の文化の中でも保守党系の政治家や新聞編集者たちによってさらに強められた。彼らにとっては、「シェイクスピア」の名前を言うことは、文化的モダニティの荒廃がはじまり、総合中等学校が創設されたりする以前のエリザベス朝の栄光との連続性を作り上げることだった。だがまたこの同じ時期に、他のシェイクスピア解釈者や文化評論家たちは、シェイクスピアの演劇性、変装好み、政治的手腕や権力の強奪や反抗の物語の放つ魅惑などに依拠して、ジェンダー役割、セクシュアリティ、社会秩序についてのわれわれの見方を問い直す探求を試みた。このように、シェイクスピアの戯曲のテクストは歴史的に同じものであるが、その意味や文化的反響は、彼の戯曲が解釈されるコンテクスト次第であり、またこうした解釈が使われる用途によって異なる。まさにニーチェはこの点を先取りして、「物事」の、もしくは「伝統」の発展は、出発点からその意味の歴史的実現へ向けての論理的もしくは目的論的な進展というように考えてはならないと、論じる。そうした「物事」や「伝統」は、特定の力や利害によるその再獲得と変容という偶発的な歴史として理解しなければならないのである。

だから人々は、刑罰も、罰するために創出されたと考えたわけである。しかし、どんな目的なるものも、どんな用途もすべては、なんらかの力への意志が、自分より力の弱いものに対して支配者となり、それに対してなんらかの機能的意味を付加したことの徴候でしかないのだ。そしてなんらかの「物事」の、組織の、あるいは習慣の歴史はすべてそのつど新たになされる解釈と調整を示す記号の鎖でしかない。そしてそうした解釈や調整の原因同士は、相互になんらかの連関を持っているわけではなく、むしろ、場合によっては相互のつながりと交替は偶然的でしかないのだ。ある物事の、あるいは習慣の、あるいは組織の「発展」などというのは、こうして見ると、なんらかの目的へ向かっての進歩などではさらさらなく、力とコストを最小限に抑えて論理的に、そして最短距離を進む進歩とはもっと無縁なのである。むしろ、場合によっては深い影響を与え、場合によってはそれほどでない、またおたがいに多かれ少なかれ無縁の支配獲得の一連のプロセスが、そうした物事に起きているだけなのである。それに加えて、こうした支配獲得に対してそのつどなされる抵抗、防衛と反抗のための形態変化の試み、そして反抗措置がうまく行ったときの帰結でもある。形式は流動的である。「意味」はもっと流動的なのである。

（『道徳の系譜学』「第二論文」12）

まとめ

ニーチェの系譜学的批判は、われわれの道徳的価値の歴史的発展を検討する。「道徳性」や「人間」といったものの価値や本性なるものを事前に決定し、それに依拠することなく、道徳的価値の発生を記述することが、この系譜学的批判の試みるところである。近代における文献学内部の変化の影響を受けてニーチェの系譜学は、その分析の焦点を、かつてのように歴史的実践の裏側にある概念や価値といった原初的単位にではなく、もろもろの概念を最初に作り出す、相互に異なる偶発的なさまざまな力のあり方へと向ける。そのために系譜学は、歴史的な習慣的実践の発生とその目的なるもののあいだに区別をつける。系譜学的な読解は、なんらかの実践の目的や意味をその発生の時点にあらかじめ認めて、そこから歴史的発展の物語を説き出すようなことはしない。むしろ、実践の「意味」や「目的」なるものが、そのつど支配的な力の要請に従って全面的に再解釈されてきたのだという点に着目する。道徳が生来の、あるいは自然の能力であるとする観念を、道徳の歴史についてのニーチェの系譜学的分析は拒否する。道徳についてのさまざまな概念は、支配的な力や利害によって生み出された、次から次へ続くたえざる再解釈によって生じたのである。

第四章　歴史

この章では、道徳の系譜学的検証における「歴史の方法における枢要な視点」というニーチェの発見をさらに詳しく見ていこう。その際に特に焦点をあてることになるのは、われわれの歴史感覚についてニーチェが提起した疑問である。ニーチェの著作に一貫しているのは、歴史の価値とはどうあるべきか、という問題への彼の特別な関心である。豊富で幅広い歴史意識を持っているということは、教養のある人格の印であると一般には考えられている、とニーチェはまず念をおす。「教養がある」ということは、少なくとも古典や好古趣味的な文献に対するある程度のセンスを持ち、古典の偉大なる文化的遺産を知っているということである。しかし発展した歴史意識は文化的成熟の印かもしれないが、それが一体われわれにとってつねに良いものだろうか。過去に魅了されると、不毛で非生産的になることがあるのではなかろうか。もっと一般的に言うなら、われわれの歴史意識がほんとうのところ何のためになっているのか、歴史は現在においてどのような生のありかたを可能にするのか、とニーチェは問いかける。

歴史の効用

伝統的な歴史記述に対するニーチェの系譜学的批判の背後には、こうした問いがある。彼の批判には三つの理由がある。第一にニーチェは、人間の価値や信念が本質的かつ非歴史的な人間性の現れだとするヒューマニズム的な想定を掘り崩そうとするからである。この想定に対してニーチェは、価値や信念は特殊な歴史的諸力や利害関心によって創り出されたものだと主張する。したがって「法」や「正義」も基本的な人間の欲求の自然な表出ではない、とニーチェは論じる。これらは生の解釈であり、劣った弱者が感じる復讐への欲求に対して限度を設けるために、支配的な力が創り出したものだ、という。次の章で見るように、ニーチェは「道徳」それ自体が、弱者としてルサンチマンを抱いた者が、能動的で貴族的な人間に対する優越性を獲得するために作った歴史的で特殊な発明品であると示唆している。第二の理由は、ニーチェの主張によれば、歴史の「意味」とは、生に対して解釈を押しつけようとする力によって決定されるからである。懲罰の歴史が示すように、比較的一定して保たれるある種の実践の形式があったとしても、その意味はその使われ方に大きく左右されうる。たとえば懲罰は道徳の侵犯を罰するために科されることもあれば、また負債や損害の償いといった経済的なシステムのなかで起きることもある。つまり懲罰の意味を形成する唯一の「目的」があるというわけではない。ニーチェが別の箇所で論じているように、物事の「意味」は、その意味を制した解釈の歴史である。そして第三の理由は、生の「解釈」はつねにある種の「力への意志」を表出しているからである。ニーチェにとっては、生の実際の意味を作り出すとされる諸形式——たとえば法や正義や道徳——は、生に押しつけられた解釈であり、その結果ある特定の力が他の力をみずからの勢力範囲に吸収同化する。こうした見方は「抵抗」、「対抗措置」、「服従のプロセス」といった好戦的なレトリックに含まれている。これらのレトリックは処罰や法についてのニーチェの見解を特徴づけるものだが、これについては第三章の最後に引用しておいた(『道徳の系譜学』「第二論文」12)。もし「歴史」が価値と解釈の一連の変遷であるとすれば、歴史という制度の意味と機能は、生についての自分なりの解釈を推し進めるために、自分たちの意志をそれぞれの状況に押しつけ、出来事を組織化するような人々によって決定づけられる。したがって「系譜学」というニーチェの理論は、「力への意志は、すべての出来事に現れ出ている」(同)という彼の確信にとって重要な意味を持っている。この主張が持つ意味については第七章で示すつもりだ。

以上のような洞察は、ニーチェのもっとも影響力を持った系譜学的批判の基盤となっている。それは「生にとっての歴史の効用と害」と題された『反時代的考察』の第二部(初版一八七四)における歴史意識の分析に見られる。ニーチェはこの章のタイトルに戦略的な「効用」というレトリックを使っている——ここで暗に示されていのは、歴史が「生」を顧みないという「害」をもたらすようなある種の「使われ方」をするということだが――ことからすぐに分かるように、ニーチェの批判は他の歴史主義とは明らかに異なっている。「歴史主義」という用語は、ある特定の出来事あるいは構造と、それが意味を持つような歴史的コンテクストとの関係を表している。歴史主義は表現力に長けていて目的論的な形をとるがゆえに、過去と現在との歴史的な連続性の感覚を創り出すためによく使われる。歴史主義が顕著に現れているものとしてはイアン・ワットの『小説の勃興』がある。この著書は、小説という新しい文学形式が、それが登場した世界の社会的構造の変容を表現ないしは反映している――小説がつねに個人の意識に焦点を当てているのは、商業資本主義によって形成された新しいタイプの「個人」の心理的内容の現れである――のであり、われわれが今もなお小説を読み続けているのは、個人主義の文化が今でもわれわれの経験を条件づけているからだと論じている。まさにこれと同じような関連づけを作りだすのが、目的論的な歴史主義である。これによると歴史の内在的な意味は、歴史の始源から「ポスト歴史」状況の時代にいたるまで、いかなる偶発性や変化を超えて現れ出ているとされる。たとえばキリスト教の神の摂理の物語は、歴史の目的論的な意味を認めている。それは人間の楽園からの追放、偶発性と変化と死が支配する世界への堕落を経て、世界の終末を迎え、最後の審判において聖なる世界と世俗世界との和解にいたる、という展開に見られる目的論的な意味である。この世俗的な時間の経過のなかに、世俗的時間を救済する神的なものが一瞬啓示される。またその一方で、歴史の「意味」というものは、歴史意識が喪失して歴史が意味を持たない状態になると、必ずや考えられるようになるものである。

歴史の価値をめぐるニーチェの考察は、これらの歴史主義とのラディカルな決別を告げている。ニーチェによれば、歴史上の出来事はそれを取り囲む歴史的コンテクストによって決定づけられるものではない。また歴史記述の目的は、過去と現在との連続性を物語るような視点を単に提供することでもない。歴史研究の主眼は、過去の出来事の「真理」を見つけることではない、とニーチェは論じる。われわれが歴史を必要とするのは、「生と行動のため」(『反時代的考察』「第二篇」序)である。過去についての個々の主張が、歴史的に真実かもしれないということは——とニーチェは続けて言う——それほど重要ではなく、むしろ重要なのは、歴史がいかに現在の生を創造的で生産的に営めるのかを教えてくれるかどうかである。ここでニーチェはすでに第二章で見た真理と価値に関する彼の批判を、歴史意識の問題へと拡大している。何かが「真」であるという認識は、必ずしもそのものに価値を認めることではない。実際その通りで、われわれが選んだ生き方とは関係のないさまざまな真理があるだけ多くの「広い知識」を得られるだろうと期待して、歴史を学ぶとしたら、それはわれわれに明らかに害をもたらすだろう。たとえば謙譲や世俗的欲求の断念といったキリスト教の教義を学ぶことは、われわれの能力の発展を阻害することになる。このような理由から、理想的で、利害関心と無縁で、あるいは目的論的な真理の理念を発見するために歴史に向かうべきではない。そうではなく、われわれは歴史的真理の多様なタイプの系譜学的批判を展開すべきである。そのような批判が、過去のさまざまな要素のなかから現在の生を生産的にするであろうものを選び取ることを可能にするのである。

このような見方をするか否かで、歴史家と系譜学者とが分かれる。系譜学者は自分自身のものの見方と価値を肯定するために、さまざまな種類の歴史的真理から選択する強度をもっている、とニーチェは言う。「歴史が生に奉仕する限りで、われわれは歴史に奉仕してもいい」（『反時代的考察』「第二篇」序）。

能動的忘却

ニーチェが真理と価値とを区別するのは、歴史が人間にとって自立的で創造的な生を享受する能力を失なわせてしまうほどの重荷になりうると考えるからである。一九世紀の文化は歴史熱に冒されていた。その結果、生は「阻害され歪められて」しまった（『反時代的考察』「第二篇」序）。ここで思い出していただきたいのは、一九世紀は古典的文化遺産への関心が復活した時代だったということである。古典文献学が大学で重要な学問分野となった背景にも、この古典古代の文化に魅せられた事態がある。古典への関心はさらにもっと広い運動として、一八世紀末から始まるギリシア文化礼賛に見られる。これはヨハン・ゴットフリート・ヘルダー（一七四四―一八〇五）、ヨハン・ヨアヒム・ヴィンケルマン（一七一七―六八）、さらにはイギリス・ロマン派詩人ウィリアム・ブレイク（一七五七―一八二七）、バイロン卿（一七八八―一八二四）、パーシー・ビッシュ・シェリー（一七九二―一八二二）などが音頭を取った。この運動はギリシア芸術の完全性と高貴さを永遠の精神的価値の源とみなし、それが現在の文化的伝統を再生することができると考えた。すでに述べたように、ニーチェも文献学者として教育を受け、文献学はニーチェの思想に非常に大きな影響を与えた。ところがニーチェはそれまでの文献学とは袂を分かつことになる。ギリシアの文化を時代を超えた普遍的な価値の貯蔵庫とする見方を受け入れることができなかったからである。ニーチェは、ギリシアの生活がさまざまな社会的・政治的な力の競い合いによって発展したと考える。たとえば、ギリシア芸術の完全性が、苦闘や抗争を「道徳的」かつ「精神的」に解決した結果、安定した文化の形態にいたったと考えるのは間違っている、とニーチェは言う。ギリシア文化の強さは、創造的な力と破壊的な力の両方を引き上げる能力にあったのであり、その力こそが生の営為全体を特徴づけていたのだ、とニーチェは考える。「もっとも高い」価値は、苦闘と抗争から生まれるからである。ニーチェにとって、古典的文化遺産への歴史的関心は、受動的にギリシア的価値を繰返したり、賞賛することにあるのではない。われわれが学ぶべきはむしろ、ギリシア人のように想像力をもって自分たちの過去を創造することだ、とニーチェは言う。なぜなら新しい価値を創出することを学べるのは、人間の生をこれまで特徴づけてきた理念に対抗して闘い、それを克服することによってだからである。

これまで引き継がれてきた文化的価値に順応しているだけの人間は、自分たち自身のための生のヴィジョンを創り出すことはできない。小説家ジョージ・エリオット（一八一九―八〇）は、文献学者カソーボン氏を描いた作品『ミドルマーチ』（一八七二）で、このような順応的な人間の態度を描き出している。カソーボンのライフワークは、「神話学全解」を作り上げることである。広大な歴史の座標軸によって、「世間に流布している神話の体系、もしくはそこからこぼれ出た断片は、もともと神によって啓示された伝説の誤り伝えられたものである」ことを暴露しようと意図している（Eliot 1994: 24）。カソーボンからすると、現代の文化は堕落してしまい、「本来の古典の伝統」と関係を断ち切るまでになってしまった、という。しかしエリオットが『ミドルマーチ』で示しているのは、カソーボンの後ろ向きでノスタルジックな過去志向は、現代社会を構成しているさまざまな関係性が織りなす変動を続ける「網」のなかで実生活を送ることを不可能にしてしまっているということである。

カソーボン氏の運命は、歴史的な過去意識が過剰になるとわれわれの個性が埋没してしまう危険性を描き出している。ニーチェは、歴史意識で押しつぶされた人間の生き方の不毛さと不幸を、野原で幸福に草をはむ動物のイメージと対比させて描いている。なぜ人間は――とニーチェは問う――種としては明らかに優れているにもかかわらず、草をはむ動物たちの幸福そうな様子を「失われた楽園」（『反時代的考察』「第二篇」1）のように見てしまうのだろうか。動物たちは過去の重荷を知らないので、非歴史的に生きる。このように完全に非歴史的な感覚が人間にとって不適切なモデルでしかないのは、人間が偽装と一定の自己意識――死の意識をも含む――の能力をもった社会的な生き物であるとされるからであり、その意識が人間とは「自己自身を否定し、消耗し、自己自身に矛盾することによって生きる生き物である」（同）と諭すのだ、とニーチェは認めている。しかし単に受動的に過去の苛酷な重荷に身を任せてしまえば、世界についてすでに確立している諸解釈の群に自らのアイデンティティを埋没させてしまうことになる。それゆえ人間は、「気晴らしやセンセーションを求めて、画廊に集められた絵画の宝の山の間をうろつく」（『反時代的考察』「第二篇」2）暇人や気乗りしない旅行者のように歴史を体験することになる。

このジレンマを解くためにニーチェが提示する解決策は、世界について自分自身の見方を創り出すことによって、過去の歴史の重荷を能動的に忘却することである。能動的忘却と非歴史的感覚は「すべての行為に必要」（『反時代的考察』「第二篇」1）である。実際、非歴史的な感覚を持つ能力は、われわれの歴史感覚そのものを構成しているのだ、とニーチェは論じる。もしわれわれが過去の経験について、他を無視しても特定の見方を取るという決断をしなければ、われわれは単純に「生成の流れ」に呑み込まれてしまい、われわれの歴史意識はその輪郭と一貫性を一切失ってしまうだろう。歴史意識の過剰は、「歴史」そのものの概念を崩壊させてしまう。ニーチェはこの洞察を、もっと一般的な事象にまで広げて、「不眠や反芻や歴史意識は、ある一定の度合いまで達すると、人間であれ、民族であれ、文化であれ、生ける者に害を与え、しまいには滅ぼしてしまう」（同）と言っている。「非歴史的」な意識も、「歴史的」な意識も、個人、民族、そして文化の健康には必要なのだとニーチェは論じる。系譜学者ニーチェが反時代的に思考するのは、彼が過去についての従来の解釈に挑戦を挑むからではなく、歴史の価値を創り出すために非歴史的感覚が必要であることを知っているからなのだ。過去を生産的に利用する近代の文化にとっては、さまざまなタイプの過去の経験は抑圧され、忘却されねばならない。ニーチェの系譜学的な解釈が、選別と抑圧のプロセスとしての「歴史」という見方を繰り返し論じるのは、歴史が生の様式と力のあり方の関係を明らかに示しているからである。

ある特定の生活様式——たとえばキリスト教や近代民主主義政治など——が力を得たのは、非歴史的に行動し歴史の重荷を克服し、過去との徹底的な決別を果たし、みずからの価値を肯定する強さを持っていたからである。真に強い特質を持った者は、みずからの存在にとってもっとも生産的な条件を創り出すために必要なものを歴史から手にいれる。そのためには、閉じた「視野」(『反時代的考察』「第二篇」1)のなかで生を完結させることによって、歴史の流れに区切りをつけねばならない。もしこの閉ざされた視野が作られれば、われわれが人間として生きることを助ける歴史意識の諸要素——たとえば経験について思考し、自己意識を伴って反省する能力——と、制限を与える境界線となる非歴史的な感覚との間でバランスをとることができるようになるのだ、という。

陽気さ、疚しさのない良心、朗らかな行為、来るものへの信頼、こうしたものすべては、個人の場合も民族の場合も、次のこと次第である。すなわち、見通しのきくものや明るいものを、明らかにしえないものや暗いものから区別する一線があること、また適切な時に思い出すとともに、適切な時に忘れる術を心得ていること、つまり、いつ歴史的な感覚を持ち、いつ非歴史的な感覚を持つ必要があるかを強い本能で感じ取ることである。まさに読者は次の命題を考察するように誘われている。それは、非歴史的なものと、歴史的なものとは、ともに個人や民族や文化の健全さのために同じ様に必要だ、という命題である。

(『反時代的考察』「第二篇」1)

歴史のタイプ

従来の歴史とは異なって、歴史を系譜学的に解釈するニーチェは、人間にとって歴史が役に立ついくつかの方法に着目する。歴史の客観的な価値ではなく、効用という観点がもっともよく表れているのは、歴史のタイプについて系譜学的に批判を行っている箇所である。ニーチェは人間が過去を利用する三つの典型的なあり形を示している。それは、記念碑的あり方、骨董的あり方、そして批判的あり方である。「記念碑的」な歴史の見方は、同時代の文化のデカダンスやナルシシズムに辟易した「活動的な者」に特有のものである（『反時代的考察』「第二篇」2）。活動的な者は、過去において発展した「人間」の概念を高貴なものとしたことなら何であれ、それを現在に生き生きと蘇らせることで、現在の衰退を止めようとする。記念碑的な歴史観を持つ者がめざす重要な目標は、過去の偉大な瞬間を現在のなかに蘇らせることである。この目標が実現可能だと思えるのは、「人間個々人の戦いにおける偉大な瞬間が、一つの連鎖をなし」、「数千年を通して人類を山脈のようにひとつに結合させる」（同）からである。これに対して骨董的な歴史の価値は、過去を深く崇敬し、連綿と続く民族の伝統のなかに現在を位置付けることによって現在の意味を定めようとする欲求に表れている。骨董的な歴史感覚が典型的に見られるのは、学者や保守的な政治家であり、これこそが「現在のところ、本来の歴史的感覚と一般に呼ばれている」（『反時代的考察』「第二篇」3）ような歴史観である。最後にニーチェが挙げるのが、批判的な歴史である。ニーチェはこれを「審問し、有罪を宣告する」（『反時代的考察』

「第二篇」2）歴史であるとする。批判的な歴史家は、過去を現在という法廷に引き出し、生のための強靱で生産的な条件を創り出すのに役に立つ見方となるかどうかと審問する。そのためには「過去の一部を破壊し解消する力を持ち、その力を時によっては応用する」（『反時代的考察』「第二篇」3）ことが必要である。批判的な歴史はしたがって、真理や正義などの抽象的な理念や、伝統への忠実さに支配されることはない。批判的歴史が歴史のさまざまな力のなかで価値を認めるのは、「生のみ、すなわち常に自分自身を欲求する暗く、衝動的なあの力」（同）だけである。

以上の概要から明らかになったように、系譜学的な批判によって提起されるのは、いかに人間がわれわれの生産的な能力を拡大することで、生に奉仕する過去の見方を創り出すことができるか、という問題であり、その問いにもっとも実りある答えを与えるのが、批判的な歴史である。この印象はさらに、その他の記念碑的歴史と骨董的歴史にニーチェが見いだしている欠点との比較でさらに強調される。記念碑的歴史の弱点は二つある。まずは、ある時代に通用した価値が、他の時代でも可能であり生産的であると軽率な想定をしてしまっている点である。第二に、ある時代を画した瞬間が時代と関係なく継続するということを強調すると、生の新しい価値と形式の積極的な形成を阻害してしまう点である。この欠点に加えて、骨董的歴史の「懐古的な視線」は「より高い生」や新たな歴史の力の発生を無視して、伝統に追従する出来事なら何であっても常に特権化してしまう（『反時代的考察』「第二篇」3）。骨董的な歴史は「生を保存することしか知らず、生を生産する術を知らない」。しかしニーチェの主張の主眼点は、これらの欠陥にもかかわらず、われわれは記念碑的および骨董的歴史感覚を保持すべきであり、それを批判的歴史の厳しさによって補う必要がある、ということである。人類の現在と未来の要求に適うように過去のイメージを創出しうるのは、歴史が人類の伝統と価値から構築されていることを理解している系譜学者だけである。もし記念碑的な知と骨董的な知が、審判を下す批判的な感覚によって現在の観点から純化されれば、過去の新しい見方を創出することができ、それによって生の新たなヴィジョンを開くことができる。

われわれはわれわれより前の何世代もの成果なのだから、われわれは彼らの過失や、情熱や誤謬の、さらには犯罪の成果でもあり、この連鎖から完全に自由になることはできない。もしわれわれが彼らの過失に有罪判決を下し、その罪を逃れているとみなすとしても、われわれがそれらの過失に由来しているという事実をなかったものにすることはできない。われわれに出来ることはせいぜいのところ、相続によって受け継いだ元来の自然とわれわれの認識との抗争を成し遂げるか、あるいは古くから養成され、生まれつきのものに対して、新たなる厳格な訓練を通して戦いを挑むことである。われわれは新しい慣習、新しい本能、第二の自然を植え付け、第一の自然を干枯びさせるのだ。これは、自分が実際に由来した過去ではなく、自分がそこから由来したいと考えるような過去を後天的に自らに与える試みである。

（『反時代的考察』「第二篇」3）

近代と様式

歴史の知識の本来の役割は、「つねに生の目的のために」あるというニーチェの確信は、彼の近代批判をはっきりと示している（『反時代的考察』「第二篇」4）。近代の文化が弱体化した一つの理由は、生の強さを創り出すという歴史的知識の役割が、歴史は学問であるべきだという要求によって変質してしまったからである、とニーチェは論じる。この変質によって、知識はその歴史的な固有性を失うとともに、価値を創造する役割も失ってしまう。いまや知識は、普遍的かつ客観的真理の基準に適う場合のみ、価値があるとみなされる。しかしニーチェは、知識というものは過去の生の特別な形式という「視野」の範囲のなかに置かれてこそ、人類の役に立ちうるものだ、ということを強調している（『反時代的考察』「第二篇」1）。「生の要求」に支配された歴史と、「普遍的な出来事についての学問」という新しい形をとった歴史がそれぞれ分裂してしまっていることが、近代の経験のありようを決定づけている。つまり客観的で価値とは無縁の「知識」は、「もはや外部世界へと駆り立てられ変革をするような動機としては作用せず、ある種の混沌とした内部世界に隠されたままであり、この内部世界を近代人はおかしな誇りをもって、近代人固有の「内面性」と特徴づける」（『反時代的考察』「第二篇」4）。

モダニズムの代表的作家の中には、ニーチェの近代性に対する批判を共有したものもいた。『荒地』（一九二二）でT・S・エリオットが焦点をあてたのはまさに、客観的でつまらない「知識」と近代の人間の内なるカオスの間にニーチェが見いだした分裂だった。エリオットが見た近代ヨーロッパの黙示録的様相は、伝統的価値観と社会構造が混乱に陥っている光景だ。不安定に揺るぎ、方向性を失った近代文化は、エリオットによれば、ユダヤ教およびキリスト教的伝統からも、ヨーロッパ古典文化の価値観からも遠ざかってしまったことの必然的結果である。周りのどこを見てもエリオットの目に映るのは「亀裂」と「崩壊する塔」の徴候であり、この崩壊が文化と精神の両面において明確な主題として詠われている。「紫蘭の大気のなかに亀裂し改革し炸裂する／崩れゆく塔／エルサレム アテネ アレキサンドリア／ウィーン ロンドン／非有なる」（Eliot 1977: 73）。西洋的学識の偉大なる都が象徴する文化的、精神的価値の安定感の代わりに、今われわれが手にしているのは不規則で無秩序な歴史の力の様式のない混沌だけだ。順序よく意味を与えるはずの共通の語りの文化の外側に、ばらばらな言語と伝統と音域を容赦なく並置することによって、『荒地』はこの歴史の混沌を再現して見せている。ギリシアの預言者テイレシアスが現代のいかさま占い師ソソストリス夫人と交錯し、シェイクスピアの英語がロンドンの酒場の喧騒の中に溶け込んでいく。ロンドン橋の上をじっと見つめても、詩人には行きかう人々が生きながら死を耐え忍んでいる様子しか見えない。「ひとの群れがロンドン橋の上を流れて行った、おびただしい人の数だ、／こんなにおびただしい人数を死が亡ぼしたとは夢にも知らなかった」（Eliot 1977: 62）。生活の精神的あるいは道徳的基準をブルジョア的「進歩」と社会発達についての世俗的知識だけに従属させてしまったために、近代市民は「死んだ」とエリオットは考えている。精神的要求よりも現世的で世俗的なものへの信頼を優先させることによって、世間向けの死んだような表情と、精神的な救済と解放を求める内なる抑圧された自己との間の乖離が確実になってしまう。内なる感情の世界と、外に向けた行動の世界のこの分離が見事に写し取られているのは、退屈したタイピストと「真っ赤なにきびの青年」の冷めた交わりの場面だ。「男の意地は反応の有無を要せず、／情《つれ》ない女の素振りはもっけの幸い」(p.68)。

エリオットと同様にニーチェにとっても、われわれの感情や欲望の混沌とした内部世界と、世界に対してわれわれが提示する外見の形式とが、近代において決定的に分離してしまったのは、「新たな物事が絶えず流れ込んでくる」のを眼前にして疲れてしまったからであり、またさまざまな形の歴史的知識の有用性を見定めることができないからである(『反時代的考察』「第二篇」4)。だが、ニーチェがエリオットと決定的に異なる点は、不幸な近代の状態から脱するための打開策である。ニーチェの観点からすれば、近代の生活の問題を解決する答えをキリスト教道徳の復活に求めるべきではない。生を道徳法則に従わせることは、謙譲の徳に基づいたものであり、弱者がいだく利害関心こそがまさに古典古代文化からその活性力を奪ったものである、とニーチェは考える。近代に欠けているのは、超越的な道徳法則の押しつけではなく、美的様式の感覚である。ニーチェがギリシアにその典型を見いだした美的様式の感覚こそは、人々の欲求を叶える歴史的諸力を、時代意識に体現させることで、公共の関心と個人の生とを結びつけるのである。

MODERNITY

近代とモダニズム

近代とは何かについては相互に対立しあうさまざまな定義があるが、一般的には権威が外在的なものから、内在的なものに移行していくこととみなされる。トーマス・ホッブズ（一五八八―一六七九）とルネ・デカルト（一五九六―一六五〇）のような哲学者は、真理を立証するためにもはや神や摂理の概念にたよることはなかった。哲学者や科学者たちは、立証可能で、人間の能力の範囲にあり、人間の理性に従ったものから権威を確立すべきであると主張した。一八世紀の啓蒙の運動は、ある主張が真であるとすれば、それは立証され正当化できるものでなければならないと主張した。つまり誰も、通説として受け止められている知識や、伝統やすでに定着している階層序列をそのまま受け入れる必要はない、ということである。近代は一六世紀から始まるとみなされる一方、モダニズムは二〇世紀の芸術運動であると定義される。モダニズム芸術には、近代が主張してきた理性の最高の価値や人間性の捉え方に対する幻滅感が表れている。近代において外在的な権威に代わるものとして要請された理性を持つ普遍的な主体は、モダニズム芸術では権威のもう一つの神話にすぎないとみなされる。ジェイムズ・ジョイス（一八八二―一九四一）、ヴァージニア・ウルフ（一八八二―一九四一）、T・S・エリオット（一八八八―一九六五）などの作家は、人間主体を正義と理性を備えたものとしては描かない。人間主体は彼らにとっては、移ろいやすい印象、引き裂かれた欲望、原初的な諸力、無意識な動機、身体に由来する感情、感覚的印象の横溢などからなるものである。すなわちモダニズムは、受け継がれ固定化した形式への批判である点では近代の延長上にある。しかし近代が伝統的な外在的権威を内在的で人間的な権威に置き換えることによっていかなる信仰をも捨て去ってしまったことを批判する点で、モダニズムは近代批判なのである。

上昇と下降

人間の生き方の新しい様式を切り開くために、系譜学者たるニーチェは現在の生を変えるために過去を利用するような歴史のヴィジョンを展開する必要があった。歴史を「利用する」ということは、現在の普通の道徳基準から歴史に審判を下すという意味ではない。むしろ現在のもっとも強く、もっとも創造的な精神の要求に適うように、過去を再解釈することである。「現在の最高の力からのみ、過去を解釈することが許される」（『反時代的考察』「第二篇」6）とニーチェは言う。系譜学的な意味における歴史の「解釈」の要点は、われわれの価値が生の上昇形態を反映しているか、あるいは下降形態を反映しているかを見極めることにある。つまり一方は、活動的な諸力が調和して統合されている形態であり、もう一つは過去の価値と先入見に支配され弱く衰退した生のあり方である。さまざまな歴史的真理のうちからどれかを選びとるには、生の上昇形態と下降形態を見分ける必要がある。ニーチェは「強い人格を持った者だけが（歴史に）耐えることができる。歴史は弱い人間を完全に消し去る」（『反時代的考察』「第二篇」5）と主張する。強い人格の人間は、「客観性」と「正義」が歴史の用語としては両立しないことを認める。なぜなら系譜学の観点からすれば歴史分析の価値は、経験的事実の列挙や一般的命題の実現とはおよそ関係がないからだ。歴史の真の価値は、過去に対して目的にかなった形を与えることにあり、それによってわれわれは生の上昇形態と下降形態とを区別し、「偉大なものの産出にきっかけをあたえ力を授ける」（『反時代的考察』「第二篇」9）ことになる。

ニーチェが「積極的性質」としての歴史的客観性と呼ぶものは、生を上昇させ活性化させる力をこのように肯定することである（『反時代的考察』「第二篇」9）。「より高き人間」というニーチェの思考は後にナチスのイデオローグたちによって勝手に利用されたが、ニーチェの思考は決して人種主義的な考えではないことをはっきり言っておく必要がある。「より高い者」の育成については、第五章で扱うが、それが意味するのは、生の上昇運動を選びとりそれに統一を与えることである。より高き人間や活動的人間という言葉を特に使っていない箇所でニーチェは、われわれの周囲には「存在と生を犠牲にしてまで、（世界の）発展過程に過剰な快楽を抱く」ものばかりが見られると述べている（同）。歴史的変化の一般的事実を感動もなしに承認するこうした態度が到達する極みは、空虚な相対主義であり、それは新しい価値も弁別の力ももはや持つことはない、とニーチェは結論づける。こうした態度とは逆に、歴史の本来の役割は、人類が道徳を克服し、善と悪の彼岸に「より高き」生のイメージを作り出せるようにすることだというニーチェの主張は、大いなる政治という彼の考えかたの基盤をなす。歴史的「真理」の実用的特性とならんで創造的な特性を強調する場合に、ニーチェは彼のメタファーの分析を拡大したことになる。なぜなら歴史は最終的には、「普遍的に知られたことを、いまだかつて聞いたことない何かに置き換え」、系譜学者を「未来の建築者」とならしめるように企図された自己意識と創造的フィクションになるからである。さらには、ニーチェの自己意識に満ちた美的な歴史解釈は、歴史を特定の目的に適うよう首尾一貫して書き直すことを意味しており、この歴史解釈はどのような歴史の語りもある特定の歴史的な状況から発生しているということの暴露にもなる。

つまり過去はつねに現在の関心と要求に適った形で再解釈されるものだということ——その役割は生の特定の価値と形式を発展させることにあること——を再認識させてくれる。もしもわれわれが歴史的「真理」が歴史的に作られたものであると認めれば、普通に考えられている価値とは、教会や貴族や支配階層のような優勢な社会集団の力への意志の結果なのだとみなすことが可能となる。そうすればこれらの価値が「自然なもの」でも「時代を超えて」通用するものでもなく、暴力と抗争と生についての相互に競合するさまざまな解釈のなかでの、権威を求める争いの帰結であることが分かる。現在のわれわれに課された課題は、人間存在についての疲弊し衰退したユダヤ＝キリスト教的な考え方の彼方へと向かうこと、そして未来のために生の新しい解釈を創り出すことである。ニーチェはこの仕事を、道徳と禁欲的生活に対する批判として行った。この点については第五章でふたたび述べたいと思う。

まとめ

歴史を系譜学的に解釈するニーチェは、過去のある特定の解釈を生に押しつける力によって歴史の意味が決定されているのだと論じる。ある歴史的出来事の意味を作り出す理念や目的は、ひとつだけではない。むしろ理念や実践の意味は、歴史をとらえる解釈によって作られるのである。歴史はつねに変動する一連のさまざまな価値や解釈であり、歴史的な諸制度の意味と機能は、自分の意志を状況に押しつけ、生についての自分の解釈を実現するために、さまざまな出来事を秩序づける人々によって決定されている。ニーチェにとって歴史研究の主眼は、過去の出来事について不変の歴史的「真理」を発見することではない。われわれに必要なのは、現在において力強くかつ生産的に生きることができるような過去の解釈を行うことである。

第五章　善悪の彼岸

この章では、善悪の彼岸に位置する「非道徳的《インモラル》」な哲学を展開するニーチェをもう少し詳しく見てみよう。『道徳の系譜学』においてニーチェは、道徳的存在としての「人間」なるものの系譜学を述べている。それは、われわれの価値や道徳的信仰が歴史的な性格を持っていることを示すためであり、またさらにそれ以上に「道徳」なるものもそれ自身としては、残虐と力という恣意的な行為システムについての後からなされた解釈でしかないと論じるためであった。応報という刑罰制度が、人類に記憶を生み出すために、そして負債についての歴史的意識を生み出すために作られた。ところが、記憶の外的な、そして暴力的な起源は次第に消し去られ、「意識」として内在化され、「人間」は自然的本性から道徳的能力を持った存在であるというイメージが生まれた。こう考えると道徳とは、われわれが低劣で非道徳的《インモラル》な起源を持っていることを覆い隠すために、自分たちで作り出したお話でしかないことになる。

それゆえ人類の歴史は、道徳化の歴史と切り離して考えることができない。道徳化、つまり、われわれのもろもろの価値が暴力と残虐に発していることを見えないようにし、「人間」は道徳的であるというイメージを生み出すためのプロセスである。この道徳化のプロセスに対するニーチェの批判は、「善」と「悪」という基礎的な道徳的概念の価値を問いに付すことによって展開される。これこそ、ニーチェの著作の中で最も悪評の高い論題である。なぜなら、これは、「非道徳的《インモラル》」な生活様式という思想とつながっているからである。子供の頃からニーチェは、「善と悪というわれわれの用語は実際にいかなる起源を持っているのか」という問いに魅了されていた（『道徳の系譜学』「前書き」3）。この問題へのこだわりはやがて、もっと一般的な問いへと変形された。つまり、「どのような条件の下で人間は善と悪というあの価値評価を捏造したのだろうか？　そしてこうした価値評価自身はまたどのような価値を持つのだろうか？」（同）という問いである。われわれが「善」と呼ぶものは、われわれの勇気を、創造性を、活気を表現し、拡大し、上昇する生のあり方を歓迎してくれるのだろうか、そしてそれによって人類の利益を促進してくれるのだろうか？　あるいは逆で、「善」なるものは、生の下降的なあり方、生の退落の徴候なのではなかろうか。つまり、われわれの経験を狭隘で旧弊な要素に閉じ込めて、われわれが自分自身の価値を創造する能力を押しとどめるのではなかろうか？　もしも、「善良な人間」のなかに退行的な傾向が潜んでいて、「道徳そのものが危険の中の危険」（『道徳の系譜学』「前書き」6）だとしたら、どうだろうか？「善」と「悪」の彼岸の生を想像できないだろうか？　そうした生はどのような相貌をしているのだろうか？

これは、われわれの宗教的および道徳的遺産全体の基礎を揺さぶる不快な問いである。道徳の価値の検証をニーチェは、憐れみと利他主義の分析からはじめる。不運な人々に憐れみを感じること、そして他の人々の利益を考えることは、善であり、有徳な行為であると、われわれは習慣的に思い込んでいる。キリスト教倫理とジャン＝ジャック・ルソー（一七一二―七八）のような哲学者たちが共有している前提によれば、道徳的美徳は、自らの隣人への愛、そして弱い人々への慈愛に満ちた態度と同義である。自分の利益より他人の利益を優先することは道徳的善のしるしであり、利己的でない人々は、やがて天国でそのご褒美にあずかるであろう、とされている。ところが道徳的価値へのニーチェの批判は、生のあり方において憐れみや自己犠牲の本能に高い位置が与えられている事態に異議を唱える（『道徳の系譜学』「前書き」6）。「憐れみの崇拝」は、道徳的強靭とはまったく無縁であり、むしろ人類の疲弊を、そして意志の放棄を示している、とニーチェは論じる。人類が自己の歴史を克服し、新しい価値を創造できなくなると、必ず憐れみや利他主義が道徳的美徳とされるのだ、というのだ。こうした価値の転換は、強者に対する弱者の勝利であり、それは、ニーチェ言うところの「道徳における奴隷の反乱」に示されている。弱者はこの反乱において、自分たちが強い行動を取れないその無能さを美徳のかたちに高めるために、憐れみと謙譲に跪拝するのである。このように利他主義を絶対的な道徳的美徳として設定するやり方はまた、社会民主主義のような政治運動の基盤でもある。ニーチェはこの社会民主主義を形容して、自己の力への意志を主張する強い人々、自分たちの価値を世界に押し通す力を持った、強く、高貴な人々に対抗する弱者たちの共謀であるとしている。

道徳的利他主義は価値が高いとする価値評価についての議論でニーチェは、善悪の彼岸に位置する非道徳的《インモラル》な哲学という彼の考えの中心にある二つの認識を展開する。第一は、憐れみの道徳は利他主義ではなく、それは弱く、受動的な力への意志の具現であり、強者を弱者に服属せしめ、退行的な生のあり方を維持するためのものである、という認識である。というのも、憐れみの感情は、憐れみの対象となる人物へのいくばくかの軽蔑を必ずや含んでいるからである。そしてこの優越の快楽は、「利他的な個人」に、以前よりも自分は力のある存在であると感じさせてくれる経験なのである。ひとつの例を挙げれば、第三世界の苦しみの可哀相な映像が――例えば飢えに苦しむアフリカの子供たちの映像が――西側世界に蔓延しているが、これについてポストコロニアルの立場からの批判では、こうした映像のポイントは、人道的な情動を満足させることにあるのではない。むしろこうした可哀相な犠牲者たちの映像は、自らはどうしようもできないこうした人々を「われわれこそが」助けることができるのだと誇示するためであり、それによってわれわれは自らを倫理的で力を持った存在であるとするのである。『善悪の彼岸』でニーチェは、弱い者は、自分たちのアイデンティティを作るために、可哀相な人と受動的につながることを必要としているのだ、と論じている。この主張は、ルサンチマンについての彼の理論の核心をなしている。高貴な本性を持った人は、弱い人間と反対で、「人を憐れむようには作られていない」。なぜならば、高貴な人間は、自己の本性を真率に確立するだけの強さを持っているからである（『善悪の彼岸』260）。第二に、奴隷道徳は憐れみの崇拝を作り上げるという認識を持つニーチェから見れば、われわれの道徳的価値が実は歴史的な性格をもっていることは明白である。憐れみの態度を取ることはおのずと善で、エゴイズムの態度はおのずと悪である、と信じるように、われわれは間違って仕向けられている。このような道徳的解釈は、支配的な社会グループが自分たちの存在のあり方を正当化するためにあとから確立したにすぎない。価値が存在するようになる以前は、強い力と弱い力のあいだの支配をめぐる闘争こそがあったのだ。弱者が押しつける「善」と「悪」という受動的な道徳を克服し、貴族的価値による新たな時代を切り拓くことこそ、ニーチェの「非道徳的《インモラル》」哲学の求めるところなのである。

主人の道徳と奴隷の道徳

無私で無欲の行動が道徳的に優位にあるとされる事態を批判するにあたってニーチェは、習慣と道徳の関係の検討から始める。彼は、人類の「前‐道徳的な段階」と自ら呼ぶ時代、つまり、ローカルな習慣や伝統によって価値が決められ、善と悪という二項対立が意味を持たなかった時代にまず着目する（『善悪の彼岸』32）。『人間的な、あまりに人間的な』でニーチェは、こうした道徳以前の社会では「倫理的である」こと、「正しくある」こととは、抽象的な道徳的理想に服することではなく、「古来の掟や伝統」にしたがうことを意味していたのだと、記している（『人間的な、あまりに人間的な』I・96）。伝統的共同体は、個人的な道徳的自律や意図についてはなんら顧慮しない。それゆえに、人がある地域の掟を心の中で認めているかどうかはどうでもいいことであり、その掟に服従さえすれば、それで十分なのである。もしもこうした共同体が善き行動と有害なそれとを区別するとすれば、その際の「基本的な対立項は、〈エゴイズム〉対〈無私〉ではなく、伝統（もしくは法）への服従か、それからの脱出かなのである」（同）。特定の行動が正しいか間違いであるかの判断は、習慣の指令によるのだ。習慣は個々の習性を生の存続の条件と見ている。「低い層の人々や文化は、因果の現実的系列にはほとんど目が届かないので、彼らは迷信的な恐怖によってすべてがいつもと同じになるようにする。習慣が厳しくつらく、重荷になろうとも、それは維持される。なぜならまさにこうした習慣こそが、きわめて有益に見えるからである」（『人間的な、あまりに人間的な』I・97）。共同体の絆や義務の外に出され、世界の中で個人となることは、進歩のしるしではなく、刑罰なのである。実際に「個人」とは――こうした個人の好みや特性を近代文明は常に発展させようとしてきたのだが――アウトローの連中のことをいうのである。つまり、部族の「これまでの知恵」に耐えられる強さを欠いた人々のことである（同）。

しかし、習慣の掟に依拠した伝統的共同体の弱さは、まさに当該共同体の「すべての個人」に「同じ習慣」を受け入れるように強要するところにある（『人間的な、あまりに人間的な』I・97）。こうした強要は、強力な、あるいは「貴族的」な本性を持った人々にはたまらないからである。彼らは、溢れかえるような力と創造力の帰結である自己自身の掟を生み出すために存在しているのだ。それゆえ、貴族社会は「距離のパトス」を必要とすると、ニーチェは『善悪の彼岸』で論じている。距離のパトスによって、強者と弱者の区別ができ、力のある者たちは、これまでのすべての生の道徳を克服しうるのだ。

〈人間〉というタイプを高めるのは、いつの場合でも貴族社会の仕事だった。そして今後もそうであることに変わりはないだろう。貴族社会というのは、人間相互のランクと価値の相違を信じており、なんらかの意味での奴隷制を必要としているのだ。身に染みついた身分の相違、支配カーストが臣下と道具を見やる際の常である見下しのまなざし、服従と命令のたえざる鍛錬、遠ざけることで低い位置にあることを思い知らせる常日頃の訓練、こうしたいっさいから距離のパトスが生い育つのだ。このパトスなしには、あのもうひとつの不可思議なパトス、つまり、さらに魂の中でも距離を広げようとするあの欲望、今より高い、今より遥かな、今より力のこもった、今より大きく広がった状態を作ろうという欲望、一言で言えば、〈人間〉というタイプの高揚、そして、道徳的表現を超‐道徳的意味で理解するなら〈人間のたえざる自己克服〉への欲望である。

(『善悪の彼岸』257)

ここには、ニーチェ哲学の核心がある。貴族社会の卓越した価値は、「弱い」生に対する自分たちの力と権威を涵養することで、人類自身の自己克服を果たそうとする願いにある。道徳的もしくは利他的な物の見方——キリスト教、社会主義、そして近代の政治的民主主義のある種の形態における物の見方——は、ランクの差異を解消しようとしている。それに対して、貴族的文化は、そうした差異を強化する。実際問題として、ニーチェが「力」と呼ぶものは、強者と弱者のあいだに生み出される距離によって計られるのだ。真に貴族的な社会は「ある意味では奴隷制を」必要とするというテーゼが引き起こすショックを、ニーチェは楽しんでいる。だが逆にまた、「平等な権利」や「共通善」に訴えかけることで成り立っている社会構造もやはり、その目的を達するために暴力を必要としている、とニーチェは主張する。すなわち、多くの人々が共有する考え方や道徳的価値を拒否する高貴な本性の人々に対して、計算された抑圧が発動されているからである。

習慣共同体という道徳以前の生活が克服される第一段階は、ランクの相違にもとづく貴族的秩序の創出である。「ひるむことのない強力な意志と力の欲望」に満ち満ちた貴族的「略奪人間」が権威を暴力的に奪取する様を描くことにおいて、ニーチェは一歩も譲ろうとしない。「彼らは自分たちより文明化されていて、弱く、平和愛好的になっている種族に、そして場合によっては交易に従事し、家畜を飼い始めている種族に、あるいは、成熟しきった老いた文化に襲いかかる——生命力の最後のひとかけらが、精神と頽廃の輝かしい花火のようにその残光を明滅させている老いた文化に襲いかかる」(『善悪の彼岸』257)。このような高貴なタイプの人間は、「自ら価値の設定者となる自由」があると感じている。なぜなら彼は、なんらかの伝統や法といったものに認めてもらう必要はないからである。彼は自らが生きて行けるような価値を創出する」(『善悪の彼岸』260)。外的な制約からの独立をめざす彼の強い意志は、一連の「道徳的な価値の区別」を生み出して、弱く奴隷的な本性の人々に対する自らの優越性を表現し、それを通じて自己をさらに強化する。この区別は、「上等な存在」と「劣悪な存在」という道徳的区別によって補強される。

> 報いをする力を持っている者、善には善で報い、悪には悪で復讐する力を持っていて、しかも実際に報いをする者、つまりは、感謝を知っており、また復讐欲に溢れている者、彼は上等とされる。それに対して、力もなく、報復もできない者は、劣っているとされる。上等な人間として彼は「良き人々」の共同体に属することになる。この共同体は共通の感情を抱いている。なぜなら、そのメンバーの一人ひとりは、報いの感覚によっておたがいに結びついているからである。劣っている存在の方は、「劣悪な連中」、つまり、貶められた無力な人々の群れに属することになる。彼らには、共通の感情が存在しない。上等な人々はひとつのカーストをなしており、劣悪な連中は、埃のかたまりのようなものである。このように善と悪というのは、長いこと高貴と劣等ということであった。主人と奴隷といってもいい。
>
> （『人間的な、あまりに人間的な』I・45）

ニーチェが「上等な」人間として考えているのは、すでに第三章で見たように、貴族的な矜持を持っている力強い人間、自らの本性の必要にしたがって価値を決めるがゆえに、価値について能動的な感覚を持っている人間のことである。「上等」ということは、支配し、命令する能力を持っていることである（それには、自己への命令と、自己規律も含まれる）。これこそは、主人となる資格を持った高貴な存在を他と区別するものである。こうした高貴な存在は、溢れんばかりの意志と生命力に恵まれており、それを駆使して、世界を自分たちのイメージに合わせて作り上げる。自分たちは「上等」かつ「高貴」であるという感覚は、自分たちの力と創造力について抱く印象から自然と生まれてくるのである。次に他の人々を「劣悪」「低い」、あるいは「奴隷的」と決めるのは、貴族的な秩序から彼らを分かつ仕方である。「主人道徳」というニーチェの用語は、高貴な存在が他の生活のあり方から自らを分かつにあたっての、内から発する毅然とした自己肯定を言い表している。それゆえこの用語は、人間の行動や動機についての非個人的で普遍的な見方が持つ「共通の常識的感覚」という考え方からはっきり距離を取っている。特定のタイプの存在の表現としての道徳的価値の創出こそは、道徳の、今では忘却された起源である、とニーチェは論じる。古代ギリシアのような貴族的社会に親しめば、「どんなところでも道徳的な価値表現はまずは人間に対してなされたのであって、人間の行動に適用されるようになったのは、ずっと後になっての、しかもきわめて派生的なことである」(『善悪の彼岸』260)ことが明らかとなる。「憐憫」「無私」あるいは苦悩への敵対心などが、高級か低級かといった根源的な問いから切り離されて、道徳的価値の決定根拠となったのは、ごく最近のことである。今日では暴力、残虐、そして苦痛を与えることは、無慈悲かつ非キリスト教的なことと断罪されている。しかし、貴族的な文化にとっては、そうした暴力や残虐は、より高等なタイプの「人間」の産出を目標とする生の広汎な営みの一部でしかなかった。

おたがいに加害、暴力、搾取をやめ、自己の意志を他者の意志と平等なものと見る——こうしたことは、ある種の雑な見方からすれば、個人同士のあいだで良俗と言えるかもしれない。しかしそのためには一定の条件がなければならない（つまり、こうした個人同士が実際に力の量において、価値の大きさにおいて似ており、しかも、同じ共同体に属している、という条件である）。しかし、この原則を拡大し、場合によってはおよそ社会の根本原則なるものと見るならば、その元のあり方に戻ってしまう。つまり生の否定への意志、解体と頽廃の意志であることが明らかになるだろう。こうした問題においては根本的に考え、事態の本義に迫らねばならぬ。そして、心優しき弱さに抵抗しなければならない。つまり、生とは、本質において他者と弱者の略奪、他者と弱者への加害と征服なのだ。抑圧、苛酷、自己の形式の押しつけ、領奪なのだ。そしてどんなに少なめに見積もっても、最低限のところ搾取なのだ。

（『善悪の彼岸』259）

支配者道徳が内包している衝動、つまり生のより劣るあり方を克服しようという衝動をわれわれは、あたりかまわぬ暴力を擁護するものと理解してはならない。これは、高貴な生のスタイルという道徳的および美的ヴィジョンを支える衝動なのである。すべての高貴な本性の持ち主は、「自分自身を全体的な人格とする」義務を持っていると、ニーチェは『人間的な、あまりに人間的な』ではっきりと述べている（『人間的な、あまりに人間的な』95）。この目的を達成できるのは、「自己自身に対する力を持っている」高貴な人間、「どのように語るか、どのように沈黙しているかを心得ている人間、自己自身への厳しさと非情を楽しみ、いっさいの厳しく非情なものへ敬意を抱いている人間」（『善悪の彼岸』260）のみである。「距離のパトス」は、「魂の中でも距離を広げる」ように呼びかけ、自己の本性のたえざる克服と完成を要求する。これは支配者的存在のみに可能なのだ（『善悪の彼岸』257）。「上等な」もしくは高貴な人間は、自己の力の充実を単純に肯定するのだ。カーストとランクに関するいっさいの区別は、他の人々がこうした自己正当化の行為をどの程度までできるかによって決められる。それに対して「劣悪な」人間は、自己の生存の条件を自ら決めることのできない低次の、奴隷的な存在である。彼らの価値のすべては受動的である。彼らの価値は、自己の世界を作り上げる潜在力によってではなく、貴族的価値への対抗によって定められている。結果として「劣悪な」人間は「上等な」人間に対する疼くようなルサンチマンに生きている。「劣悪な」人間は、自分の本性からは何も作り出すことはできない。それは、強靭さ、創造性、自己肯定といった高貴な性質の欠如を特徴とする二次的かつ派生的な生のあり方である。奴隷的本性はすべての「上等なもの」に対して嫉妬深く、不信の念を懐いており、貴族的本性の本能的かつ無意識的な自信を愚劣かつ単純として解釈しようと努力する。そして生きていることの重荷を少しでも楽にしてくれそうな特性なら何でも大切にする。つまり、憐憫、謙譲、忍耐、そして勤勉である。

　道徳の歴史における決定的な変化は、奴隷的本性の人々が、貴族的な人々の力と支配に挑戦して「人間」というヴィジョンを作り始めたときに起きた。これが奴隷道徳の登場の瞬間である。奴隷道徳の登場は革命的出来事であったには違いないが、ニーチェの議論によれば、これはまた、人間の条件に破局的な結末をもたらした災いと破壊の現象でもあった。その理由は、奴隷道徳は、生の新たなヴィジョンを生み出すことなく、むしろ、貴族的価値に対する不能と怨念からの反抗として出現したことにある。奴隷道徳は貴族的価値に寄生虫のごとく依拠している。そうした寄生は、「上等」と「劣悪」という道徳上の二項対立を「善」と「悪」というそれへと価値転換したことにはじまっている。奴隷根性は、強さという立場から道徳を克服することができない。逆に、自らの弱さを「善」と同一視するべく、まずは敵を「悪」と定義する。

ニーチェの言によれば、現代の歴史家や心理学者たちは、道徳的理想の進化について根本的に誤解している。彼らの主張するところでは、原初において、無欲かつ無私の行動は、そうした行動が役に立つ人々から高く評価されていた。ところが人々は時とともに、こうした習慣的な評判にもとづいて当該の行動を評価するようになり、ついにはそれが単純に「善」とされて、道徳的理想の起源が忘れ去られてしまった、というのである（『道徳の系譜学』「第一論文」2）。しかし、歴史のこのような見方は、貴族的価値が没落してはじめて生じてきたのである。なぜならば、「上等」という判断は、上等な性質を見せつけられた人々がはじめて使ったものではないからである。この判断は、優れた生と劣った生を区別する、高貴な距離のパトスから生じたのである。道徳における奴隷の反乱は、憐憫、謙譲、そして忍耐などが「善」とされるようになる、そのような変換を要求したのである。同時に、力、拡大、そして身体的活力といった貴族的生活の表現は、政治的統一体にとって有害と宣告された。貴族的存在のエリート的秩序に反抗する奴隷道徳は、畜群本能として現れる。弱い者たちが一緒になって貴族的精神の権威に挑戦するのがこの畜群本能である（同）。この挑戦は逆に、「エゴイスト的」と「非エゴイスト的」衝動という道徳的区分に——今や前者は「悪」とされ、後者が「善」とされている——依拠しているが、こうした区分は、力を集積し、消費する意志の自然で生き生きした発露こそが生とされる貴族的文化の内部では、なんの意味ももたない。

ルサンチマン

道徳における奴隷の反乱に示されるような、貴族的価値との根本的な訣別は、ニーチェの議論によれば、ルサンチマンの原則によってなされている。弱い個人の生活は、思い切った行動で自分を発散できない不能と無能の思いによって動かされている。この駄目な生活の代償を求めて、奴隷的本性は、高貴で高等な生活に対する「想像上の復讐」をたくらむ（『道徳の系譜学』「第一論文」10）。貴族的価値が高貴な精神に自ずからともなう豊饒さと自己満足の経験から生まれているのに対して、奴隷的生は、自己の外部にあるいっさいに「ノー」と言うことによってのみ道徳的ヴィジョンを生み出しうるのだ。なぜならば、奴隷的存在は、自己に固有の生と価値を肯定する能力に単純に欠けており、道徳的判断という「価値設定のまなざし」を転倒させて、外の世界を、つまり自分にとって敵対的であり、自分より優れている外の世界を斜視的に見やらざるをえない（同）。ルサンチマンとは、高次の生に対するこうした受動的で恨みがましい否定が、自己独自の道徳システムと世界観を捏造しはじめる運動のことをいう。奴隷道徳は生からの道徳的退却である。弱き者たち、傷つきやすい者たちにとって圧迫でしかない「外の敵対的世界」をでっちあげることで、はじめて生のヴィジョンを作り上げるのである。ルサンチマンのいっさいの現れと同じに奴隷道徳も、「およそ活動しうるためには、生理学的に言うならば、外的刺激が必要なのだ。奴隷道徳の活動〔Aktion〕は基本的に受け身の行動〔Reaktion〕なのである」(同)。高貴な精神は、その貴族的な距離のパトスを展開するにあたって、まずは自己の力を主張し、それから、周囲の世界と自己の相違の度合いをそのつど確認して行く。それに対して奴隷的タイプは、自分自身を「良き」道徳的主体として定義するために、力を持った「悪しき」人間を作り上げる必要がある。この必要は、われわれが、SF映画の冷酷なインベーダーや、悲劇のイアーゴのような悪漢や悪しき力を描いた芸術に際限なく魅了されるのはなぜであるかをも、解き明かしてくれるかもしれない。われわれは彼らの悪に後ずさりし、この退却の動きを通じて、強力で非人間的な悪に対立する「われわれ」という倫理的イメージを作り上げるのである。

弱い力が普遍的で抽象的な価値体系に生を合わせようとするするいっさいの試みに、ニーチェはルサンチマンの精神を嗅ぎつける。『アンチクリスト』でニーチェは、不公正が「権利の不平等に由来することは決してなく、不公正は、むしろ権利の「平等」の要求にこそ由来するのだ」(『アンチクリスト』57)と示唆に富んだ表現をしている。いっさいの道徳的平等や政治的平等への訴えをニーチェは拒否する(社会主義、フェミニズム、あるいは民主主義のエートスといった思想の枠内での平等も拒否する)。なぜなら、一人ひとりの個人に適切な権利というものは、普遍的な法によって定義することはできないのであって、「彼の存在の本性によって決定されている」のだからである（同）。同じようにニーチェは、キリスト教や反ユダヤ主義といった信条を非難する。こうしたものは、彼の主張するところによれば、「弱さ、嫉妬、怨念」から生まれている。キリスト教に対しては特に罵倒の言葉をニーチェは惜しまない。なぜならキリスト教こそは「生の上昇する運動、見事なあり方、力、美、地上における自己肯定のいっさいを」拒絶し、「生の肯定が悪に、それ自身として叱責されるべきものに見えてくるような別の世界の捏造」を目的とするからである（『アンチクリスト』24）。キリスト教とは、単にルサンチマンのひとつのありようにすぎないのではない。むしろ、「地面を這い回っているいっさいのものが、およそ高さを持つものすべてに対して行う反乱」（『アンチクリスト』43）の組織化であり、ルサンチマンの最も進んだ形態を表している。生とは「力の成長、継続、蓄積に向かう本能」であると言いながら、ニーチェは、「力への意志が欠けているところには、没落があるのみである」（『アンチクリスト』6）と続ける。こうしたコンテクストで見るならば、キリスト教は、ルサンチマンの精神と、歴史的なデカダンスの両方を意味していることになる。

> キリスト教にお化粧をして、うわべだけきれいにしてもだめである。キリスト教というのはこのより高き人間のタイプに対する死の闘争を敢行したのだ。こうしたより高いタイプの奥底の本能を、キリスト教はすべて封じ込めてしまったのだ。こうした本能に悪を、そして悪人そのものの凝縮を見たのだ。強い人間は、非難されるべき典型となり、〈排除された人間〉となる。キリス

ト教は、すべての弱者、低層の者、出来の悪い者たちの側についた。強い生の維持をめざす本能に反対の立場を理想としてしまった。精神的に最も強い本性をもった人々の理性をも駄目にしてしまった。精神性の最高の価値を、罪であり、誤謬であり、誘惑であると感じるように教え込んでのことである。

（『アンチクリスト』5）

たしかに一八世紀における啓蒙主義以降はキリスト教に対する挑戦があった。ヴォルテール（一六九四―一七七八）のような思想家は、宗教が幻想の幸福の子守唄を大衆にささやきかけるやり口を告発した。とはいえ、ニーチェの考えは、そうした方向とはまったく異なる。キリスト教はルサンチマンであるとするニーチェの解釈は、宗教を外部から押しつけられた幻想であると暴露するようなことはしない。むしろ、幻想に服する人々がどのような意志をもち、どのような欲望にとらわれているかを検証するのである。というのも、ルサンチマンの精神は、外的な法の前で自己を貶め、弱い状態のままでの自己を維持するのが嬉しいのだ。

ルサンチマンについてのニーチェの分析は、また正義の歴史的起源にも光を当ててくれる点で注目に値する。ある種の政治的態度――ニーチェが特に考えているのは「アナーキスト」と「反ユダヤ主義者」であるが――に共通の先入見は、復讐を「正義」の名目で神聖化するところにある。あたかも正義が「結局のところは、不当な扱いを受けたという感覚から発展したものであるかのようだ」（『道徳の系譜学』「第二論文」11）。このように正義の始まりをルサンチマンに見る受け身的な説明に対抗してニーチェは、正義の起源について別の説明を提案する。正義は「支配欲、所有欲、あるいはそれに類似した欲求のような能動的な衝動」に発するとする説明である（同）。この説明をさらに拡大してニーチェは、正義の起源を経済的および軍事的配置に見る議論をする。ニーチェに言わせれば、高貴な精神にとって正義は復讐とも無関係ならば、公平や権利といった利他主義的で無欲な考え方とも無縁である。正義とは、対抗し合うほぼ同等な貴族的権力のあいだの交換のモードなのである。両軍の勢力が拮抗していて、闘いの帰趨がはっきりせず、今後も流血の戦闘が続きそうに思えるときに、贈物を相互に交換することで、戦いが回避されることがある。それゆえ、正義の「元来の性格」は、交換、張り合い、報復だったのであり、抽象的で純粋に形式的な平等の理想にあるのではない（『人間的な、あまりに人間的な』I・92）。

歴史的に見るならば地上における法的正義とは、反応的な感情に対する闘争を意味している。能動的で攻撃的な力を持った人々がこうした反応的感情に対して挑む戦いなのである。彼らは場合によっては、反応的パトスの過剰にストップをかけるために最強の能力を使い、そうしたパトスとの和解を得ようとする。正義が行われ、維持されているところでは、強い力の持ち主が、自分より低い人々（それがグループであろうと個人であろうと）におけるルサンチマンの無意味な暴走にストップをかける手段を探っているのを見ることができる。そのために時には、ルサンチマンの対象を復讐の手から奪い、または復讐をやめさせるために平和と秩序の敵に対する戦いを導入し、または、妥協を作り上げ、提案し、状況によっては押しつけ、あるいはまた損害に対するある種の等価物を規範に高め、その規範に今後はルサンチマンも従わざるを得ないようにするのである。

（『道徳の系譜学』「第二論文」11）

ルサンチマンが強固になるのを防ぐために規範が必要となるが、そのために道徳思想や政治思想において決定的なのは、法と法システムの確立である（『道徳の系譜学』「第二論文」11）。すでに第三章で見たように、傷つけられた被害者の観点からすべての行為を解釈するような、恨みがましい正義観に対抗するために、法が効力を発揮するようになったのだ。それゆえ、ある行為が本質的に「正しい」「正しくない」というように論じるのは、歴史的に見て空疎きわまりない。こうした表現は、法システムという制度ができた後に、はじめて意味を持つのである。正義とは、弱者のルサンチマンを押さえるために強者によってデザインされたシステムにその起源を持っている。とはいえ、この事実は必ずしもそのまま、法こそは人類の発展における高次の、究極の段階であるということではない。高貴な生の観点から言えば、法治状態というのは「例外状態以外の何ものでもない。というのも、法治状態は、部分的には生の真の意志に対する制限だからである。この生への意志は力を求めており、力というこの究極の目的のために生自身をもひとつの方途として自己に従属させるのだから――より大いなる単位の力を創造する手段としてである」（同）。真に高貴な精神は、すでに確定したいかなる善と悪の考えをも越えたところで生きており、侮辱や個人的加害を加えることなどは気にしない。このような「正義の自己止揚」は、「最も力のある人の特権である。いやもっとうまい言い方をすれば、法の彼岸なのである」（『道徳の系譜学』「第二論文」10）。

自由意志と道徳的主体

貴族的精神の生は、正義をその本来の基盤へと、つまり高貴な存在の自然な表現へ引き戻す。こうした高貴な存在の溢れかえるようなヴァイタリティをニーチェは、「金髪の野獣」という悪名高い無頼の放浪者の姿で描き出した。それは、「いかなる社会的制約からも」自由で「獲物と勝利に貪欲に飢えて徘徊する」野獣のような存在だというのである（『道徳の系譜学』「第一論文」11）。金髪の野獣は、憐憫と慈愛という奴隷倫理を捨て去り、善悪の彼岸に、そして人間性についてのいかなる道徳的解釈をも越えたところに生きている。ニーチェはしかし「金髪の」という形容詞を、特定の人種的な考えを表現するために使っているのではない。実際に野獣の伝統としてあげられるのは、「ローマ、アラビア、ゲルマン、そして日本の貴族、ホメロスの英雄、スカンジナビアのヴァイキング」（同）というように多様である。彼がこの言葉で描こうとしているのは、力と変容というラディカルな要素なのである。金髪の野獣は、征服と奪取のために、習慣的道徳に挑戦し、それを乗り越える自己肯定の生を生きている。それゆえ、奴隷根性の持ち主やいっさいの反応的文化の利害からすれば、こうした荒々しい人々を「文明の中の飼育動物に」、そして「文化の道具に」変え、弱さを「人間」の普遍的条件として確立しなければならない。この変化は、奴隷道徳による実に見事なふたつの新しい着想とともに生じた。それは「自由意志」の捏造であり、次には、道徳的責任を担う「主体」という虚構である。高貴な人々の非道徳的《インモラル》な力に圧倒されながらも、弱者は自分を守るために、強者には自己の行為に対する責任があると説き始めるのである。行為は今や自由な意志によるものと定義され、強者は別の行動も取れるはずである、ということになる。行為の背後に行為に責任のある主体なるものが奴隷道徳によって設定されると、行為は、道徳的決断の結果という、これまでとは別の姿をとるようになる。「上等」が「善」という道徳的用語によって自己抑制として再定義されると、弱者の利害にかなった価値の転換が完成する。この転換についてニーチェは、独特の嘲りの調子でこう述べている。

一定量の力は、それと同じ量の衝動であり、意志であり、作用である。いやむしろ、この衝動の働き、意志すること、作用すること以外の何ものでもない。ところが、いっさいの活動は作用する原因によってなされており、「主体」なるものによって引き起こされていると理解させる、いや誤解させる言葉の誘惑によってのみ（そして言葉の中で化石化した理性の根本的誤謬によってのみ）、作用は作用でしかないというのとは違った見方が生じうるのだ。ちょうど民衆が、雷を稲妻から区別し、稲妻を雷というなんらかの主体による活動、作用として見るのと同じに、民衆道徳は、強さを、強さの表現から区別し、強者の裏には強者であることとは無縁のなんらかの基盤があるかのように、しかも、自らの強さを表に出すか出さないかの自由を持った基盤があるかのように見るのである。だが、こうした基盤などは存在しない。行為、作用、生成の背後に「存在」はない。「行為者」というのは、「行為」にくっつけて捏造されたにすぎない。

（『道徳の系譜学』「第一論文」13）

自由意志と道徳的な責任主体の発明によって弱者と不能者は、自らを道徳的に有徳の、プラスの存在として肯定できるようになった。今や、強さを欠いていることこそが、自己の価値を定め、古くさくなった社会構造を克服するために「いいこと」とされるようになった。道徳的であるかないかは、今や弱者の視点から判断されるようになった。弱者の自己犠牲と世俗の放棄はずるがしこい策略でしかない、とニーチェは見る。というのも、現実には、これこそ弱者が自分たちの意志と価値を世界に押しつけるメカニズムにすぎないからである。奴隷的人間は、「選択の自由を持った「無垢の」主体なるものを信じる必要があるのだ。どんな嘘も聖化することを心得た自己保存と自己肯定の本能のゆえである」（『道徳の系譜学』「第一論文」13）。ニーチェは、禁欲的価値の批判において、弱者による道徳の価値転換の過程を探求する。

禁欲的価値

歴史的枠組みで言えば、道徳における奴隷の反乱は僧侶カースト（祭司たち）および「ユダヤ人」

によって促進された、とニーチェは論じる。この物語の中でユダヤ人は特別な位置を占めている。というのもユダヤ人は祭司によって支配された民族であり、同時にまた不利な政治的条件によって抑圧された民族でもあったからである。ユダヤ人が自分たちの状況を少しでも楽にする唯一の方法は、道徳的価値の「根源的な転換」だけであった。政治的権威から排除されている状態を解釈し直して、それを心の純潔と強さの条件と見ることであった（『道徳の系譜学』「第一論文」7）。「禁欲的理想」という用語は、自分が強くなることや世俗への執着よりも、精神的価値を高いものとする自己否定の倫理のことである。こうした奴隷による価値転換の基本は、貴族的品格や「上等」を、心理的かつ道徳的優越へと解釈し変えたことである。

まさにユダヤ人こそは、貴族的な世界方程式（上等＝高貴＝強力＝美＝幸福＝神の寵愛）に対抗して、おぞましいほどの激しさでその転換を敢行し、底知れぬ憎しみの牙を剝きながら（無力による憎しみを抱きながら）、こう断言したのである、「惨めな者のみが幸福なのである。貧しき者、無力な者、低い者たちこそが幸福なのである。苦しむ者、乏しき者、病める者、醜き者たちこそ、唯一敬虔な者たちであり、唯一神の浄福に値する者たちである。彼らにだけ永遠の浄福があるのだ。反対に、汝ら高貴で強い者たち、汝らは未来永劫にわたって悪人であり、残虐かつ好色で、満ち足りることのない、神を無みする者たちである。汝らは永遠の不幸を味わい、永遠に呪われ、地獄に落とされる者たちである！」（『道徳の系譜学』「第一論文」7）

道徳の歴史についてのニーチェの系譜学は、この禁欲的価値の強さと弱さの両方を検証する。彼ははじめに、来たるべき天上の世界に備えて魂がこの世の生を禁欲的に放棄することに伴う二元性を指摘する。つまり、権力と世俗の権威を放棄するなどというのはまったく嘘であり、禁欲主義は、生に特定の解釈を押しつける最も強力なテクニックを提供しているということである。自己否定への意志もやはりなお、意志の表現なのである。狡猾、自己意識、そして「魂」という超越的な理念が、強さ、ヴァイタリティ、自発性、官能などよりも優位に立つような、生の新たな営為を、この自己否定の意志は導入する。人類はこれまで生についての誤った解釈に苦しんできた、と禁欲主義者は言う。そしてそれを治すには、彼らによる「この世の生についての価値評価」を受け入れる以外にない、とするのだ（『道徳の系譜学』「第三論文」11）。したがって祭司たちが感覚や外面や見かけの価値を低めたのは、単に精神的真理を讃える前提なのではなく、そのこと自身が力への意志の表現なのである。禁欲主義者たちは、「力を十全に発散し、最大の力の感覚を達成するのに好都合な最高の条件を本能的に求めている」（『道徳の系譜学』「第三論文」7）。

とはいいながら、道徳における奴隷の反乱を糾弾するニーチェも、この反乱については両義的な態度を取る。つまり、いかなる欠陥があろうと、この禁欲的理想があってはじめて人類は、新たな自己構築のモードを身につけ、生の新たな解釈を手にしたからである。「これまで普通だったパースペクティヴと価値評価の逆転」によってわれわれは、新たな理想と感覚のあり方を経験できるようになり、結果として「パースペクティヴと情動的解釈における違いを認識のために用いることができる」（『道徳の系譜学』「第三論文」12）からである。人間に「魂」なるものを作り出し、「悪」を捏造したことによって、人類には「深さ」が宿り、いっさいの道徳的決断にある種のリスクと危機性が付与されることになった。「人間」は今や、それ以外の自然とは区別される。なぜならまさに人間こそは「関心を知っている動物」（『道徳の系譜学』「第三論文」6）だからである。禁欲的理想の逆説は、高貴な存在の溢れ出る力を徹底して抑圧するゆえに、生に対抗する生という形式を作り出すところにある。生に対抗するこの生もまたしかし「退化する生の、守りと治癒への本能に由来している。退化する生は自己保存のためにはいかなる手段も使い、戦い続けるのである」（『道徳の系譜学』「第三論文」13）。貴族的価値が没落すると、たえざる闘争の、そして生きていることの苦悩の意味が失われてしまった。禁欲的理想はこの真空を埋めて、「人間に意味を提示した」（『道徳の系譜学』「第三論文」28）のである。神による救済のない人生は無意味であるとまことしやかに説き、この真理こそが人生にその意味を与えるのだ、としたのだ。苦悩の意味を価値転換することによって人類から「自殺的なニヒリズム」、もしくは「人生にはいかなる価値もない」という考えを振り払った（同）。祭司カーストの歴史的使命は、弱い個人の反応的感性の方角を変えて、自分の不幸の原因は自分とは違う誰か別の人に（強く健康な人に）あり、彼らこそ非難されるべきであると考えるように仕向けることであった。しかも、そのために苦悩を内面化し、それを罪と原罪の信仰箇条に合わせて解釈したのである（『道徳の系譜学』「第三論文」15）。今や、われわれ一人ひとりが、自分の苦悩の責任を負うことになった。しかし、もしもこの生が禁欲的解釈に服するならば（そして、われわれ自身が祭司の権威に従うなら）、来るべき死後の生が保証されるであろう、というのである。

このようにニーチェは一方では、退化する生を維持し、人類をニヒリズムから守ることに、禁欲的理想の積極的な役割を認めているのだが、他方では、禁欲的理想が体現する生の形式は克服されねばならないと、一貫して主張している。禁欲主義の弱さは、価値を創造し肯定するために、受動的反射に依拠しているところ——つまり、自己を定義するために自己を越えた存在（「神」や「魂」のような存在）を必要とするところ——にある。いまや「よい」は「善」となり、われわれが自己の意志や本能を奪われ、誰か他の人の真理の理念に身を任せる状態をいうようになった。この価値転換の意味は、いっさいの力強い本性を生み出す距離のパトスに病める者が反抗し、健康で高貴な精神を抑圧するべく、神の「正義」というレトリックを用いるようになったことにある。湧き立つような、とらわれなきヴァイタリティの代わりに、神の審判への恐怖を植え付け、生に宗教的解釈を押しつけることで、禁欲的な「道徳化嗜好」は、この価値の逆転を押し通す（『道徳の系譜学』「第三論文」20）。このようにして禁欲的嗜好は、「すべて悩み苦しむ者たちの拙劣な本能を、自己規律、自己監視、そして自己克服という目的のために」（『道徳の系譜学』「第三論文」16）搾取するのである。しかし、このような自己克服は、人類が自己自身の価値を定義するチャンスを与えてくれない。なぜならば禁欲的理想は「もろもろの時代、諸民族、人間、そうしたいっさいを、いかなる情け容赦もなく、この唯一の目標との関連でのみ解釈するからである。それ以外の解釈、それ以外の目標は許さない。禁欲的理想による拒否と否定、肯定と是認はすべて、自己の解釈との関連でのみなされるのである」(『道徳の系譜学』「第三論文」23)。

ニーチェが自らに課した哲学的課題は、「意志、目標、解釈に関する禁欲的価値によって強要された狭隘な体系」を越えていく道を人類に示すことであった。無意味な苦悩というニヒリズムの恐怖から人類を守ってくれる禁欲主義は、結局のところは新しい形のニヒリズムを代わりに残して行っただけである。だからこそこの課題は絶対的に果たされねばならないのだ。「人間的なもの」を「憎悪し、「官能に恐怖を」抱いているには違いないが、元来は禁欲主義だけが無への意志を、そして、生存についてのダイナミックな新しい解釈を提示してくれたのだ(『道徳の系譜学』「第三論文」28)。ところが、この禁欲的解釈も、最終的には、新たな真理への意志の挑戦を受け、克服されるのである。いっさいの宗教的かつ超越的な価値の権威を拒否する真理への意志によってである。しかも皮肉なことに、真理へのこの意志は、禁欲主義の内部から生まれてくるのである。「キリスト教の良心」が最終的には、科学的方法という「客観的真理」へと発展するのがそれである。「キリスト教の神に勝利するものは実際には何であるかが見えてきた」とニーチェは『悦ばしき知恵』のなかで説いている。「それは、キリスト教道徳そのものである。誠実性という概念がますます厳格にとらえられるようになる。キリスト教の良心が聴罪師の繊細さを持つようになる。それが科学的良心へと、すなわち、いかなることがあっても誠実たろうとする知的誠実性へと翻訳され、昇華されたのだ」(『悦ばしき知恵』357)。ダーウィン(一八〇九—八二)やフロイトは、科学的真理は宗教的思い込みの否定であると理解したが、彼らと異なってニーチェは、科学的真理という理想は、キリスト教における真理への意志の延長であると見る。『道徳の系譜学』には、科学的良心は「二千年間にわたる真理を語る訓練の、畏敬の念をすら引き起こさせる破局である。最後には、神への信仰に含まれている嘘すら禁じることになるのだ」(『道徳の系譜学』「第三論文」27)と記されている。したがって現代生活におけるニヒリズムは、キリスト教道徳そのものが抱いている真理への意志による禁欲道徳の克服によって生み出されたのである。

すべての偉大なものごとは、自己自身のゆえに滅びて行く、いわばある種の自己止揚によって滅びて行く。生の本質にある法則、つまり必然的な〈自己克服〉の法則は、そうなることを欲するのだ。……このようにしてドグマとしてのキリスト教は自己自身のモラルのゆえに滅びて行った。このようにしてモラルとしてのキリスト教も今後滅びて行くだろう。われわれはこの事件の始まる地点に立っている。キリスト教の誠実さが次から次へと結論を出し、終結させて行った以上、最後にその最も強力な終結の結論を出すだろう。自己自身に反対してなされる自己の終結という結論である。

(『道徳の系譜学』「第三論文」27)

ニヒリズム

ニーチェがニヒリズムということで何を考えていたかを理解することは、次の二つの理由から重要である。第一に、この考えは、価値についての彼の論究および近代批判の中心だからである。第二に、「ニヒリズム」は、ニーチェの哲学内部でそれが占めていた位置から次第に離れて、彼の著作全体を描く語として定着しているからである。今やニーチェは、読者には「ニヒリスティックな」思想家として紹介されている。しかも、こうしたコンテクストで「ニヒリズム」という用語は、歴史的伝統に対する軽蔑や、特定の道徳的もしくは倫理的立場を支持することの拒否を示す標語となっている。一般に流布しているこうしたイメージは、道徳と現代政治についてのニーチェの批判によるところが大きい。しかし他方で、このようなイメージは、この批判の歴史的な特殊性を消してしまい、来たるべき政治のあり方についてのニーチェの議論を無視するものでもある。むしろ、ニヒリズムについてのニーチェの議論を適切に紹介するためには、この語の二重性を理解しなければならない。つまり、ひとつには、奴隷道徳の帰結についての歴史的診断としての意味であり、次には、貴族的価値の支配する新しい時代への移行の運動としてのニヒリズムである。

　歴史的批判および、新しい生のあり方の先駆者という、この概念の二重のありかたを裏書きするのが、能動的ニヒリズムと受動的ニヒリズムというニーチェの区別である。「受動的ニヒリズム」という用語をニーチェは、道徳的デカダンスの生を記述するために、さらには、貴族道徳の没落および奴隷道徳によって生まれたルサンチマンを表すために使っている。『力への意志』においてニーチェは、受動的ニヒリズムは「われわれの大いなる価値や理想の最終的な論理的帰結である」と述べている。

「大いなる」とはここでは、キリスト教倫理や禁欲的理想を揶揄して皮肉に使われている（『力への意志』「前書き」4）。こうした帰結は、近代科学の語る経験的な「真理」が神の存在を神話的幻想として斥け、救済の世界という考えを不可能にしてしまったときに生じたのである。弱さ、謙譲、そして禁欲が道徳的に正当化されるような救済の世界は不可能となった。堕落した世界は精神の超越的生活によってのみ贖罪を受けるというキリスト教道徳の考え方は、人類による捏造であると、ニーチェは論じる。それは「生成にはなんの目標もなく、いっさいの生成の裏には、最高の価値の要素として個人が完璧に浸りきれるようないかなる大きな統一体もない」という見方を防ぐための捏造である、というのだ（『力への意志』12）。ところが、こうしたキリスト教的な物の見方が「心理的欲求」に答えるための幻想であることがひとたび暴露されてしまうと、われわれ自身の生がなんらかの価値を持つといういっさいの信頼が崩れ、超越的世界による慰めを得ることができなくなってしまう。人類の「最高の」理想が自らその価値を切り下げ、それに代わる新たな価値を創造することもできなくなってしまう。このことこそ受動的ニヒリズムが意味するところである。

一体全体、基本的に何が起きたというのだろうか？〈目的〉という概念でも〈統一〉という概念でも、〈真理〉という概念でも存在するものの全体性格を解釈できないということが分かったとき、無価値という気分が生じてきた。こうした概念によって何ものも得られないし、何も達成されない。多様な事象を統括する統一性など存在しない。存在するものの基本性格は「真」ではなく、偽りである、ということだ……。真なる世界を自分に説き聞かせる理由などまったくなくなってしまった。簡単に言えば、〈目的〉〈統一〉〈存在〉といった、これまでわれわれがそれを使って世界に価値を設定してきたもろもろのカテゴリーは、またわれわれによって取り払われるのだ。──すると世界は今や、無価値に見えてくる。

(『力への意志』12)

ニヒリズム的傾向の驚くべき帰結までニーチェは、明らかにしている。もしもわれわれが高次の世界への信仰を本当に放棄するなら、「いっさいの信仰、何かを正しいと思ういっさいの思考、そうしたものは必然的に虚偽となる。なぜなら、真なる世界なるものは、全く存在しないからである」(『力への意志』15)。われわれが世界と呼んでいるものは、生成のとめどなき流れにしかすぎず、その中でさまざまな形態の生が繁茂しているだけである。それゆえ、われわれが世界に対して「正しい」態度を取りうるとか、あるいは世界を道徳的用語で評価しうるなどと考えるのは、誤りである。「真理」「統一」、生の「目標」などというのは、われわれが語りうる一貫性や意味を自分たちの経験に与えるために世界に覆いかぶせている価値にすぎない。「経験」の真理という用語は、われわれの真理への意志および力への意志と切り離すことができない。

こうして見ると真理とは、どこかにあって、見いだし、発見すれば済むというものではない。そうではなく、作られるべきものであり、あるプロセスの名前である。いやそれ以上に、征服の意志、それ自体いかなる目的も知らない征服の意志を表す名称である。解釈によって真理を捏造すること、無限のプロセスとして作り上げること、ある種の能動的な定義を与えることである。真理は、どこかに〈それ自体として〉存在していて、すでに規定されているものを意識化することではない。真理とは〈力への意志〉を表す言葉なのである。

（『力への意志』552）

生成のプロセスを「能動的に規定し」現実のひとつの変奏とすることによって、われわれは経験についての真理を創出するのである。こうした現実の変奏は、「世界それ自身」のなかに発見することのできるようなものではない。世界を規定し、固定化する仕方は、われわれが世界を見るときの観点の取り方によって変動する。そうした変動は、ひとつの観点の取り方を他のそれより優先し、「より狭い、短縮され、単純化された世界」を創出することによって、すなわちわれわれの経験がとりあえず意味を獲得できるような世界を創出することによって生じるのである（『力への意志』15）。われわれがどの程度に強いかは「世界の単なる仮象的性格を」、そして世界の上に価値を投影する際に果たすわれわれの決定的な役割を、「われわれが没落することなく」どの程度認めうるかにかかっているのだ、とニーチェは論じる。われわれの世界経験のパースペクティヴ的かつ創出的性格のこうした自覚的な強調は、世界に本質的な真理が存在しないというニヒリスティックな暴露を、積極的かつ有益な出来事と見るだけの潜在的力を備えている。弱者はこの無意味性の暴露に価値の喪失のみを見るが、強力な個人は経験の仮象的性格を認める。それは、世界を自己の欲求に合わせて変え、生産的に生きることを可能にしてくれる歴史の見方を生み出すためである。こうした積極的もしくは能動的ニヒリズムは、世界の「真理」なるものを作り出すにあたってわれわれが創造的役割を果たしていることを認める生のありかたである。同時にそれはまた、上昇する強力な生を推進する暴力と力の関数なのである。能動的ニヒリズムはそれゆえ、「人間」の自己克服の枢要な段階であり、「神々しい思考様式」なのである（同）。

ルサンチマン、真理の創造的構築、そして能動的ニヒリズムについてのニーチェのこうした議論は、以下の二つの文学作品を例にして考えるとわかりやすいかもしれない。ウィリアム・ブレイクの詩的作品「天国と地獄の結婚」（一八九〇）はニーチェを先取りしているところがある。生は普遍的に認められた世界観のコンセンサスによってよりも、力、闘争、エネルギーのラディカルな放出によって作られ、推し進められるのだ、とブレイクのこの作品は語りかける。道徳というのは、相反するもののたえざる戦いが、善と悪という、生を否定する厳格な宗教的対立へと硬直化してしまった結果のひからびた滓なのである。

相反するものなしに進歩はない。牽引と反撥、理性と活力、愛と憎しみが、人間の存在には必要である。

これらの相反するものから宗教的な人々の善悪と呼ぶものが生じる。善は理性に従う受動的なものである。悪は活力から生じる能動的なものである。

善は天国である。悪は地獄である。（Blake 1989）

活力を生ずる反動的な規制というあり方に、そして、確定した道徳的二項対立にすべてを当てはめようとする意志に、ブレイクは二通りの方法で反抗する。謎めいた、そして見かけ上は矛盾する多くのアフォリズム——例えば「実行されない欲望を育てるよりは、いっそゆりかごの中のおさなごを殺せ」——は、読者に解釈問題を突きつけ、真理とは共有された客観的事実ではなく、世界にわれわれがかぶせる独自のパースペクティヴにすぎないことを明らかにしてくれる。ニーチェも後にアフォリズムをまさにブレイクと同じ方法で使っている。ついでに言えば、ブレイクは祭司（祭司は身体と霊魂、人間と神の間に区別をつけ、生の意味を自分たちは啓示できると主張する）と詩人予言者（彼らは、意志の力と想像力によって能動的に価値を創造する）のあいだに対立関係を見て、それによって、人類が意味を想像のうちで世界の中へ自己投影していることを忘れたその瞬間に「道徳的」思考が生まれたのだ、ということを示唆している。

いにしえの詩人たちはすべての知覚できる対象を神々又は守護の霊たちをもつ生命あるものとした、それらをその名前で呼ぶこと、そして森、川、山、湖、都市、民族、及び何であれ彼らの拡大され、そして数も多かった感覚が知覚し得たものの属性をもってそれらを飾ることによって。

そしてわけても彼等は各々の都市と国の守護の霊を研究した、各々を各々の心的な神の下に置くことによって。

ついにひとつの体系が形成された、それをある者は利用した。そしてその心的な神々をそれらの対象から離して具象化することを試みることによって、世俗の人々を奴隷にした、このようにして聖職なるものが始まった。

礼拝の形式を詩的な物語から選びとることによって。

そして到頭彼等は神々がこのようなことを命じたのだと公言した。

このようにして人々はすべての神々が人間の胸の中に住んでいることを忘れた。（同）

ブレイクの創造神話にあっては、世界に生命と意味を授けてくれるのは詩人たちである。詩人たちは溢れるばかりの想像力と生命力の投影として神々を、あるいはさまざまな生のあり方を擬人化した諸々の霊を生み出し、世界に生命と意味を与えてくれるのだ。例えば愛の女神のアフロディテを、軍神のマルスを考えてみるがいい。詩人たちはまた世界に名前を与える。それによって世界に秩序とまとまりをつける。大地の上に名前の同一性が付与される。それによってさまざまに流動し動く形態を、「森、川、山、湖、都市、民族」として認知するためである。だが、世界のこのような能動的かつ肯定的な創造は、「祭司たち」によって抑圧される。彼らは、「愛」や「強さ」という人生の特別な財産を、いっさいの生が従わねばならないとされる普遍的な道徳的性格に変えてしまう。人生の画一的で道徳的な解釈を生み出すのが、「祭司たち」のこの歴史的使命なのである。生の解釈のこうした転換によって弱者は、彼らの想像力を硬直した道徳的掟に従わせるべく強要され、奴隷化される。祭司による原因と結果の逆転は、その論理的帰結にまで導かれることをブレイクは指摘する。つまり神々は、詩人たちのインスピレーションの現れではなく、世界の創造者と思い込まれ、人間の想像力の神々しい本性は忘却されてしまったのである。

アルジェリア出身の作家アルベール・カミュの小説『異邦人』(一九四二)は、若いフランス系アルジェリア人ムルソーの物語に示される、能動的ニヒリズムの有名な例である。ムルソーは、世間に通用する習慣と完璧に対立する形で自己のアイデンティティを作り出す。周囲の世界の「ヒューマニスティックな」あるいは「道徳的な」心情を彼はいかなる形でも共有していない。母の死にいかなる悲しみも感じなければ、出会う女性たちともそのつど無関心につきあう。自分を取り巻く状況の変化が見えてきても、なんの感慨もない。この小説の中心的シーンでムルソーは、彼の隣人との喧嘩に巻き込まれた若いアラブ人に銃を向け射殺する。獄中でも法廷でも、彼は、現在の社会の「道徳的」言語を使ったり、あるいはより高い世界での救済を求めるといったかたちで、「責任」を取ることを断固として拒否する。「この男には魂などひとかけらもないし、人間らしいものはなにひとつない、人間の心を守る道徳的原則はひとつとしてこの男には受け入れられていない」と述べる検察官の議論を無視して、ムルソーは話し出す。彼は、自分を正当化することを拒絶する。彼は、人間にできる唯一の倫理は、正直に自分の行為に責任を取ることであり、抽象的で空疎な道徳的規則の背後に隠れることではないと、考えている。われわれの経験の「価値」とは、自己の行動を肯定するところにある。すべてがムルソーをしてこの殺人を犯すように仕向けたのである。自分の行為の情状酌量の余地を探し出そうとするのは、自らを誰か別の存在にしてしまうことである。世界はわれわれとは無関係に存在する。われわれは世界に意味を投影するのだ。そうである以上、自分たちが世界の中で演じる役割がどういう帰結を持とうとも、それを引き受けねばならない。殺人者のところに神父をよこして罪の償いをするように説得させる社会の道徳的デカダンスよりも、しかも処刑台の準備をしながらそういうことをするデカダンスよりも、自分の行為を引き受ける方が少なくとも好ましい、とムルソーは述べる。キリスト教道徳とムルソーとの断絶は、彼の最後の自己肯定の契機となっている。

死が近づいたママンはあそこで自由になった思いがして、もう一度彼女の人生を生きてもいいと思ったに違いなかった。誰であろうと、ママンのことを泣く権利はない。そして、私もまた、もう一度この私の人生を生きてもいいと思っている。あの大きな憤怒が私のいっさいの罪を清め、いっさいの望みをつぶしてしまったかのように、この予兆と星に満ちた夜空を見やりながら、私は初めて、世界の優しい無関心に自分を開いた。これほど世界を自分のことのように感じ、自分の兄弟のように感じると、私は、自分が幸福だったし、今もなお幸福であることを深く感じた。最後の満足のために、そして私がより孤独でないことを感じるために、私の最後の望みは、私の処刑の場に大勢の見物人が集まり、憎しみの叫びで、私を迎えることだけだった。（Camus 2000）

ニーチェにとってニヒリズムの能動的経験なるものは、意志の枯渇や世界の放棄とはなんの関係もない。むしろその逆で、キリスト教モラルとの断絶である。しかも必要な破局的断絶である。それは、「人間の豊穣で力に満ちた運動」が出現するためである（『力への意志』112）。「ペシミズムの究極の形態である真のニヒリズムが出現するならば、それは、枢要で本質的な成長の、いや、人生の新しい条件への移行の予兆である」とニーチェは論じる。ニヒリズムは、世界と人類の関係における危機を誘発する。しかし、この危機の価値は、強い存在と弱い存在の区別をはっきりさせ、新たな貴族社会が生まれるための「序列」を深めてくれるところにある（『力への意志』55）。ニーチェと同じようにこの危機を経験した者だけが、真なる世界という幻想を拒み、そして人生についての道徳的解釈を拒絶するだけの強い意志を育むことができるのだ。貴族的政治、もしくは「大いなる政治」というニーチェの構想は、生のあり方としてのニヒリズムを克服するためであるが、にもかかわらず、道徳的危機としてのニヒリズムの経験は、新たな政治が生まれるための移行には不可欠なのである。

大いなる政治

ニーチェが描く一九世紀末のヨーロッパは、ニヒリズムの文化である。この文化は、キリスト教道徳を克服し、自己の力への意志を主張する力を欠いている。こうした衰退にはさまざまな原因がある。

奴隷道徳の勝利、同情とルサンチマンの政治、政治的民主主義の喧騒、貴族的な序列化を軽蔑する平等の議論、擬似的な科学的「客観性」や新しい価値を生み出すことのできない「意図なき純粋な知識」への広汎な信頼などがその理由であろう（『善悪の彼岸』208）。こうした事態に対してニーチェは『善悪の彼岸』で答えているが、それは選ばれた者たちによる「新たなカースト」を作り、それによってヨーロッパの「意志」を純化し、方向転換を引き起こそうというものである（同）。こうした文化的エリートの明白な機能は、キリスト教道徳による「人間」という疲弊しきったあり方を克服し、自分たちのイメージにあわせた世界を鋳造することである。「けちくさい小政治の時代は終わった。すでに新しい世紀は地球の支配をめぐる戦いをもたらすであろう——。大いなる政治にならざるをえない」（同）。

人類の価値転換は、文化的エリートによってのみ可能なのだ。なぜならば「人間」というタイプを「高める」ことは「これまではどんな場合でも、貴族社会の仕事だった」からである（『善悪の彼岸』257）。ニーチェの大いなる政治は、「貴族」こそ社会の「意味であり、最高の正当化」であると主張する。なぜなら、貴族こそは、およそ人類に可能なかぎり最高の力に満ちた「生活形式」を意味しているからである（『善悪の彼岸』258）。ニーチェは「貴族」という言葉を、社会の中の選ばれた階層という意味と、最強の個人だけに可能な美的自己完成という意味の両方で用いている。もしも貴族たちが社会の最高の典型を生み出すことをやめ、（立憲君主制のように）社会の中の単なる機能へと切り詰められてしまうならば、社会は退化せざるを得ない、とニーチェは論じる（同）。逆に、貴族が「選ばれた種類」を生み出すべく、階層序列に即して組織されているならば、それこそ最も健康なあり方である（同）。大いなる政治の目的はそれゆえ、「人間」のより高次のタイプの産出であり、「ヨーロッパの新たな支配カーストの飼育」（『善悪の彼岸』251）である。そうした支配カーストが生育するためには、暴力、力、他者の苦悩の必要性を認めることが不可欠である。人類が自己を克服するためには、「博愛的な幻想に身を任せてはならない。真理とは過酷なのだ」（『善悪の彼岸』257）。貴族的政治は、「無数の人間が不完全な人間に、奴隷に、いや道具に下げ落とされ、低められねばならないことを、彼らが犠牲となることを、いっさい良心に疚しいところなく」甘受する（『善悪の彼岸』258）。というのも、序列と位階の「長い階梯」を信じ、高貴な距離のパトスを確立している社会はすべて、自己を拡大するために奴隷制度を、そして奴隷的カーストを必要としているからである。

高貴な社会の健康にとって、また「より高次の存在」（『善悪の彼岸』258）の発展にとって暴力と支配がその基礎として不可欠であるというニーチェの信念は絶対的である。貴族的社会は「ある意味において」奴隷制度を必要としている。なぜならば主人と奴隷の間の距離のパトスの創出は「より高次の、より希少な、より遥かな、より緊張に富んだ、より包括的な状況」をもたらし、また道徳を克服し、善悪の彼岸に生きる「人間」のタイプを生み出すからである（『善悪の彼岸』257）。こうした高められたタイプのみが、「偉大さ」の重荷に耐えられる。「偉大さ」は強烈な自己規律を必要とする。また弱さをたえず苛烈さ、強靭さへと変えることを要求する。「偉大さ」という観念はさらに、われわれが自分自身を美的な用語で再定義することを要求する。そして、自己完成へのわれわれの潜勢力に一貫した表現を与える生の形式もしくは様式を要求する。

〈近代的理念〉の世界は、誰をも片隅に、つまり、「専門分野」に閉じ込めてしまうが、そういう世界を前にすると、哲学者は、今日なおも哲学者なるものが存在するとしての話だが、人間の偉大さを、〈偉大〉という概念を、人間の広大さと多様さに、多様さを宿した全体性に見ざるをえない。こうした哲学者はそれどころか、ある人がどれほど多くを、そしてどれほどの多様さを耐えることができるか、あるいは自らに引き受けることができるか、どれほど強く、自己の責任を持てるかによって、その人の価値と位階を定めるであろう。（『善悪の彼岸』212）

大いなる政治の野心を体現できる生活様式は、彼のような「新しき哲学者」が体現しているのだ、とニーチェは論じている（『善悪の彼岸』203）。「新しき」哲学者とは一個の典型である。なぜならば、現代における哲学の役割とは、自我の意味を疑問と見るところにあるからである。それによって生の道徳的解釈を克服しうるのである。彼は、いっさいを根拠づけるような、時間を越えた価値などは拒絶する。そして「大いなる冒険を、また規律と飼育の集合的実験を準備し、それによって、これまで歴史と称してきた無意味と偶然の恐るべき支配に終焉の告知」を「自己の意志」とする「人間」という将来を思い描く（同）。こうした新しき哲学者は、人間が自己自身を克服する準備を整える。なぜなら彼は「もしも力と課題がうまく集中でき、高揚できるなら、飼育によって人間をどこまで伸ばすことができるかを、一目で見て取るのである」（同）。このような将来の準備は、「人間」に強烈な要求をする。すなわち、人間が「価値を創造することを要求する」（『善悪の彼岸』211）のである。人類は、哲学者の典型に倣って自ら価値を創造することを学ぶ。哲学者にとって自己の正当性と変容の根拠は生という掟であり、この狭隘で退落した時代にあって彼は、「人類全体の発展進化に対する良心」を持っているのである（『善悪の彼岸』61）。

「飼育」による選別が、社会的搾取が、そして「より高次の」タイプの人間の産出が倫理的に必要であるとするニーチェの強烈なレトリックを読むと、二〇世紀の歴史におけるいくつかの最も破局的な出来事と重ね合わせて、何度も彼の名前が出てくるのは、決して驚くべきことではない。もちろんのこと一方でニーチェは、反ユダヤ主義を、そして「祖国」なるものの盲目的崇拝を深く軽蔑していた。そのことは、ナチスのお墨付きという一般のイメージから来るような、彼がナチスの先祖という話とは無縁であることを示している。とはいえ他方で、奴隷階級が必要という主張や、貴族的自己抑制と弱者の搾取の必要性のあいだに倫理的境界を見る彼の不分明な言葉使いを見ると、ナチス的解釈には彼自身も責任があることがはっきり分かる。しかし、ニーチェを丁寧に読むならば、「飼育」についてのレトリックは、生物学的な人種とか、通常の支配人種への信仰と言ったものとはまったく違うことが明らかである。あるいはこういう言い方もできよう。ニーチェはニヒリズムの言語を——つまり、単なる生に依拠したこの言語を——つきつけ、「飼育」「淘汰」「貴族」といった言葉を、新しい、能動的な、そして美的な連関へと転換しようとしたのだ、と。

ニーチェにおける「政治思想」の複雑さについて多少なりとも理解を得るには、次の二つのポイントを強調する必要があろう。第一は、社会民主主義および平等の権利に対する批判があるからといって、貴族的存在の勝利と「個人」なるものの賞賛とはニーチェにあっては同じではないという点である。むしろその正反対である。個人主義の政治を彼は畜群本能の徴候と見ていた。なぜならば、そうした政治は、すべての個人は等しく価値があると主張しているからである。それに対してニーチェの貴族主義的政治学はこう主張する。「ある特定の人にとっていいことは、だからといってそのまま別の人にとってもいいことであるとはかぎらないのだ。ある特定のモラルをすべての人に要求することは、まさにより高い人間にとってマイナスになる。要するに人間と人間のあいだには、そしてあるモラルと別のモラルのあいだには序列というものがあるのだ」（『善悪の彼岸』228）。貴族のランクのしるしは、生を力への意志として受け入れるところに、そして、政治を、高等な生のあり方と低級なそれとの区別を生み出すものとして見るところにあるのだ。ニーチェの貴族主義的政治学は、「人間」を抽象的かつ普遍的な理念に服属させることに対して執拗に反抗する。ニーチェが「ナショナリズムの狂気」（『善悪の彼岸』256）を、そして「愛国主義的なこわばりやいたるところに見られる古くさい感情の洪水」（『善悪の彼岸』241）を深く軽蔑するのもこの反抗のゆえである。第二点は、社会民主主義の奴隷的性格と、彼が貴族主義的政治に不可欠と見る専制主義とを区別した点に関してである。たしかにニーチェはそのような区別をつけているが、彼はこの貴族的専制政治を、実際には社会民主主義自身に潜む暴君的本性の不可欠な歴史的帰結であると見ていたことが重要なのである。政治的民主主義というのは、彼の論によれば、高貴な価値を転覆させたいという暴君的欲望、この劣等で奴隷的な個人の暴君的欲望を体現しているのだ。それが残すのは、「人間の平準化と凡庸化」であり、また「畜群の上昇」なのだ（『善悪の彼岸』242）。とはいえ、ヨーロッパの民主化の永続的結果は、「奴隷になるべく定められた」タイプ、つまり主人を必要とするタイプを、またそれと並んで、自己の力への意志を発散させるために弱者を搾取するべく定められた「強い人間」というタイプ、この二つのタイプの創出にあるのだ。「大いなる政治」をニーチェは、弱者に強者が暴力を振るうことと単純に考えていたのではない。むしろ、ある種の専制政治が消えて、その代わりに、生の上昇的価値を促進するような、別の専制政治が取って代わることを考えていたのである。

ニーチェの「大いなる政治」には、きわめて強い面と大変な弱点とが潜んでいる。彼の貴族主義的ヴィジョンのきわめて強いところは、個人的価値を経済的に定義することを拒否し、また、最大多数の最大幸福の提供こそ価値の基本であるとする功利主義的ヴィジョンを認めないところにある。こうした個人的自律および、集団主義的政治こそ解放をもたらすとする主張、この両者に対してニーチェは次のように問いかける。「個人主義」とは何を意味するのだろうか？　そして個人主義は誰のためにあるのだろうか？　ニーチェにとって個人的であるということは、力への意志を養って価値を生み出すやり方であって、単なる政治的な与件ではないのだ。価値を力および意志とこのように同一視することによって彼は、平等主義的政治の奥底に潜む力への意志の潜在的に退行的な性格を識別することができた。それによって彼は、絶対的平等主義という目的に潜む暴力の可能性を鋭く見抜いている。

彼は価値と力への意志との根源的な不可分性を感じ取っていたために、過去と現在との関係を創造的でダイナミックな関係として描き出す覇気をもつことができた。また同じく、われわれが現在において、また未来において生産的に生きることを可能にしてくれるような歴史のいくつかの側面を強く打ち出すことができた。今や歴史的価値は、われわれの最も強力で、最も創造的な能力の選別と再生産に役立つかどうかを基準として決定されるのである。後で見るように、「大いなる」生もしくはより高い生が力への意志と必然的に結びついている、というこの考えを、ニーチェは永遠回帰の理論でさらに展開することになる。

とはいいながら、ニーチェの大いなる政治は、その帰結として、悩ましいいくつかの問いを残している。道徳を（ことに善と悪を）乗り越えて行くのに、それを道徳的訓戒を通じて行うなどということが可能なのだろうか？　言葉を換えて言えば、なぜわれわれはニーチェの模範に続くべきなのだろうか？　逆に言えば、政治は、われわれに道徳的要求を課すことからどの程度に脱することができるのだろうか？（Ansell-Pearson 1994: 154）　支配の政治学というニーチェの非道徳的な政治学を、彼の自己陶冶や抑制の理想とどのように関係づけたらいいのだろうか？　そして両者の間の移行点はどのような様相をしているのだろうか？　そして新しい貴族的な哲学者たちのコミュニティなどというのは、本当に可能なのだろうか？　こうした一連の問いは、「人間を正当化する存在……そのゆえに人間への信頼を持っていられるような存在」（『道徳の系譜学』「第一論文」12）、そうした予言者的存在とされる「超人」をめぐる議論についてまわらざるをえない。次章では、この議論を扱うことになる。

まとめ

ニーチェは、道徳の価値についての問いを、われわれの道徳観が歴史的な性格を持っている事態をどう見るかという問題とたえずつなげて考えている。生についてのわれわれの考え方を導いている「善」と「悪」という二項対立は、「人間」の価値についての永遠の真理を反映しているものではないと、彼は論じる。むしろこの二項対立は、貴族的本性と奴隷的本性のあいだに道徳以前の区別をつけるという歴史的な解釈を反映したものである。道徳とは人間本性の変わることなき側面ではなく、弱く奴隷的な精神が、自立した強い精神より上に来るために作られた、生についての特定のパースペクティヴのことなのである。道徳におけるこの奴隷の反乱の核心にはルサンチマンがある。ルサンチマンとは、貴族的価値に全面的に対抗して、生についての反応的で道徳的なヴィジョンを創造することである。過去二千年における奴隷道徳の上昇は、ニヒリズムに帰着する。ニヒリズムとは、奴隷的かつキリスト教的世界が疲弊し破産しているのに、それに取って代わる新しい生の価値づけがどんなものとなるのかについて、いかなる想念もないことを認めている状態である。ニーチェの道徳批判の主張によれば、ニヒリズムは、人類にとって精神的かつ文化的危機であるが、同時にまた奴隷道徳との断絶が迫っているという意味で、潜在的には積極的な徴候でもある。この断絶によって、大いなる政治と、善悪の彼岸にある生のヴィジョンが約束されるのである。

第六章　超人

この章ではニーチェにおいてもっとも重要であり、またもっとも論争の的となってきた二つの概念を吟味してみよう。一つはツァラトゥストラという人物によって示される「超人」という概念であり、もうひとつは永遠回帰の理論である。ニーチェ自身、この二つの概念の重要性を、遺稿として出版された自伝的著書『この人を見よ』(初版一九〇八)で、「私の著作のなかで『ツァラトゥストラ』は独自の位置を占めている」と述べ、「私はこの本によって人類にこれまでにかつてなかった最大の贈り物をした」(『この人を見よ』「序」4)とつけ加えている。さらに『ツァラトゥストラ』の背景にある基本概念は、「永遠回帰の思想であり、それはおよそ到達することのできる最高の肯定の方式」(『この人を見よ』「ツァラトゥストラ」1)であるとも述べている。ニーチェがこれらの概念に与えた重要性が大きかったがゆえに、彼の死後百年あまりにわたって誤解された度合いも大きかったと言えよう。なぜなら超人というニーチェの「贈り物」はたちまち、略奪と暴力に満ちた非人間的で全体主義的な世界を予示するような、ファシスト的「超人」という悪夢のヴィジョンに読み替えられてしまったからである。その一方で「永遠回帰」の方は、空虚な運命論を説く奇妙な宇宙論の原理として馬鹿にされてきた。というのも永遠回帰の理論は、歴史的時間のすべての瞬間がまったく同じ順序で永遠に繰り返されると説き、歴史を終わりなき運動として、また同時に絶望的な静止状態として描き出すものだからである。ここで問われるべき問題は、ニーチェがこの二つの考えで本当は何を示したかったのか、そしてなぜそれらを新しい人間のヴィジョンの完成として思い描いたのか、という点である。

超人の構想をニーチェが初めて用いたのは『ツァラトゥストラはこう言った』（初版一八八五）である。『ツァラトゥストラ』は他の著作とはまったく異なっていて、物語性をもった詩的・哲学的な寓話である。予言者ツァラトゥストラは、十年間を孤独に過ごした後、文明社会へと戻ってきて、神の死を人々に告げ、超自然的な価値の彼方に超人が出現するような生のあり方を説く。ツァラトゥストラが説く教えとは、「人間」とは克服されるべき生の形式だということである。ツァラトゥストラの物語は、人間を超えた存在の経験を警句的・断章的に語り出し、「最良の人々」や「最後の人間たち」など、さまざまな人間たちとの遭遇を描き出している。この物語が示唆しているのは、人類とは堕落した種であり、新しい生のあり方を求めねばならない、ということである。ツァラトゥストラは、すべての価値の転換というニーチェの考えを象徴するものであり、またニヒリズム、ルサンチマン、奴隷根性の人間が持つ受動的・反応的な価値などを超えて生きることが可能な、より高い存在の例でもある。ツァラトゥストラの生き方は、「人間」という価値の転換と、人間のありうべき新たな姿を示している。このような「価値転換」は、新たな「より良き」道徳的価値を提示するような道徳論に関わるのではなく、むしろ価値というものが一体何をなし、それがどのような生の形を助長しているのかを考察するものである。

ここで重要なのは、ツァラトゥストラが示す価値転換が、ニヒリズムと「人間」の両方を克服するよう求めている点である。なぜなら、ニヒリズムは生の衰退の単なる兆候であるどころか、現代の「人間」の生き方の基本的な構造となっているからだ、とニーチェは論じる。ニーチェは道徳の系譜学という観点から、人間は能動的（active）力と反応的（reactive）力の両方によって存在するものだと言う（高貴な特性の者とは能動的な力が強いことを示し、奴隷的特性の者は反応的な力が強いことの現れである）。ところが人間一般の歴史は、能動的諸力が次第に反応的で静的な生き方へと逆転してしまったことを示している。実際に「人間」という概念が反応的と言えるのは、この概念が変わることのないアイデンティティを想定しており、われわれはさまざまな価値をそれと一致すべきものとして考えるからである。ニーチェが、近代西欧文化の核心をなす「ヒューマニズム」の諸価値をつねに批判するのも、このためである。彼は著作を通じて、この反応的姿勢のメランコリックな物語を繰り返し語っている。その始まりは、「理論的」な合理主義によってギリシア文化が崩壊した時点にさかのぼる。さらにはユダヤ人によるローマ的価値の消滅、そして聖パウロによるキリスト教の教義の反応的な再定義、そしてナポレオンの貴族政治の衰退と、民主主義的理念に支配された近代文化への転換という道をたどる。人類がギリシア以来直面してきたジレンマとは、能動的な意志が次第に、新しい諸価値を創造する肯定の力から乖離してしまったことにある、とニーチェは論じる。文化的に輝かしい時代も、反応的な時代も、いずれも既成の価値の転換から生じた。民主主義と権利の平等は、現在では「良き」ものとして、逆に貴族的なエリートの育成は「悪しき」ものとみなされている。しかしいずれの価値転換も、能動的な力と反応的な力という対立関係は不動のものとしてそのままにしている。ほんとうに必要なのは、肯定だけを知り、豊かさと強さという経験から価値を創り出すような存在の仕方だ、とツァラトゥストラは告げる。ツァラトゥストラはこの明察を物語の終わり近くになって「高等な人間たち〔Higher Men/höhere Menschen〕」の寓話でドラマチックに語っている。

ツァラトゥストラが描き出す「高等な人間たち」は、近代の「啓蒙された」思考を特徴づける諸価値、つまり吟味されずに鵜呑みにされてきた諸々の衰退した価値に対するニーチェのパロディを表している。このパロディは、人間のなかでも最良の者たちに、「神の死」というスキャンダラスな知らせを受けた後で、いったい生の機能と意味はどうあるべきかと問うことから始まる。「神の死」をニーチェは『悦ばしき知恵』で次のように告げている。

近来の最大の出来事——「神は死んだ」ということ、キリスト教の神への信仰は信ずるに値しなくなったこと。この出来事はその最初の影をすでにヨーロッパに投げかけ始めている。少なくとも、この劇を観てとるに十分強く、また十分に繊細な眼をもち、またその眼のなかに疑念を持つ数少ない者たちにとっては、なにか太陽でも没してしまったかのように、古くからの深い確信が疑念に逆転してしまったかのように思えるだろう。彼ら少数の者たちには、われわれの古い世界が日増しに黄昏れ、疑わしくなり、疎遠なものとなり、〈古びて〉ゆくように思えるに違いない。要するに、こう言ってもいいだろう。この出来事はあまりにも大きく、あまりにも縁遠く、多くの人々の理解力からあまりにも離れているので、その知らせがようやく届いたとさえ言いがたい。ましてや多くの人々が、次のことをすでに分かっているとは言いがたい。いったいこの知らせで何が起きたのか——そしてこの信仰が崩れた後に、いったい何がすべて崩れざるをえないのか。なぜならすべてがこの信仰の基礎の上に築かれ、それに依拠し、そのなかに寄生してきたからである。たとえばわれわれのヨーロッパの道徳すべてがそうである。延々と続く数々の崩壊、破壊、没落、転覆がいまや目前に迫っている。恐怖についてのこの恐ろしい論理の教師かつ予言者たるべく、またかつて地上でおそらく比類のないほどの暗黒化と日食の予言者たるべく、この事態を今日すでに十分に推測しうる者とは誰なのか？

（『悦ばしき知恵』343）

この文章で提示された問いへの答えは、もちろんツァラトゥストラである。彼の役割は「恐怖」と「暗闇」を、存在の新しい肯定的な見方へと変えることにある。ツァラトゥストラにそれができるのは、神の死に生の新たな覚醒の十分な可能性を見ているからである。神という考えは、ルサンチマンと反応的価値が到達した究極の成果である。つまり、人間の意志と地上の経験を裁き咎めるために

「より高き」生の形態を発明したのである。人間が信仰にしがみついたのは、新しい価値や生の様式をもはや作り出すことができないと感じたからである。信仰がもっとも求められるのは、意志が欠乏して「絶望的なほどに『汝すべし』を求めるようになる」（『悦ばしき知恵』347）場合である。超越的な、あるいは「より高い」世界を求める形而上学的希求は、反応的な生活形式がはびこり生を衰退するがままにさせる状態と密接に結びついている。この反応的な態度は、神の存在が否定されても依然として続くであろう。それは例えば愛国心や、実証的科学や、革命を目指す政治など、「人間」の意志の外部に、「国家」や「自然の事実」や「普遍的権利」といった絶対的な価値を見いだすような信念の形をとったものに見られることになろう。

ツァラトゥストラが「高等な人間たち」につきつける難問とは、神なしで生きる責任を負うことができるか、というものである。ツァラトゥストラが言うには、賤民が神の幻想にしがみつくのが当たり前なのは、神が人間にみせかけの平等を与えるからである。「『あなたがた、高等な人間たちよ』――と賤民たちは目くばせして言うだろう――『高等な人間たちなどいない、われわれはみな平等なのだ、人間は人間だ、神の前では、われわれはみな平等だ』と」（『ツァラトゥストラ』第四部「高等な人間について」2）。高等な人間たちは、神への信仰を捨て去ってしまっているが、自分自身のより高い生を神の代わりに据える意志は持っていない。彼らの弱点は『偶像の黄昏』（初版一八八九）でニーチェが風刺したイギリス人の弱点とそっくりである。そこでは「彼らはキリスト教の神を捨て去ったのに、いまやますますキリスト教道徳にしがみつかねばならないと感じている」（『偶像の黄昏』「ある反時代的人間の逍遥」5)と言われている。つまり高等な人間たちが超越的価値を信じていないのは進歩の印だが、彼らは絶えず反応的な態度に戻ってしまいかねないのだ。彼らはまだ「人間に悩んだ」ことがな

HUMANISM

ヒューマニズム

ヒューマニズムは、美術史においても、また思想史においても、どちらかと言うと非宗教的な運動である。中世末期に教会は思想や教義において持っていたそれまでの独占的支配を失い始めた。古代ギリシアやローマの文献が翻訳され、再読されるようになった。さらに大きな意味を持ったのが、印刷出版の発展である。これによって学術書が写本庫や修道院にとどまらず広く行き渡るようになった。ヒューマニズムの中心にあるのは、真理や価値を人間の知力によって直接認識できるという考え方である。もし神が存在するとしても、神の英知は啓示されるものでも、教会の司祭によって伝えられたり、解釈される必要のあるものでもない、とする考え方である。美術や文学の分野において見られるように、人間の形姿をもはや不道徳で堕落したものとしてではなく、その美を肯定する姿勢がここにはある。それをよく示しているのがミケランジェロ(一四七五—一五六四)が描いた神の像である。この神は手を差し伸べて、官能的に描かれ創造の荘厳さを表現する身体を持ったアダムに命を吹き込んでいる。ニーチェは、一見非宗教的な現れ方をするヒューマニズムが危険な幻想だとみなした。神や司祭や教会などの外的な権威を否定するように見えるものは、実は奴隷根性をほんとうに拒否しているわけではない、という。それどころか、「人間」という概念はまさにヒューマニズムの文化のなかで、理想的で道徳的な規範として作られたものであり、その規範を内在化させた内なる「司祭」を持っているのだとする。これに対して超人は、不変の規範や普遍的な道徳価値なしに生きる十分な力を体現したものである。

いのであり、それゆえに彼らの衝動は、生の上昇形態と下降形態とに区別をつけるのではなく、むしろ人間性の残滓を保守しようとするのである。弱い存在様態のもっとも強い力を保持しているがゆえに、「高等な人間たち」は存在の低級なタイプを創り出してしまう危険にさらされている。この暗鬱な診断をツァラトゥストラは謎めいた表現で、「初子たろうとする者は、末子にならないように注意しろ」(『ツァラトゥストラ』第四部「高等な人間について」6)と記している。神を失った後のキリスト教道徳の空虚なニヒリスティックなヒューマニズムをほんとうに超える道は、(「高等な人間たち」の生き方ではなく)「人間」を克服し、意志と、大いなる政治と、距離のパトスの肯定を受け入れることである。

神の前では! しかしこの神は今では死んでしまった! きみたち、高等な人間たちよ、この神はきみたちにとって最大の危険だった。

彼が墓に横たわって以来、きみたちはようやく復活したのだ。今こそ大いなる正午がようやく訪ずれる。ようやく高等な人間が——主人となるのだ!

この言葉が分かるか、わたしの兄弟たちよ? きみたちは驚いている。心臓が目眩をおこしそうなのか? ここに深淵が、きみたちに深い口を開くのか? 地獄の犬がきみたちに吠えているというのか?

さあ、さあ。きみたち、高等な人間たちよ! いまようやく人間の未来という山が陣痛に襲われている。神は死んだ。今やわれわれは欲しよう、超人が生きんことを。

（『ツァラトゥストラ』第四部「高等な人間について」2）

超人概念の再読

ニーチェは「ツァラトゥストラ」を人間存在の新しい経験を予言する者としたが、これは勝手な思いつきというわけではない。なぜならニーチェによれば、形而上学的事柄や森羅万象の根底に善と悪をめぐる道徳的葛藤を初めて認識したのは、ペルシアの予言者ゾロアスター（前六三〇頃―五五〇頃）であったという。それゆえ、道徳そのものを克服するために、道徳という「誤り」の創始者を指名するというのは、皮肉な正当化なのである。「誠実さからなされる道徳の自己克服、道徳家が自己克服して反対のものになる」ことが、「私の口から語られたツァラトゥストラという名が意味するものだ」とニーチェは説明している（『この人を見よ』「なぜ私は運命であるのか」3）。このような人間の自己克服の例が「超人」（英語では Overman、時として Superman と訳される）である。「超人」（Übermensch）という言葉は、ニーチェにおける価値の転換という思考にとって重要な二つの意味を持っている。「超」（über）は、英語の over にあたり、高さと自己変容という意味を持ち、人間の最も高い自己を、道徳性の跡形もなく、また自由意志という虚構とも無縁の経験の領域へと高めることを指す。またさらに「越えて」あるいは「彼方へ」という意味ともとれる。ニーチェはこの二重の意味あいを使って、「人間」とはわれわれがルサンチマンや否定性から解放された生へと向かって越えて行かねばならない橋である、と表現している。

だがツァラトゥストラは人々の様子を見て不思議に思った。そしてこう語った。

人間は、動物と超人とのあいだに渡された一本の綱である――深淵の上にかかる綱である。渡り行くのも危険、途上も危険、振り向いても危険、戦慄するのも危険、立ち止まるのも危険。

人間の偉大なところは、人間は橋であって目的ではないことだ。人間の愛すべきところは、人間が過渡にあるものであって、没落であることだ。（『ツァラトゥストラ』「序説」4）

「人間」から「超人」への変容は、「没落」あるいは人間の反応的な信仰の破壊なしにはありえない。われわれが経験できる「もっとも大いなる事柄」は、幸福、理性、徳、正義、同情といった考え方が、われわれが自分自身の意志を肯定するのに邪魔だと思えてくる「大いなる軽蔑の時」である（『ツァラトゥストラ』「序説」3）。これらの考え方が反応的だというのは、それらが生から切り離され、われわれの行為や態度を制限する道徳的拘束と化してしまった力の現れだからである。ツァラトゥストラは、能動的な力を変容させて、生に審判を下し、生を否定する固定観念へと変えてしまうことに対して一貫して罵りの言葉を浴びせている。「私はきみたちに懇願する、わが兄弟たちよ、大地に忠実であれ、そして超地上的な希望を語る者たちを信ずるな！」（同）。ここで言われている「超地上的」という表現は、「神」ばかりでなく、その他の、人間の能動的力を人間の自己実現から切り離してしまうようなすべての超越的な理念でもありうる。「信ずるな」という言葉は、なぜ「人間」が橋であり、目標ではないのかを説明している。しかし超人を、人間が次第に発展して到達する最終的な段階、あるいは発展の目標とみなしてしまうような解釈は、すべての「人間」一般に当てはまる図式に個々人を適応させることになり、反応的な形で上昇を抑制する生の理念をふたたび作り出して、その理念によって生に審判を下すことになってしまう。このような想定をツァラトゥストラは「最後の人間」を描くなかで揶揄している。存在の意味をすでに見つけてしまったと主張する「最後の人間」は、生きることに疲れ、能動的な感動や挑戦を経験することができない。これとは違って、超人は人間の到達する「目標」ではなく、反動的な価値を力の能動的な肯定へと変えるプロセスなのである。

ニーチェが言う超人とは異なる存在の良い例がジョーゼフ・コンラッドの中篇小説『闇の奥』(一九〇〇)に登場するクルツである。クルツはまさに、ニーチェが喚起しようとした近代文化の持つニヒリズムへの挑戦を表現しているとしばしば理解されているから、こう書くと意外に思われるかもしれない。植民地支配を通したアフリカの資源の占有に反映している一九世紀後半のヨーロッパの道徳的枯渇を、『闇の奥』は描いている。この時期までには、ヨーロッパの植民地主義を「文明の伝道」という啓蒙主義の理想と定義するような虚偽はとうに剝ぎ取られ、常に変わらぬ実態が見えていた。むこうみずに象牙や鉱物資源や奴隷を争奪していたという事実だ。ブリュッセルという「白く塗られた墓」からカオスと恐怖の地ベルギー領コンゴまでの旅を通して、コンラッドの主人公マーロウは植民地事業の中核にある腐敗と計画的暴力を目の当たりにする（Conrad 1989: 35）。フランスの蒸気船が人気のないアフリカの上陸地で目的もなく悠然と波に揺られている間に、見捨てられた開拓地では鎖につながれた奴隷たちが飢えて横たわっている。周囲のあらゆるところで、規範や目的という枷から解き放たれた圧倒的な優越性が破壊力を発揮しているのをマーロウは見る。マーロウの目には、この悪夢のような惨状が、植民地主義がはるかに卑劣なものへと崩れ落ちていく様を示しているのだと映る。「暴力による奪略」そして「凶悪きわまる殺戮」へと崩れ落ちた（p.31）。植民地主義には、冷ややかな「理念」が、少なくとも隠れていると、マーロウは論じる。それはある文化の自己克服は、自らを拡大し他の地域を占有することによりなされるという理念だ。自由な利益追求のためにこの理念が捨てられるやいなや、植民地主義は単なる「征服」へと堕落し、カオスが世界に広がっていく。

マーロウが長い旅を続けるうちに、ヨーロッパ人の植民活動の利己主義的な偽善から距離をおいているらしい、一人の人物について彼は何度も耳にする。どこに行ってもクルツの噂が耳に入る。植民地の中央出張所の生活に突然嫌気がさし、一人でコンゴの奥地に行ってしまった代理人だ。クルツは植民地主義の嘘に耐えきれなくなって立ち去る。その嘘のおかげでヨーロッパの商人たちは、出張所は「すべて将来の発展のために、いわば街道の灯台のようなものにならなくちゃいけない。商売の中心というだけじゃなくね、進んで文明、進歩、教化の中心にならなくちゃいけない」（Conrad 1989: 65）と触れ込んでいる。その一方で彼らは営利のために大量殺人に手を貸しているのだ。陳腐な説教や無意味な決まり文句の裏に真の動機を隠すのは、クルツにとって弱さや自己欺瞞でしかない。そうではなく、「もはや大地とは見えぬ」未知のアフリカの景色に対する真正なる反応は、道徳的呵責や空虚な啓蒙の精神をあてにせずに自分自身の意思をこの大地に突きつけてみることだ（p.69）。その方法でのみ、われわれはこの世の非人間的な「真実」に自分自身の「生地」で対峙し、自分自身の法と価値を創り出すことができる。

既成の真実と価値を見事に放棄したクルツにマーロウは最初は引き寄せられていく。自分の行動の「嘘」と自己欺瞞を放棄する勇気があったから、クルツは「地を蹴って天翔っていた」とマーロウは信じている（Conrad 1989: 57）。「嘘といえば、僕にはなにか死の匂い、滅亡《ほろび》の呼吸《いぶき》が感じられる」とマーロウは省察する。「そしてそれこそ僕のもっとも恐れ憎む、――そして切に忘れたいと思っていることなのだ」。だがクルツにはアフリカの密林の「凶暴な叫び」と立ち向かう強さはあるが、そのディオニュソス的力に審美的な形と統一を付与するまでの強さはない。彼にできるのは自分の周りにある暴力と、死と、破壊を訪ね歩くことだけだ（p.69）。ツァラトゥストラの言葉を使えば、クルツには反応的力を能動的力へと変換し、生の新たな解釈を肯定する自制と自己認識が欠けている。クルツには「大いなる軽蔑が生まれる時」のもっぱら破壊的な面を経験することしかできない。クルツはこうした受動的な信念を通り過ぎ、それを「超えて」、生に新たな意味を認める能力を持っていないのだ。実際、クルツの生涯は完全な否定で終わってしまう。彼の最期の言葉が伝えたのは、「地獄」というこの世の有様だ（p.111）。自制心の欠如という決定的欠落のために、クルツは究極の植民地幻想を反復してしまうことになる。クルツは先住民たちの偶像と化し、先住民たちは朽ちていく生首を生贄の象徴にしてクルッを崇拝している。意図せずしてクルッは超人の完全なパロディとなる。生の非人間的な力が神という固定概念に再び同化し、超越的な幻想を前にわれわれが屈従するという物語が、再び繰り返されるのだ。

『闇の奥』でのクルッの運命は、力と意志をめぐるニーチェの哲学の通俗的な解釈のほとんど典型といえる役割を果たしている。しかし『ツァラトゥストラはこう言った』を注意深く読めば、このような解釈がニーチェ自身の考え方からいかに離れたものか分かる。このニーチェ自身の考え方にとって重要なポイントの多くを、ツァラトゥストラは「至福の島々で」の章に入れている。至福の島々は、自然美、調和、豊穣の光景を表し出している。こうした光景は、人間の経験の意味が、超越的な幻想を捨て去り、大地に忠実であることだとするツァラトゥストラの教えが繰り広げられる舞台の背景となっている。人間は神を崇めてはならない、なぜなら神を崇めることは神を創造することを不可能にしてしまうからである、とツァラトゥストラは述べる。われわれが「神」と呼ぶものは、われわれの「創造的意志」の力の彼方に経験の真理を投影してしまう場合につねに現れてくるような、反応的な幻想の典型である（『ツァラトゥストラ』第二部「至福の島々で」）。人間は神を考え出すことはできない。そのかわり、人間自身の想像力で世界を作り替え、すべての超越的な理念が、もとはと言えば人間の能力——自己変容の可能性を秘めた人間の能力——によって生み出されたのだと捉え直すことによって、超人を考え出すことはできる。

きみたちは神を考えることができるだろうか？——しかしそれはきみたちにとって、真理への意志を意味せんことを。それは、すべてを人間が思考しうるもの、人間が見うるもの、人間が感じうるものへと変えることになろう。きみたちの感覚を徹底して思考すべきである。

そしてきみたちが世界と名付けたもの、それはまずきみたち自身によって創造されるべきものだ。きみたちの冷静さ、きみたちのイメージ、きみたちの意志、きみたちの愛が、世界そのものになるべきなのだ。かくしてきみたちの至福にいたるべきなのだ、きみら認識者たちよ！

（『ツァラトゥストラ』第二部「至福の島々で」）

「唯一のもの、完全なもの、不動のもの、満ち足りたもの、移ろわないもの」を説く教義はすべて「邪悪であり、人間に敵対的」である。なぜならこうした教義は、能動的力と反動的力を区別することによって自己自身を肯定する人間の意志と生成の力を否定してしまうからである（『ツァラトゥストラ』第二部「至福の島々で」）。これとは逆に、人間の価値とは、意志の崇高な行為によって自身の反応的な本性を克服する能力にある。「欲することが、解放をもたらす。これこそが、意志と自由についての真の教えである——この教えをツァラトゥストラはきみたちに教えるのだ」（同）。

人間の自己変容は、「善」や「悪」など、絶対的で時間を越えた価値であると思ってしまっているものが、実は物事に人間の意味をあたえ、特殊な文化的・政治的な取り決めごとを正当化するために人間によって作られたものだと認識することによってはじめて可能となる。ある特定の「価値」は生を上昇させる一つの特殊な仕方にすぎず、それは既成の真理を否定し、自らのパースペクティヴと要求を他者に押し付けるだけの強い力を持った者たちによって作られたものだ、ということをツァラトゥストラはわれわれに思い起こさせている。

まことに、人間たちは自らにすべての善と悪とを与えたのだ。まことに、彼らはそれを受け取ったのでも、見いだしたのでも、天からの声として降ってきたわけでもない。

まずは人間が自己保存のために、諸々の事物のなかに価値を入れこんだ――人間がまず事物に意味を創り出した、人間的意味を！　それゆえに人間はみずからを「人間」と名付けた。それは価値評価をする者、ということである。

価値評価するとは創造することである。これを聞け、創造するものよ！　価値評価すること自体が、すでに評価された事物の宝であり、宝石である。

評価することによって、はじめて価値が存在するのである。評価することがなければ、存在物の実は空虚であろう。聞け、きみたち創造する者よ！

価値の変化、――それは創造する者たちの変化である。創造者たらざるをえない者は、つねに破壊せねばならない。

（『ツァラトゥストラ』第一部「千一の目標について」）

このためには「神」のように、普遍的で永遠の「真理」とされるものを拒否し、「価値評価」と価値の創造を生の核心に置くような強さが求められる。ツァラトゥストラは、ある種の人々が生を捉えて、生の解釈を作り上げるために使用する力によって存在の意味は決定されるのだと主張する。「人間」を克服するために、超人は堅固で好戦的な性質を発達させ、「私に死をもたらすものでない限り、何であれ私を強くする」（『偶像の黄昏』「箴言と矢」8）という情け容赦のない信念を受け入れねばならない。生は、危険と戦争と、反応的力の克服によって営まれている。「最後の人間」のように、「生きることが難しい場所を立ち去ってしまった」人々は、生の解釈を行うことができず、もはや彼らがコントロールできない歴史のなかで、いなかる術もなく漂泊するだけである（『ツァラトゥストラ』第一部「序説」5）。彼らとは違って超人は、すべての伝統的な掟や「汝、なすべし」という命令を、「われ欲す」という肯定で置き換えることによって、「新しい諸価値の権利」を手にする（『ツァラトゥストラ』第一部「序説」1）。超人は、未来の意味と価値を創造するための権利と義務をこのように受け入れる点で、「過去に戻りたがり」自分自身より強い者を罰することだけを望むような、ルサンチマンに満ちたニヒリスティックな人間たちとは異なるのである。超人が持っている強さとは、一般の道徳体系に還元されることなく、また人間全体に適用されることもない掟を、自分自身のためだけに創造する強さである。「私がひとつの掟であるのは、私と同等の者だけにとってである。私は万人にとっての掟ではない」とツァラトゥストラは注意する（『ツァラトゥストラ』第四部「晩餐」）。自己肯定の最高の行為は、ニヒリスティックで反応的な感情から自分を浄化して、自分自身のもっとも高い活力を産み出すことである（『ツァラトゥストラ』第四部「高等な人間について」12）。このように行為できる者は、ツァラトゥストラの徳を共有することができる。彼らはルサンチマンの重みではなく、軽やかさを体現する。彼らは、危険や訪れる好機や、奴隷根性との違いを肯定し、時を忘れて踊る。彼らの笑いは、生の促進をはかるために破壊と自己超越の必要性を説くディオニュソスと共鳴しあう。

ひと吹きの創造的な息吹が、あまたの偶然をして星の輪舞を舞うようにと強いるあの天界の必然からの息吹が、私にかつて吹いて来たからには、

私がかつて創造的な稲妻の笑いで、その後に行為の長々とした雷鳴が憤りながら、しかし従順に従っていくあの稲妻の笑いで笑ったからには、

神々とともに大地の神々の賭博台で、大地が振動し、炸裂し、火炎の流れを吹き上げるほどに、賽子遊びをしたからには――

――というのも、神々の賭博台とは大地であり、数々の創造的な新しい言葉と神々の賽子投げによって震えているからだ――

おお、どうして私が永遠を求めずには、あらゆる円環のうちの結婚の指輪を――回帰の円環を求めて欲情せずにはいられようか。

(『ツァラトゥストラ』第三部「七つの封印」3)

永遠回帰

前節最後に示したツァラトゥストラの徳は、「永遠回帰」を示唆して終わっている。「永遠回帰」についてニーチェは「深淵から得た思想」であり、彼の思考にとってきわめて重要であると記している(『この人を見よ』「ツァラトゥストラ」6)。「永遠回帰」という思考は、哲学者の間では絶えず論争の的となり、まったく相対立するさまざまな解釈を生み出してきた。ニーチェはこの概念の意味を解き明かしてくれそうな鍵を『この人を見よ』の中で、『ツァラトゥストラ』の「救済について」の寓話を引用しながら与えている。

「ツァラトゥストラ」はある箇所で厳密に彼の使命――それは私の使命でもある――を規定している。その意味を取り違えないために、である。ツァラトゥストラは、過去にあったすべてのことを正当化するほどに、それを救済するほどに肯定的だからである。


わたしは未来の断片として、人間たちの間を歩き回る。わたしが見るあの未来の。

そしてわたしの詩作と試みのすべては、断片や謎や残酷な偶然をひとつに凝縮し集めることなのだ。

もし人間が詩人でも、謎の解明者でも、偶然の救済者でもないとしたら、わたしは人間であることにいったいどうして耐えられようか。

過去を救済すること、そしてすべての「そうであった」を「わたしがそう欲した」に変えること、それが私にとってはじめて救済と言えるものだ。

（『この人を見よ』「ツァラトゥストラ」8）

永遠回帰は、「そうであった」ものを「わたしがそう欲した」へと変えるという点で、過去と現在の関係をラディカルに逆転させ、新しい生き方を約束する意志の哲学と不可分の関係にあるようにみえる。しかしこの主張がその通りだと言い切ることは難しい。というのもニーチェの文体的な（そして哲学的な）傾向として、さまざまな見解がいくつものテクストにわたって分散しており、それらがひとつの見解へとまとめられていないので、解釈上で解決困難な問題を引きおこしてしまうからである。永遠回帰の思考を考える上でもっとも分かりやすい方途は、二つの見方を示しておくことだろう。もっともこの二つの見方は相互に補完しあう関係にはあるが。一つの見方とは、実存論的な解釈である（これは永遠回帰を、強い個人はいかに生きるべきかという倫理的なコンテクストのなかで考察しようとするものである）。もうひとつは宇宙論的な解釈である（これは人間の経験を全体として捉える非人間的な視点を示すものである）。ニーチェが永遠回帰の実存論的なコンテクストを記しているのは、『悦ばしき知恵』の中の、あの有名な箇所である。

もしある日、あるいはある夜、悪魔が君の孤独の極みにまでそっと後をつけ、君にこう告げたとしたら、どうだろう。「おまえが現に生き、またこれまで生きてきたこの人生を、もう一度、いや無限回、もう一度生きなければならないだろう。しかも新しいことは何一つなく、あらゆる苦痛、あらゆる快楽、あらゆる思考と溜息、そしておまえの人生の言い得ぬほど瑣細なことも大きなことも、すべてもう一度君に回帰しなくてはならない。すべてが同じ順序と繫がりで――この蜘蛛も、この木々の間の月光も、そしてこの瞬間も、私自身も、同じように回帰しなくてはならない。存在の永遠の砂時計は、くりかえしもとに戻される――その時計と一緒に、塵のなかの塵であるおまえもだ！」これを聞いたら、きみは地に倒れこんで、歯ぎしりをして、こう告げた悪魔を呪わないだろうか。あるいは君が悪魔に「お前は神だ、わたしはこれ以上に神的なものをかつて聞いたことがない」と答える恐怖の瞬間をすでにもう経験したことがあるか。もしこの思想が君を支配するようになったら、君は、今あるような君を変化させ、おそらく粉砕してしまうだろう。何をするにもいつも「おまえはこれをもう一度、いや無限回、欲するのか」という問いが、最大の重しになって君の行為にのしかかってくるだろう。あるいは、この究極で永遠の確認と確証の他にはもはや何も欲しないために、君は君自身と君の人生にどう決着をつけるべきだろうか。

（『悦ばしき知恵』341）

悪魔が人間に提示した問いは、現実との関わりや参与の仕方に関する実存的な挑戦であるように思える。つまり、存在の喜びがもっとも恐ろしく悲痛な出来事をも正当化しうるようになるために、自分の人生をどう生きねばならないか、という問いである。だがこの挑戦は、さらなる問いにも通じている。つまり、良きにつけ悪しきにつけすべての瞬間が永遠に回帰するとしたら、自分の生き方を肯定する勇気があるか、という問いである。また、このような肯定をするには、自分の生の何を変えねばならないか、という問いである。さらには自己克服と「人間」の新たなヴィジョンを得るための条件として、苦悩や苦痛や困難を引き受ける人生を肯定できるか、という問いである。しかしここで、ニーチェが仮定法で書いていることを確認しておくのは重要である。なぜならこの文章を読む者は、生成と変化の約束（かつまた危険）に直面させられるからである。われわれは永遠回帰という展望を、もしそれがわれわれに差し出されたら受け入れることができるだろうか、あるいはわれわれは反応的にルサンチマンの精神にひたって生きているので、それを拒否せざるを得ないのだろうか、とニーチェは問う。われわれは神や救済や、来るべき来世での生といった超越的な希望なしに、この地上の生を受け止めることができるだろうか。

ニーチェは永遠回帰に関する考察を、ツァラトゥストラのなかの寓話「回復しつつある者」と「酔歌」のなかで展開している。「回復しつつある者」では、ツァラトゥストラは「深淵的な思想」——生の「円環」の啓示——に襲われて眼を覚まし、その思想を語り終わると、七日間の昏睡状態に陥る（『ツァラトゥストラ』第三部「回復しつつある者」1〜2）。ツァラトゥストラが倒れこんでしまったのは、彼が人間を嫌悪している結果である。彼は、ヘビのようなもの〔深淵な思想の象徴〕が彼の喉に這い込んで彼を窒息させた、と妄想したのだ（『ツァラトゥストラ』第三部「回復しつつある者」2）。このような人間嫌悪を克服できるのは、ツァラトゥストラと人間が彼らの生き方を変える強さを持つ場合でしかない、とニーチェは暗示している。それゆえにニーチェは「回復しつつある者」（この回復という表題は、ツァラトゥストラのみならず潜在的には人間すべてに関わる）の物語を使って、永遠回帰に向から二つの異なる態度について倫理的な区別をつけている。一方はツァラトゥストラの態度であり、永遠回帰がもっとも高貴な者の肯定という形だけでなく、「もっとも卑小な者」、もっとも反応的な者も永遠に回帰するという不快な事実とツァラトゥストラは向き合わねばならない（同）。しかし逆説的にも、反応的な人間たちも回帰するということを自覚的に肯定することが、ツァラトゥストラが保持したいと切望する貴族的な区別を生み出すのだ。なぜなら、破壊と創造の果てしなき円環そのものを経験し、高貴な者が軽蔑する一切のものとさえ逃れ得ぬ本質的な関係を持つことを肯定できるのは、もっとも高貴な者だけだからである。これに対してツァラトゥストラの周りの動物たちは、ツァラトゥストラの新しい「教義」を繰り返すことができるだけで、悪魔の挑戦を受け入れることも、その教義が自分自身の生にとって持つ帰結を考えることもない。しかしツァラトゥストラにとっては、自己意識がなければ、倫理的な肯定もありえない。ツァラトゥストラは動物たちが彼の永遠回帰という経験を歌にした「手回し風琴の歌」に嫌気がさしてたじろぐ（同）。

しかしながら、私たち自身の個人的な事柄が回帰するために、なぜすべてのものが回帰しなくてはならないのだろうか。その答えを解く鍵は、主体に関するニーチェの批判と、彼の力の哲学の創造にある。思い出していただきたいのだが、ニーチェは繰り返し、われわれの生を織りなしているさまざまな行為やそれへの反動の多様性の背後に実体的なものは存在しないと主張してきた。つまりわたしの行為の背後にそれらの行為の順番を決めたり意味を与えたりするような何か——「主体」や「魂」

などーーは存在しない。われわれとは、われわれの行為なのであり、われわれのすべては、その人がする経験「であり」、われわれの力が他の客体に刻み付けた印「である」。もしわれわれの存在が、何らかの還元不可能な本質によって成り立っているのではなく、さまざまな力や行動や反動からなる宇宙的なネットワークのなかに置かれたわれわれの位置づけから生じているのだとしたら、われわれの存在自体をふたたび産出するために、すべてのものがかつてそうであったように回帰しなくてはならない。何か一つの力が、あるいは行為が変わってしまったら、そのとたんに宇宙は簡単に別のものに変わってしまうだろうし、そのなかのすべてのものは別の何かに変化してしまうだろう。強い特性の者は、さまざまな力のネットワークのなかでのみずからの位置を肯定することができ、すべての力ーーその力が悪しきものであれ、高貴なものであれーーの回帰を欲する。すべての力の永遠回帰を肯定することは、世界を今あるようにーー形而上学的な来世ではなくーー肯定し引き受けることであり、今あるようなわれわれを永遠に生成することを可能とする。このような肯定が可能な存在を示しているのが、ニーチェが「人間のもっとも偉大さを示す私の慣用句」と言っているもの、つまり運命愛(amor fati)である。それは「何ごとも今とは違ったあり方であれとは思わないこと、未来についても、過去についても、そして永遠すべてにわたってもと」(『この人を見よ』「なぜ私はこんなに賢いのか」10)という信念である。ツァラトゥストラはこの信念を次の主張に織り込んでいる。「わたしの身の上に偶然の出来事が起こりえた時は、もう過ぎ去った。わたし自身のものでないようなことが、これからまだわたしの身に起こりえようか!」(『ツァラトゥストラ』第三部「さすらい人」)。肯定と快楽の哲学の典型的な表現が、「酔歌」にふたたび現れている。

きみたちは何らかの快楽に対して「然り」と言ったことがあるか？　わが友よ、もし「然り」と言ったとすれば、それはすべての苦痛に対しても「然り」と言ったのだ。すべてのものは、鎖でつながれ、糸で結ばれ、愛でつながれているのだ。

——もし一度あったことをもう一度欲したことがあるなら、そして「おまえはわたしの気にいる、幸福よ！利那よ！瞬間よ！」と言ったことがあるなら、それはすべてがもう一度戻ってくることを望んだのだ！

——すべてのことが改めておこり、すべてが永遠に、すべてが鎖でつながれ、すべてが糸で結ばれ、すべてが愛でつながれている、そのような世界をきみたちは愛したことになるのだ。

——きみたち永遠の者たちよ、そうした世界を永遠につねに愛せよ。そして苦痛に対してもこう言うがよい、過ぎ去れ、しかしまた戻ってこい、と。なぜならすべての快楽は——永遠を欲するからである！

（『ツァラトゥストラ』第四部「酔歌」10）

永遠回帰についてのニーチェの発言は、彼の主張をめぐる論争のゆえに、どこか曖昧なものになってしまっている。その主張とは、永遠回帰が、単に実存的なもの——いかに生きるかという問い——だけではなく、宇宙論的な真理、あるいは世界に関する理論に関係するのだというものである。彼の手稿（死後に『力への意志』として出版された）のいくつかで、ニーチェは一切のものの回帰は宇宙の根本的な運動であり「すべての可能な仮説のなかでもっとも科学的」（『力への意志』55）だとしている。ニーチェは彼の宇宙論的テーゼを、宇宙はひとつの目標あるいは終着点にむかって前進するとは考えられないという仮説を立てることで構築しようとしている。なぜならこうした終着点は、もしあるとしても、もうすでに到達してしまっているからである、という。

もし世界が全般的に、硬直し、枯渇し、死滅し、無となってしまうとすれば、あるいはもし世界が平衡状態を達成しうるとすれば、あるいは持続と不変性と永劫性をその内に含む何らかの目標を持っているとすれば（つまり、形而上学的に言えば、生成が存在か、あるいは無につながるのだとすれば）この状態はすでに達成されているに違いない。

（『力への意志』1066）

ニーチェの考えの要点をまとめれば、次のように言えるだろう。もし空間および宇宙の諸力が有限であり（「もし世界が一定量の力として、また一定数の力の中心として考えることができれば……」）、さらに、いつとも分からない時間の始まりから今の瞬間までにすでに永遠が過ぎてしまっていると考えれば、その結果、世界はさまざまな出来事の「算定可能な一定数の組み合わせ」を通過しなくてはならない（『力への意志』1066）。この条件のもとでは、無限の時間の可能性とは、「すべての可能な組み合わせは、いつかは一度達成されたはずである。それどころか無限回達成されるはずである」（同）。

われわれは同じ到達地点に別のルートを通って行くことができる。もし時間に始源があるとすれば、時間以前にもいくつかの地点がなければならない、とニーチェは論じる。しかしこう考えるのは無意味である。もし時間に始源がなければ、生は永遠である。もし生が永遠であれば、現在というものを時間が先に進んだ地点から見ることはできない（いったい何から離れた、といえるのか？）。永遠はすでに到来している。時間に境界づけというものがなければ、始源も終点もなく、時間より前にも後にもいかなる地点もない。すべてのものは、今後もそれが必ずあるように存在するような、方向も外部もない流れなのだ。ツァラトゥストラがある箇所で歓喜して言っているように、「わたしにとっては——わたしの外部などありえようか。外部などないのだ」（『ツァラトゥストラ』第三部「回復しつつある者」2）。

ニーチェの宇宙論的なテーゼは、量子力学や確率論の新しいモデルにおけるさまざまな進歩の観点から非難を浴びてきた。このような非難に基づいて、多くの論者たちは「永遠回帰」を、哲学的に珍奇な思考として拒否してきた。しかし、もしニーチェの永遠回帰論の「科学的」な（厳密には科学的とは言えないにせよ）意味合いとは別に、なぜ彼がこれほど力を込めて永遠回帰という思考を提起したのかを検証してみると、永遠回帰の考え方を実存的な挑戦としてみる解釈を強める二つの視点がある。ひとつは生の経験を非目的論的に捉えようとする視点、もうひとつは力と肯定の哲学という視点である。「意味も目的もなく、無という終局もなしに不可避的に回帰する、あるがままの生存」について論じるニーチェが執拗にこだわる動機は、永遠回帰という思考が、生には目的があり、最終的な目標に向かっているとか、生存の意味とは人間の経験のなかに因果論的な関係を見つけることであるといった考え方に抵抗する力を持っているからである（『力への意志』55）。もしすべての出来事が永遠に回帰するのであれば、生には究極的な目的などありえない。永遠回帰の思想は、「人間がもはや神の中へと流れ出していくのを止め」、生きているすべての瞬間に存在の力と豊穣さを肯定する時点から始まる（『悦ばしき知恵』285）。しかしながら、終わりも目標もない永遠回帰という考え方は、得体の知れない宇宙の掟の凶暴な力にわれわれの身を任せてしまうことを意味してはいない。ニーチェは永遠回帰をある所では、生の発生源を非人間的な物質的な諸力の「牽引と反撥」によるとみなしてしまう「機械論」への批判と考えている（『力への意志』627）。これとは逆に永遠回帰の思想は、回帰するどの瞬間をわれわれが肯定しようと望むかを選びとり、その瞬間を生の新しい解釈の提示のために用いることで、全自然界の諸力にいわば「内的な意志」があると認めることを要求しているのだ。自然の「諸法則」を、それらを価値の序列にあてはめてしまう意志を思考せずに考えてしまうと、空虚な運命論に従わざるをえない、と普通は考えるだろう。しかしニーチェはそうではなく、「ある種の諸現象が変わることなく継起する」のは、「二つないしそれ以上の諸力の間での力関係」を示しているのだと見る（『力への意志』631）。というのは、歴史的出来事がその意味を獲得するのは、それらの出来事がある強い意志によって特定の一貫性へとまとめ上げられているからなのだ。これこそが、超人が永遠回帰を体現している理由である。超人は、すべての出来事にそれぞれの意味を与え、そうすることで出来事を自分のものとするので、回帰するものの差異を肯定する。

永遠回帰という不可思議な考え方について、ハリウッド映画を引き合いに出して説明してみよう。その映画はハロルド・ラミス監督の『恋はデジャ・ブ』（一九九三〔原題“Groundhog Day”〕）である。ニーチェが、ニヒリズムの主要な原因は、われわれが自分の生の彼方に究極的な価値や目標を、天国や救済の約束や来るべき幸福の予見などの形で投影することにある、と言っていたことを思い出そう。そのためにわれわれは、超越的な生のために自分の現在の生の価値を低めてしまうのだ。ニヒリズムによる生の矮小化に対してニーチェが行った挑戦は、次のように問うことである。もしわれわれの生に外部や彼岸などなく、永遠に回帰するこの今の生しかないとしたら、一体どうなるのだろうか？　超越的価値や未来の生を夢見ることなく、われわれはそのような生を肯定することができるだろうか？『恋はデジャ・ブ』ではコミカルにこの問題を探っている。主人公フィル・コナーズはテレビのお天気キャスターをやっているが、人生に何の価値も見いだせず、生きていることについてシニカルな倦み疲れた態度をとっている。来る日も来る日も同じようなもので、似たような天気予報を繰り返し、人間関係も結局は失敗と非難の応酬で終わってしまう。ニヒルに人生を見下すコナーズの態度がいっそうひどくなるのは、テレビ局からフィラデルフィアのパンクサトーニーに、毎年恒例の聖燭節の祭りの取材のために派遣されたときだ。猛吹雪のため町は孤立し、辺鄙な田舎町に閉じ込められてしまったコナーズはとっておきの悪態を吐き散らす。だが事態はさらに悪くなる。次の日コナーズが目を覚ますと、どうやら前の日とまったく同じ一日を繰り返す運命に見舞われていることに気づく。何もかもが同じ一日が始まる。ラジオの放送も天気も、出会った人たちの身振りや言うこともまるで同じ。

さらには来る日も来る日も、まったく同じパターンの一日が繰り返される。これがコナーズの運命だったのだ。永遠に反復される時間のサイクルから抜け出せなくなってしまった。よりによってこの世で最悪の地とコナーズには思える町、フィラデルフィアのパンクサトーニーで。

この異常な事態に対するコナーズの反応の中に、この映画『恋はデジャ・ブ』の喜劇性とペーソスが見えてくる。最初、コナーズは事態の思いがけぬ進展に戸惑い、おののき、もともと虚しく思えていた人生の価値はさらに暴落する。彼は絶望し、現在という時間を破壊するか否定するかして、なんとか自分の人生から逃げ出そうともがく。何もかもが退屈で、ジョークを言ってもあっというまに古臭くなり、生きていることに何の意味も価値も見いだせない。永遠に同じままであれば、まさにその理由で存在の価値はなくなってしまう。虚無と絶望はついには、自殺未遂の繰り返しにまでコナーズを追いつめる。だが出口がないところに、彼のジレンマの悲喜劇たるゆえんがある。毎回「死ぬ」たびに、翌日、目が覚めて、一日が前と同じように繰り広げられていくのだ。

だが、こうして経験の無限反復に入り込んでしまったがために、彼の前に新たな人生の展望が開けてくる。もしも限りなく反復する生活しかないのであれば、同じことを繰り返せば、違いを無限に経験することになると、コナーズは徐々に気づいていく。個々人によって異なる個性的生活に生きる代わりに、永遠に繰り返す没個性的な出来事の中で、毎日をもう一度繰り返して生きることができるのだとしたら、あらゆることが可能だ。一人ひとりがあらゆる出来事を経験し、さまざまなペルソナを経験し、すべての人間になれるだろう。このラディカルな可能性が、コナーズの生活によって喜劇的に表現される。ジャズ・ピアニストになり、氷の彫刻の名人になり、フランス象徴派詩人の専門家となる。さらにコナーズは、人生とは始めと中間と終わりを持つ合目的的な物語ではなく、永遠に変化する生成であると認識し、その認識によって自らの生の浮力を選び取り、自己憐憫とニヒリズムとルサンチマンを放棄する。

コナーズのこのようにラディカルな反復の経験は、イデオロギー上、この映画やハリウッドの業界の幅広い関心とは最終的になじまない。『恋はデジャ・ブ』の後半部分はこの主題からは後退し、観客をブルジョア的道徳価値の安心感に引きずり戻してしまう。映画の結末は人生には目的も結末もあると再び保証している。愛を見いだし、夢に見たその女性と結婚するのだ。だが結末は明確で、安定した、おなじみの価値観に反動的に戻っていってしまうが、それにもかかわらず反復という発想には道徳性を問題として提示する力があり、それによってこの映画は映画というジャンルの限界を超える喜劇的ヴィジョンを提示することができている。

まとめ

超人とは、ニヒリズムやルサンチマン、そして奴隷道徳といった否定的な要素を超えた、生の創造的で肯定的なヴィジョンを示すものである。超人の教えは、「神の死」によって招来された生のニヒリスティックな経験を克服し、超自然的な価値に依拠することのない生の新たな解釈を肯定しようとする。この新しい解釈は、肯定しか知らず、意志の過剰、豊かさ、そして強さから価値を創造し、存在の新たなあり方を目指している。この観点から生を肯定することは、「人間」についての反応的な見方と「より高い世界」の神話化を克服し、生の上昇形態と下降形態とを区別することでもある。超人は、永遠回帰の思想を説くことで、このような生の能動的な再解釈をさらに強調する。永遠回帰は、われわれの生の経験を実存的かつ宇宙論的に正当化するものである。それは目的論的ではない生の考え方と、力と肯定の哲学を表現したものである。強い人間は、自分の過去の経験——良いものも、悪いものも——がすべてふたたび同じ形で回帰することを受け入れることができる。なぜなら、こうした人間は肯定したい経験を選びとり、それによって既成道徳や反応的価値評価の彼方に生の新たな解釈を打ち立てることができるからである。

第七章　力への意志

本章では、ニーチェにおいて最も重要な、しかしまた最も謎多き表現である「力への意志」を考えてみたい。ニーチェの用語の中でこの「力への意志」こそは、通俗的なニーチェのイメージと最も密接に結びついており、生は弱者に対する強者の暴力的支配であるという考えを表し、またそれを正当化したものと一般に受け取られている。世間に広がっている月並みのイメージのほとんどがそうであるように、ニーチェについてのこのイメージも一抹の真理を宿していることはたしかである。しかし、これは、ニーチェが生についてのまったく新しい理論として唱えた最も劇的な要素にのみ光を当てているにすぎない。この分野についての議論につきまとう難しさを先取りするならば、「力への意志」というのは、われわれが出会う「存在」もしくは「現実」の把え方の創造と変容をともに行う生産的な力の名前である、とニーチェが主張していることを思い起こしてみると、果たして「力への意志」

なるものは、「理論」もしくは「理念」、または「原則」といったものとして考えても、適切に理解できないのではないか、ということは言っておく必要がある。あるいは、こう言ってもいいかもしれない。「力への意志」として考えられた世界というのは、名詞としてと同時に動詞としても経験される生のダイナミックなヴィジョンを提供しているのだ、と。そしてこのヴィジョンの中で、生存のすべての側面がそのつど新しく解釈されるのである。生についてのこの新しいヴィジョンを理解するためには、ニーチェが「意志」および「力」ということで何を考えていたかを確定しなければならない。そしてその上で、生を再考するときにこの用語を用いることで何が問題となっているかを見る必要がある。

「力への意志」がニーチェにとって重要ななによりの理由は、これまでの彼の著作がもたらした挑発と逆説について根本的に新たな展望を提供してくれているところにある。西洋の思考という反応的な歴史、このニヒリズムの歴史の「外部」に批判的な立場を作ろうというもくろみに際してニーチェは一連の矛盾にぶつかっていた。「歴史的」動物としての人間のあり方が退化であることを示す歴史を書くのは、どのようにしたら可能なのだろうか。理性が欺瞞的な本性を持っていることをどのようにしたら議論で語れるのだろうか？　真理が偽りであることを主張するのは、果たして可能なのだろうか。こうしたいっさいの問いのゆえに、ニーチェはやがて、生の本性を、そして、「人間」なるものを生み出す生の能力を、逆説的かつ矛盾をはらんだものとして考えざるをえなくなった。このような修正を経てニーチェは最終的には、基本的ないくつかの二項対立を――つまり、現象と本質、もしくは存在と生成といった、かつては初期の著作を支えていた二項対立を――問題視せざるをえなくなった。逆に、真理という考えの「外部」を考えようとするどんな試みも所詮はまた、真理についてさらにひとつの把え方を付け加えることでしかない、という着想に行きあたった。「人間」をどのような形で拒絶してもそれはまた、「生についてのいかなるヒューマニズム的な考えにも対立するように行為しなさい」という、人間についてのさらにひとつの規範を生み出すことでしかない。その意味で「力への意志」という考えはニーチェにとっては、生の原則を生の内部にあるものとして考えることで、それまでの批判的思考では免れることのできなかった矛盾を乗り越える可能性を提示するものだった。生の上、もしくは生を越えたところでの超越論的な理性による批判的立場では、その矛盾を越えることができなかった。生以外のものはいっさい認めないというこうした内在的原則に立つと、動物的生、生理学的生、理性的生、道徳的生といった生のさまざまな形態の区分けがどのようにして作られ、かつ正当化されたかを見ることができる。われわれは生のいっさいを見なければならない。ただ単に人間の生のみでなく、共通の力の追求という点でひとつに結ばれた、いっさいの生を見なければならない、とニーチェは論じる。人間の生は（そのいっさいの真理や規範とともに）、生が通過して行く単なるひとつの形式にすぎないのだ、と。

　生存についての新たなヴィジョンを生み出すニーチェの意欲はそれゆえ、生についての西洋の議論というものは、伝統的にいくつかの用語の間の形而上学的対立によって構造化されてきたという認識に由来している。こうした二項対立の中で最も重要なのは、主体と客体、原因と結果、そして存在と生成という対立である。西洋の思考におけるこうした二元論的傾向は、われわれが世界を表象するにあたって用いる言語の構造によって作られ、またその構造のうちにとらえ込まれている、とニーチェは論じる。ここで思い出されるのは、「われわれはすでに文法を信じている以上、神から逃れることができないのだ」という『偶像の黄昏』のなかの有名なアフォリズムである。なぜならこのアフォリズムはまさに、われわれの世界知覚は、生のさまざまな形態のあいだの言語的区別に由来しているという彼の信念を特徴づけているからである（『偶像の黄昏』「哲学における〈理性〉」5）。文法というのは何にもまして、「主体（subject＝主語）」（しばしば人間の意識もしくは「人間」として表象される）と「客体（object＝目的語）」（外界）の区別を押し通すことによって機能している。こうした区別はさらに「動詞」「名詞」そして「形容詞」といった文法的概念によって拡張される。こうした諸概念のおかげでわれわれは、運動や変化を、人間主体に起きる経験として知覚するように仕向けられ、われわれ自身が人間なるものを作っているなどとは思わないようになってしまう。そしてこうした経験が世界を終わりのない生成のプロセスから、比較的はっきりしたさまざまな状態のあいだを、またさまざまな行為や経験のあいだを揺れ動く存在に変えてしまうのである。

生成と流転の世界に形式と実体の世界を覆いかぶせる通常の形而上学の方式はさらに、自己意識を存在の基本的な特性と思い誤るこの理性の能力への信頼によって、さらにはこの「自我＝実体」への信仰を世界全般に投影する能力への信頼によって強化されている。このような転換によって、人間の「自我」と「意志」は、むしろ、存在の起源もしくは原因として見られるようになり、生のもっと一般的で非人間的な運動の二次的な結果にすぎないとは考えられなくなってしまう。それゆえ世界の存在は、単に人間による語彙で表象されてしまっている。今日生きているということは、「誤謬に巻き込まれている」ということである。

今日われわれは、理性＝偏見によって、統一性、同一性、持続、実体、原因、物質性、存在など
を設定せざるを得なくなっているが、その度合いに応じて、われわれはいわば誤謬に巻き込まれ
ている。いや、誤謬へと必然化されている。〔…〕言語はその成立からして、最も退化した形態
の心理学の時代に属する。言語＝形而上学の基本的前提、もっと分かりやすく言えば、理性を意
識化することによって、われわれは、荒っぽい呪物崇拝の世界に入り込んでしまっているのだ。
こうした呪物崇拝は、いたるところに、行為者と行為を見てしまう。そして原因としての意志な
るものを信じてしまう。〈私〉を信じ、存在としての自我を、実体としての自我を信じ、この信
仰をいっさいの事物には自我＝実体があるとする考えにまで拡大投影してしまう。それによって
〈事物〉という概念をそもそも創造するのだ。……いたるところに原因としての存在が捏造され、
偽造される。〈私〉という考えから、その派生物として〈存在〉という概念が生じて来る。……
意志は作用するなにものかである、意志は能力であるとする誤謬が最初にありきなのである。今
日のわれわれは、意志などというのは、ただの単語にすぎないことを知っている。
（『偶像の黄昏』「哲学における〈理性〉」5）

「力への意志」の考えを作り上げたことでニーチェは、われわれが存在をただ擬人的でしかない用語で表象することから解放しようとしている。その際に、人間の生を越えていると同時に、人間の生を構成もしている非人間的な創造の原則として、この「力への意志」を構想しているのである。非人間的な、やむことなき力の追求として生を見ようというこの感性はまた、ニーチェが――多くの読者を当惑させることだが――「意志」を心理学的および人間にかかわる連関で語ることを避けている理由でもある。ニーチェは、意志を意識と同一視することを拒む。なぜなら、意識は、結果であるはずのものを(例えば、思考内容、感情、そしてわれわれの内面的生のもろもろの内容を)、われわれの感覚的な世界経験の起源として見ることで、事象の中に偽りの因果関係を持ち込んでしまうからである。われわれがしている間違いは、「快楽」や「苦痛」といった意識に関する観念が、われわれの身体的反応の原因であるとする思い込みであり、快楽の最大化と苦痛の回避こそは、いっさいの行為の動機であると想念してしまうことである。しかし、ニーチェから見るならば、こうした観念は、物質的＝身体的なプロセスについての解釈として始まっているのである。こうした主張の生理学的な理由づけ、および歴史的な正当化を彼はやってみせる。例えば『力への意志』の中で彼は、脳の中を血液がかけめぐり、脈拍や呼吸が変化すると、それは通常「怒り」として解釈される。しかし、本当は、こうした「怒り」という感情は、そのような意識上の意図とはほとんど何の関係もない生理学的運動に由来しているのだ、とニーチェは論じる(『力への意志』670)。そして最終的にわれわれは、ある種の外的な動き（例えば、人々、広場、あるいは物体）を特定の感情と結びつけることに慣れきってしまい、結果として、そうしたさまざまなものごとこそが生理学的変化の理由であると受け取ってしまうのである。人間のセクシュアリティや味覚の歴史をほんのちょっとでも参照するなら、われわれが「快楽」とか「苦痛」とか思っているものは、普遍的な生物学的法則によって決まっているのではなく、特定の文化的判断によって定まっていることが明らかとなる。サドマゾヒズムのような性癖が示唆しているのは、苦痛は快楽の絶対的対極にあるのではなく、むしろ快楽の前提条件として解釈されることもあるということである。また宗教的霊性にもとづく禁欲主義の発展は、欠如状態における強烈な経験とエクスタシーがあることを教えてくれる。こうした深い経験やエクスタシーは、官能の陶酔を道徳的に断罪することを可能にしながら、同時に性的快楽の効果を再生産してくれるのである。それゆえ快楽と苦痛は、ただ単純に身体的な変化の心理的原因といったものではないのだ。快楽や苦痛はむしろ、生理学的なプロセスに後からかぶせられた判断でしかない。こうした生理学的プロセスは、そうした感情を経験する主体においてどのような力の感覚が生み出されるかによって意味を変えるのである（『力への意志』670）。

ある特定の意識上の観念――例えば、快と不快、あるいは善と悪――に合うか合わないかで生を判断するならば、それは、われわれが生の結果を原因へと、そして生の最終的正当化へと変えてしまうことになる。意識は実際には存在の二次的かつ反応的な形態でしかなく、当初は「個人の生物学的中枢からはるかに離れている」と、ニーチェはなんども明解に述べている。そしてやがて、「意識が生じる」緩慢なプロセスが、意識的な想念をそれが生理学的感覚の原因であるかのように設定してしまうのである（『力への意志』504）。ニーチェは意識を生物学的な用語で記述する。つまり、神経システムに「付け加えられて」、世界を人間にとって思考可能なものとするために因果律を、生の中に、もし因果律を持ち込まなければ何も識別できない生の中に、入れ込むものと見る（『力への意志』526）。このプロセスによって、「何千倍も複雑な」生に自己反省的な「単位」もしくは「統一性」が代入され、「人間」の主体意識が生存の最高の価値へと高められる（『力への意志』524）。だが、意識を抱くというのは、生の力を発展させ拡充させるための、数多くある手段のひとつでしかないのだ。生を意識の用語で理解しようとするならば、それは、生が自己を実現し、かつ拡充する仕方の多様性を否定することになる（『力への意志』707）。快であれ、道徳であれ、宗教的霊性であれ、そうした観念を生存の最高の価値として設定することは、生の全体的な動きを否定することであり、またそれは、自然の部分でしかないものを全体としてしまうことなのである。それのみか、生を説明するために意識の領野を生の背後にある絶対的価値と見ることは、「神」、この反応的思考の最高の成果である「神」、もしくは絶対精神への素朴な信仰の複製を作ることでもある。

基本的な間違いは、われわれが意識を——道具ないし、生の全体の特定の側面と見ないで——生の基準として、あるいは生の最高に価値ある状態として設定していることである。これは、部分から全体へ（a parte ad totum）という誤ったパースペクティヴである。これこそすべての哲学者が、およそ起きていることのいっさいの生と意欲にこもるものとしての意識を、いわば全体的意識を、言ってみれば「精神」ないし「神」を本能的に想念しようと試みる理由である。しかし、彼らに対して言わねばならない。まさにそのことによって生は怪物になるのだ、と。そして、この世に生きていることが「神」もしくは知覚の総体によって断罪されねばならない何ものかと化するのだ、と。……だがまさにわれわれが、目的と手段なるものを設定する全体意識を除去したこと、これこそわれわれにとっての大いなる軽減である。それとともにわれわれは、ペシミストになる必然性がなくなるのである。……この世に生きていることに対して、われわれが受ける最大の非難は、神の存在であったのだ。

（『力への意志』707）

意志、力、そして抵抗

意識や精神を生の最高の価値とすることに対するニーチェの批判は、生の積極的なヴィジョンをわれわれに見せてくれる準備でもある。このヴィジョンを作るのは、三つの原則的な確信である。第一の原則はこうである。生の全体は、非人間的な力への意志によって形成されている唯一無比の力の場であり、人間の意識なるものも、そうした場の効果のひとつとして生み出されているだけである。われわれが「生」と呼んでいるのは、生成と変容の間断なき力のことである。それをわれわれの言語的習慣は原因と結果に分けるのに慣れてしまっているだけなのである。第二の原則はこうである。生の目的は自己保存でもなければ、道徳的もしくは精神的な啓蒙でもなく、力の増大にある。そして「獲得、支配、増大、強さへの意志」(『力への意志』689)にこそあるのだ。人類の歴史は、力と支配を追求して、自分の命を危険に曝す無数の人々の例に溢れている、とニーチェは記している。生の基本衝動は、力の増大にある。また、強い意志がより弱い意志を支配しようとするときに生じる抵抗を打ち負かすことにある。力相互のこうした関係こそは、生のすべての段階を特徴づけている。身体的に打ち勝つ場合に力関係が現れるのは当然であるが、それ以上に、哲学的対話のような知的形態の背後にも、また宮廷恋愛の習慣的儀礼、そして文化運動の興隆と没落のあいだの歴史的枠組みにもその動因となる力が裏で働いているのだ。

存在の奥にはこの唯一の力もしくは原理が働いているというこの一元論的ヴィジョンのゆえにニーチェは、ひとつの意志が別の意志を支配しようとする運動以外には、いかなる因果も存在しないという議論をするようになる(『力への意志』658)。この理由から、「欲望」や「欲求」といった抽象的な心理学的なカテゴリーと「意志」を厳格に分けて考えねばならない。「欲望」や「欲求」などのカテゴリーは、力の放出の前に意識上の観念を設定してしまうことになるからである。「意志する〔Wollenn〕」などというものはないのであって、あるのは、なにものかを意志すること〔Etwas-Wollen〕でしかない、とニーチェは断言する(『力への意志』668)。生の全運動は、力の増大をめざす意志と、より強い意志に取り込まれまいと抵抗する意志のあいだで生み出される。征服と抵抗をめぐるこの抗争こそが生のすべての段階を形作っており、またひとつのレベルを別のレベルから区別する差を生み出してもいるのだ。生のすべての「動き」において問題となるのは、「抵抗の度合いであり、また優越する力の度合い」なのだ、とニーチェは強く主張する（『力への意志』634）。彼が「力への意志」の量と呼ぶもの――つまり、より強い力がより弱い力を吸収できる程度のことであるが――は、「それを考えなければ、力学的秩序そのものを考えることのできない基本性格としての生の生産的単位なのである（同）。それゆえ、ある種の成長、そしてその知への欲望の程度は、当該の種が自己の「力への意志」をどの程度支配し、かつ拡大できるか、その程度に依拠している。知は力の前提条件であるよりは、むしろ力の結果なのだ、とニーチェは見事な逆転的表現で述べている。われわれは、現実のヴィジョンを創造し、他者にこのヴィジョンを押し付けることができるその程度に応じて、「認識能力」を身につけるのだ（『力への意志』481）。同じように、「快」「不快」といったわれわれの意識的な観念は、行動の原因ではなく、それは、われわれがかつて持っていた力と、今保持しているそれとの間の量の相違の意識化でしかない（『力への意志』688）。快楽を感じるということは、力の極大化を感じることであり、それに対して不快は弱い意志が強い意志によって方向をねじ曲げられたことを表している。

> 力への意志は、抵抗があってはじめて発動される。つまりこの意志は、自らに抵抗するものを求めるのだ。これこそ細胞の原形質がその偽足を伸ばし、周囲を探るときの基本的動向なのである。取り込みも吸収も、まずは打倒への意志、型にはめ込み、成形し、作り替えようとすることなのだ。そして最後には、打倒されたものは、攻撃した側の力の領野に取り込まれ、その力の増大に

資するのだ。（『力への意志』656）

ニーチェの意志の哲学の第三の要素として挙げられるのは、力への意志は解釈する、というものである。それは、さまざまな生の形態のあいだの力のヒエラルキーを確定するかたちで、解釈を行うのだ。「解釈」ということでニーチェが考えているのは、なんらかのものの支配者となるそのなり方のことである。つまり、力への意志は、存在のさまざまなタイプのあいだの境界を規定する。またそれぞれのタイプが示す力の度合いを評価する。そして、ひとつの存在が自己の領野に他の存在をどの程度まで吸収しきれるかの度合いを定める。そうしたことが力への意志による解釈ということなのである（『力への意志』643）。力への意志は生のすべての段階をそれとして作っている生産的な力なのである。それゆえ、ニーチェの意味で理解された解釈というのは、存在経験の根本のことである。ニーチェはこの点をなんども強調する。それは、主体による「目的」と「意図」というフィクションに依拠するわれわれによる世界の見方が、いかに歪んでいるかを暴露するためである。行為の意味を、意図された「目的」のうちに探し求めても、何も出てこない、とニーチェは論じる。なぜならば、「目的も意味も解釈にすぎない、しかもある出来事の特定の側面が強調され、ことさら際立たされ、他の側面は目立たなくさせられてしまう、そういった解釈にすぎない」からである（『力への意志』666）。われわれは「主体」というフィクションを認めることを、そしてすべての行為に「行為者」を幻想の中で前提することをやめるべきなのである。なぜならば、もしもわれわれが「結果を引き起こす主体」を放棄するならば、同じく根拠、つまり一連の概念的誤謬――例えば、「本質的」ないし「偶然的」属性を持った存在の原初的「実体」、あるいは「物自体」といった観念――が生み出される根拠なるものもなくて済むのである（『力への意志』552）。われわれは、自己自身と同一的な主体という観念にしがみつきやすい。なぜなら、この観念は、生の多様性を内容的に緊密で筋の通った秩序へと編成するための、安定した特定のパースペクティヴを提供してくれるからである。「真理」および「現実」の「実体性」などというものがひとたび定着すると、世界それ自身の全一性と偽りの「現象」の世界との区別を押し通すことが可能となる。この区別によって、生成という身体的世界に対して「霊魂」および「自我」という形而上学的かつ反応的な形式が優位に置かれることになる。ところが、もしもこの主体および「現実」なるものが、増殖し抵抗する流動的な力の結果でしかなく、恒常的な存在が形造られる境界線であることが露呈するならば、たちまちのうちにこの区別は脅かされるのである。主体と客体の間に実体的な差異があることをニーチェは拒否する。主体というのは、差異の世界から、つまり、原子の流れがあらかじめ与えられた本質を持っているなどということのない差異の世界から立ち上がってきただけものなのである。

主体という〈原子〉などは存在しない。主体という圏域はたえず増大し、また減少する。そのシステムの中心はたえず移動しつつある。主体は、吸収した質量を組織化できないときは、二つに分裂することになる。また別のときには、この主体は自分より弱い主体に対しては、それを破壊するのでなく、自分の機能の一部へと作り直し、ある程度までこの弱い主体と一緒になって新たな統一体を作ることもある。それは〈実体〉などというものでなく、むしろ、それ自身として強くなろうとする何ものか、そして間接的にのみ自己の〈保存〉を意図する何ものかなのである(この主体は自己保存よりも、自己を上回って伸びていこうという意図を持っているのだ)。

(『力への意志』488)

パースペクティヴィズム

生の核心を力への意志として明らかにしたことにより、ニーチェは、存在を実体としてではなく、プロセスとして性格づけることになる。実体的な存在の世界は、力の多様な効果をそのつど結び合わせて、雑多な観念、イメージ、そして同一性を作ることによって生み出されたのだ。「物とは、その効果の総計であり、概念、イメージによって結ばれ総合されているだけである」とニーチェは『力への意志』のなかで説いている。「(『力への意志』551)。これは核心的な発言である。というのも、これによってニーチェは、真理についてのラディカルな理論を唱えることになったからである。この理論が依拠しているのは、自然現象の「客観的な」読解や実証主義ではなく、彼がパースペクティヴィズムと呼ぶものである。

表面現象にとどまって、〈あるのは事実だけだ〉と言う実証主義に対抗して私は言いたい。ちがう、まさにこの事実こそ存在しないのだ。存在するのは解釈だけだ、と。われわれは事実〈それ自体〉などは確認できないのだ。ひょっとすると事実などを欲するのは、ナンセンスかもしれない。

〈いっさいは主観的だ〉と君たちは言うかもしれない。しかし、すでにこうした発言にしてからが解釈なのだ。〈主体〉というのは何か与えられたものではないのだ。そうではなく、想像で付け加えられたもの、背後に置かれたものなのだ。――解釈の背後にまだ解釈者を設定する必要などあるだろうか? すでにこれにしてからが捏造であり、仮説でしかないのだ。

〈認識〉という単語が意味を持っている程度に応じて、世界は認識可能なのだ。しかし、世界はほかのように解釈することも可能なのだ。世界はその裏側に何か意味を宿しているわけではない。そうではなく無数の意味を持っているのだ――まさにこれこそ〈パースペクティヴィズム〉なのだ。

世界を解釈するのは、われわれの欲求であり、われわれの衝動、そのイエスとノーなのだ。どんな衝動もそれ自身が一種の支配欲であり、どんな衝動もそれ自身のパースペクティヴを持っていて、それを規範として他のいっさいの衝動に押しかぶせようとするのだ。（『力への意志』481）

この難しい一節は、慎重な解釈を必要とする。ニーチェの基本的な主張は、すべての自然的な「事実」もしくは「真理」なるものは、生の解釈であり、この生は、現実の一つのヴァージョンを実在へともたらそうとする、というものである。人類において習慣化した「実証主義」の誤謬は、世界のいかなる解釈にあっても、その客観的基準として機能する共有の現実なるものが実在すると憶断するところにある。この憶断にニーチェは相互に関連する二つの理由から反対する。第一の反論は、生もしくは世界についての「普遍的」理論はあり得ないということである。なぜならば、もしそうした理論があるならば、それは、パースペクティヴから自由な記述があるということになってしまう。しかし、何ものも——たとえ世界の理論であってさえも——「現実」の普遍的モデルとはなりえない。なぜなら、「事物」の特性は、他のもろもろの事実との相互関係性にあるからである。この最初の反論を理解するためには、いっさいの普遍的な「本質」——それを「生」「存在」「実体」「事実」あるいは「世界」など、どう呼ぼうと——は、歴史における特定のパースペクティヴの支配によって生み出されたものであり、しかもこの特定のパースペクティヴは、それ以外の多様なパースペクティヴがあることを前提にし、しかもそれらを排除して出来あがっている、というニーチェの信念に立ち戻らねばならない。それゆえわれわれの世界像は、さまざまなパースペクティヴの相互関係によって作られているのだ。世界についての解釈が真理であるかどうかの基準として世界を持ってくるのは、結果を原因にしてしまうことなのである。

力への意志は、個人、グループ、あるいは制度がそれぞれの価値と利害を推進するために「事実」を再解釈するところでは、どこでも現れている。思い起こしていただきたいが、再解釈はきまって、弱い力を強い力に吸収することであり、またこのプロセスは、世界を見る新たなパースペクティヴを必然的に生み出す。「生」を事実および価値として絶えず再解釈してきた歴史を見ることによって、このニーチェの考えを具体的に明らかにしてみよう。貴族的文化にあっては、「生」は、ルサンチマンとは無縁な自己蕩尽と自己肯定という高貴なあり方を保持していた。それと逆に、祭司の強い禁欲的文化の権威は、「生」を解釈し直して、この世を越えた、来るべき霊的生のための自己点検と自己否定という内観的な様態にしてしまったことにより作られた。貴族的文化も祭司的文化もともに、「善き生」という普遍的な用語で語っているかもしれないが、記述の意味は、人間の経験をどのように解釈するかを選択するパースペクティヴによって産出されているのだ。しかし、この二つの文化のどちらの見方も、生きていることについてのニーチェの冷笑的なパースペクティヴ、つまり「共通の栄養吸収過程によって結びついている多様な力、これをわれわれは〈生〉と呼んでいるのだ」(『力への意志』641)という見方とはだいぶ異なっている。また生は歴史のプロセスを判断する普遍的根拠を提示するのではなく、経験の再解釈によって作られる意味と価値——および、古いパースペクティヴと新しいそれとの非連続性——であるとするニーチェの確信とも、合致するものではないし、そのように期待してはならない。

ニーチェの第二の反論は、この意味や価値という観念をラディカルに拡大して、それらを解釈と力への意志の帰結として理解するものである。彼は、「物」の統一性と内的整合性は、その上に被された多様なパースペクティヴが組み合わされて出来上がっているのだ、と論じる。客体の統一性は、そのさまざまな姿の奥底に実体とか同一性があることによって保証されているのではない。むしろ、こうしたさまざまな現象的現れを解釈し、それらをおたがいにつなげ、またその結びつきに一定の限界を設定する意志によって、客体なるものがあらしめられているのだ。そして解釈は常にさまざまな力のあいだで展開する支配のための闘争を内包しているから、客体の形成に関する適切な歴史を描こうとすれば、いっさいの生の形態を構造化している排除と包摂の原則について考える必要がある。「系譜学的」批判というあり方は、歴史を力と解釈の運動として理解することを課題としている。

　アメリカの詩人T・S・エリオットは、別の精神的背景から、事物はその帰結の総計であるという信念によって、文学的「伝統」についての独自の考えに至っている。エリオットによれば、「伝統的」芸術と「新しい」それとの関係は、二つの截然と区別された存在が時代順に並んでいるというように理解してはならない。この二つの言葉の意味は、両者を共通の地平の中で規定しているパースペクティヴによって同時的に生み出されているのだ。例えば次のような考えは間違っている。つまり、「現存する伝統の記念碑的著作」には、それを見るパースペクティヴから自由な本質的な姿というのがあって、それこそが新しいものを新しいものとして解釈する無時間的で安定したコンテクストを作っている、といった考えである。それは、誤りである、とエリオットは論じる（Eliot 1951: 15）。たしかに新しい芸術作品をそれとして読むのは伝統というコンテクストの内部であることは間違いない。しかし、このコンテクストそのものが、既成の秩序に対抗する新しい作品が入ってくると同時に変形されているのである。新しいものの意味は、構築されるとともに、またそれは自ら構築するのだ、と言ってもいいだろう。新しいものが追加された後には、秩序を維持するためには、「既存のいっさいの秩序は、たとえほんのわずかであっても、変形されねばならない。いかなる新しい作品にあってもそれと伝統全体との関係、釣り合い、そして価値は、再調整される。そしてこれこそが新旧のあいだの適合関係を作るのだ、とエリオットは議論を結んでいる（Eliot 1951: 15）。このような事情であるから、伝統的芸術と新しい芸術の特性や反響というのは、作品の内在的構成や本質に固有のものではなく、ある特定の連関と場における趣味の共同体、あるいは読書習慣の歴史的共同体の基準によって作られる解釈上の整合性や相互の「適合性」によって規定されているのである。文学的伝統についてのエリオットのモダニズム的でラディカルな見解は、ニーチェの最も強烈な見解から学び、それを再生産したものと言える。つまり、「事物の特性はそれが他の〈事物〉に与える影響のことである。もしも、他の〈事物〉を念頭から外すならば、元の事物には何の特性もなくなる。すなわち、他の事物がなければ、いかなる事物も存在しなくなる。つまり〈物自体〉は存在しない」（『力への意志』557）。

解釈から独立した真理など存在しないというニーチェの主張には二つのタイプの反論が可能である。第一の反論は、「真理」を解釈の形式と見るならば、それは真理という概念そのものを掘り崩してしまう、というものである。だがしかし、ニーチェの主張の要点は、「真理というようなものは存在しない」ということではないのだ。もしもこうした考えを公理的な命題として主張するならば、ニーチェは、自己矛盾に巻き込まれるであろう。逆にニーチェの議論は、世界を描くのにただひとつの適切なパースペクティヴがあるわけではない、というものである。なぜなら世界は、さまざまに異なった生の形式のもつ価値、利害、そして歴史的習俗によってたえず再解釈が可能だからである、とニーチェは論じる。そして世界にはまだ知られていない、来たるべきパースペクティヴが、つまり、われわれの世界についての前理解を変容させ、新たな信念や価値へと創り変えるような新たなパースペクティヴが常にあるのだ——微生物学、医学、そして量子力学の発展を考えてみれば、すぐに分かることである——。あるひとつの解釈が世界を最終的に記述するためには、解釈から独立した、そして解釈に先行する世界というものを考えることができなければならない。しかし、これこそまさにニーチェが否定するところである。また次のような反論もあり得る。それは、確かに世界についての新たな解釈というのはいろいろとありうるだろうが、どの見方も、解釈にすぎず、それゆえその正当性ははなはだ疑わしい、というものである。しかし、こうした議論はパースペクティヴィズムへの反論としては適切ではない。このように論じることは、解釈ではない世界の見方がいくつかありうるという考えを含まざるを得ない。しかし、重要なニーチェ研究者のアレクサンダー・ネハマスが書いているように、いっさいの見方は解釈であるという見方自身は偽りであるかもしれないと宣言したところで、それは反論としては不十分である。つまりこの挑発に反論するつもりならば、解釈とは無縁な独立した見方を作らねばならないのだ。

すべての見方は解釈であるという見方そのものは、たしかに偽りであるかもしれない。しかし、どの見方についてもそれは言いうるのではないか？　それは偽りであるかもしれない（いっさいの主張はこうした文章に行き着く）と発言することはしかし、それは偽りである、と述べることではまだない。……もしかしたら、すべての見方が解釈であるということはないかもしれない。しかし、このことが正しいということを知るのは、解釈でない見方が実際に生み出されてからのことである。

（Nehamas 1985: 67）

パースペクティヴィズムに対する第二の反論は、第一の反論の変形である。それは、もしすべてが解釈であるということが正しいならば、そして、力への意志が再解釈を通じて表現されるというのもそのとおりならば、われわれはただ、生の普遍的で硬直した法則に今一度落ち込むことになりはしないか、そしてそれはまさにニーチェが回避しようと努力したドグマ的な態度を再生産することではないか、というものである。この反論は確かにニーチェに対して独特のジレンマをつきつけているにはちがいない。しかしながらこれは、論理的自己矛盾の問題ではない。むしろ、どんなものであれ形而上学的な概念を構築するプロセスを記述するためには形而上学的構造を――現実を主語と述語に、実体と属性に分ける言語の構造である――用いざるを得ないのであり、そういうときに必ず生み出される不可避のパラドックスなのである。この意味で、どんな構造の存在であれ、それを実在たらしめ、かつそれらの秩序と階層を決める差異化と解釈の力を描くために、ニーチェは言語を使う以外に方法がなかったのだ。彼にできる唯一の可能性は、世界が経験されるさまざまなあり方の多様性を描き尽くすには、言語は不十分であると主張することでしかなかった。「われわれは言語の枠の中で考えることを拒否するならば、考えることそのものをやめざるを得ない」というのは真であるが、同時に、このようにして概念化された世界は「われわれにとって論理的に見えること、それはわれわれが世界を論理的にしたからである」ことを認める必要がある（『力への意志』522）。さらに、価値は生についての支配的な解釈を意味するのであって、絶対的真理を表すのではない、というニーチェの確信は、決して素朴な相対主義にコミットするものでないことも、はっきりさせておく必要がある。世界について他にも多くのパースペクティヴが常に可能であるという事実は、すべてのパースペクティヴに同じ価値があるということではない。あるひとつのパースペクティヴは生の再解釈である。そして最強のパースペクティヴこそが、反応的な生の形式を能動的なそれに変容させるということについて、ニーチェははっきりとした考えであった。パースペクティヴの価値は、それが表現する力への意志にあり、またそれによって可能となる生の肯定力にある。常に他の解釈が可能であり、貴族的価値は道徳における奴隷の反乱にとって代わられることもありうる。しかし、それは、力への意志が、狭く、かつ反応的な終点へと方向転換させられたものと見るべきなのだ。

力、悲劇、そして肯定

生をパースペクティヴィズムの観点から考えるということは、生についてのすべての考え方、イメージ、条件の内奥に力への意志を見いだすことでもある。こういう見方をすれば、力への意志をただ暴力的支配の心理的な表現としてしか見ない通俗的な印象を斥けることもできる。逆に、存在のあり方と真理の形式が出現するヴィジョンとなるのだ。ここで「存在」と「真理」が結合されているのは恣意的ではない。ニーチェは、力への意志を、彼が「真理への意志」と呼ぶものと一貫してつなげている。それによって「真理」とは再解釈とそれによる世界の創造的秩序化をあらわすのであり、一連の「自然な」事実の発見とは無縁であるという彼の主張をさらに強化している。『力への意志』の中でニーチェはこう述べている。「〈真理〉とは、なにかそこにあって、ただ見つけければいいもの、発見すれば済むものではなく、創造しなければならないもの、そしてあるプロセスの名前、いやそれ以上に、終わることを知らない征服への意志の名前なのである」（『力への意志』552）。真理とは実際には「力への意志を言い表す単語である」。生の力がより強ければ強いほど、生存についての自己のヴィジョンを世界に押しかぶせる能力も増大する（同）。ニーチェが価値と呼ぶものは、客観的ないし絶対的真理に相応するものではなく。ある存在が自己のうちに吸収し、次に変形しうる「力の最高量」を表している（『力への意志』713）。この意味で価値は常に何らかの反応的な次元を持っている。なぜなら、価値は生の条件を維持するさまざまな方法だからである。真理への形而上学的な信仰は、価値の確定にとって不可欠である。なぜなら、「真理」は、力の量を道徳的および倫理的な質へと転化することにあるからである。特定の条件の中で発生した価値が権威を持つための最も簡単な方法は、なによりも自己の上昇の歴史を消すことであり、自らを「人間」の「特性」および無時間的真理として提示することである。

もしもすべての価値が、異なった観点同士の支配を求める闘争によって生み出されるのだとするなら、力への意志は世界についての能動的な解釈であれ、受動的な解釈であれ、その両者の基盤を成しているという結論が出てくる。たしかに、貴族的存在の自発的で能動的な自己主張は、前 - 反省的な力への意志を表現しており、それがキリスト教と奴隷道徳における「疚しい良心」の挑発を受け、最終的には再解釈によって転換されてしまっているのは明らかである。しかしながら、すでに見たように、ニーチェは、禁欲的理想の反応的な発生をも力への意志と形容していた。つまり、「自己を維持するためにはいかなる手段も使い、自己保存のために戦う退落的生の防衛的かつ自己治癒の本能から発する」ような力への意志である（『道徳の系譜学』「第三論文」13）。憐憫に対してニーチェが厳しい拒否の態度を取るのは、そこに力への意志の否定的側面が現れていることによる。自己を憐れむのは、本人の性格の中の弱さを維持するためである――それは、本当はむしろ克服されねばならないものなのに。また、他人に憐憫を感じるのは、一定の恩着せがましさを、そして、自分が力において優越しているという意識をなにがしか含んでいる。こう言ってもいいかもしれない。力への意志の否定的側面は、力のある特定の配置（他の人々、国家、貴族的文化などなど）からの逃避に由来しているのに対して、力の肯定的な経験は、こうしたもろもろの力の克服と吸収へと向かう力においてなされているのだ、と。反応的な存在も能動的な存在もともに力への意志を表現している。前者から後者への移行が起きるのは、ある存在が自己自身を克服し、力の不均衡な配置の中で優越性を獲得するときであって、生の退化的なあり方の効果として生きているときではない。こうした理由から、単純に自律的個人を力への意志の最高の現れと想定するのは、まちがいである。ニーチェは、自律的個人は「力への意志の最も穏健な段階でしかない」（『力への意志』784）と警告している。自由と自己規定は、自己克服の運動の序盤でしかない。自己克服は、力のヒエラルキーとより高い典型の登場をもたらすのであるから。

私の思いは、誰それに、あるいは全員にどの程度の自由が与えられるか、といったことにあるのではない。そうではなく、誰かが他の人々に、あるいはすべての人々にどの程度の力を振るうべきか、ということにある。もしくは、自由の秩序である奴隷化がどの程度にまでより高い典型を創出する基盤となりうるかにある。（『力への意志』859）

自己克服を推し進め、生の強力な力を涵養することを唱える哲学は、芸術の賛美に至るとニーチェは結論づける。芸術家こそはニーチェにとって、力への意志の究極の現れである。なぜなら、「芸術」は、自己の力と権威を極大化するために固有の観点から世界のヴィジョンを創造する力を持っているからである。それゆえに芸術はルサンチマンを克服する潜勢力を持っている。ルサンチマンとは、自分より強いすべての力を悪として、また抑圧的として裁くような生についての弱者の反応的なヴィジョンのことである。それと反対に、力への意志を自己に体現することは、新たな力の登場を妨げようとする硬直した立場を取るのでなく、さまざまな立場と掟を作り上げるさまざまな力の全ネットワークを肯定することである。ルサンチマンと力への意志のこの対比は、ヴァージニア・ウルフ（一八八二―一九四一）の小説『灯台へ』（一九二七）の核心部分に潜んでいるものでもある。一見するとウルフのこの小説は、ルサンチマンによって世界の秩序と一貫性を生み出しえたことを表現しているように見える。この見方を強めているのは、男性的な理性と女性的な想像力や直観という二項対立を『灯台へ』が提示していると思える点である。哲学者のラムジー氏、彼につき従っているチャールズ・タンズリーが一方にいて、もう一方には印象派の画家リリー・ブリスコウが配されて、この二項対立に伴う立場が表現されている。この文脈で考えれば、哲学とは論理、理性、真理という男性的な理想を意味し、家事と情緒的感情で成り立つ「女性的」な狭い世界を、哲学は超越すると想定されている。知的にはあいまいな女性の世界に、哲学者の妻で控えめなラムジー夫人が住んでいる。思想と学術業績という男性の領域が女性の感情と直観の世界よりも上にあるという位置づけは、タンズリーが繰り返し口にする「女に絵は描けません、女に文章は書けませんよ」というそっけない台詞で強調されている。この台詞によって、女性たちは全員ひっくるめて真理や合理的表現の支配する範囲の外側に追いやられてしまう（Woolf 1984: 81）。このタンズリーの想像力を欠いた反動的な人生観の中に、ルサンチマンの原理が働いているのがわかる。タンズリーにとっては、生に一貫性と論理性を与えることができない女性は、生を肯定し得ないということだ。したがって女性は生を否定してしまい、経験の中に合理的秩序を見分けられる（男性の）知性によって代弁してもらう必要がある。女性的な経験は曖昧模糊、混沌としていて、無価値であるというイメージは、このようにして作られる。この貶められたイメージと相反して、男性の思考に属する秩序と合理性が特権化されている。
とはいえ『灯台へ』は、このルサンチマンの原理を巧みに提示しながら、その狭い領域を超える別の生のヴィジョンも表現している。その異なるヴィジョンと明確に結びついているのがリリー・ブリスコウの芸術である。ブリスコウの絵をせせら笑うタンズリーは、彼自身のものの見方と無関係な美意識に動揺している。ブリスコウの芸術観の特徴は、生の真実を論理、理性、表象ととらえる男性的な規範にも、あるいはそれと裏腹の女性を主観、直観、感覚的情緒ととらえる見方にも従っていないところにあるからだ。その代わりに、ブリスコウの芸術は非人称的で自発的な創造行為の記録であり、われわれを生命の混沌とした力に突き返す力を持っている。彼女の作品は自分自身の表現ではなく、自分以外の全体を再現しようと求めているわけでもない。彼女の芸術は多様な生成の交じり合った世界や形なき力を肯定し、それこそがあらゆる真理と価値を生み出すものなのだ。光の線と生成のエネルギー。彼女の芸術が形式と模倣を超えて動き出すときに、彼女に迫ってくる「もうひとつ」の現実はそういうものである。

あたかも前に進むよう急きたてられる一方で、自分で自分を引き止めずにはいられないような奇妙な身体感覚とともに、リリーは、最初の素早く決定的な一筆《ストローク》を揮った。絵筆が振り下ろされた。真っ白なキャンバスの上に茶色がひらめいて、流れるような一本の線が残った。もう一度筆を振り下ろす――さらにもう一度。こうして間をおきながら絵筆を揮い続けることで、やがて彼女は踊るようなリズミカルな動きの中に身を委ねてゆく。そこでは間合いも筆の運びもリズムの一部をなしていて、互いに深く関っている。そしてこんなふうに軽く速やかに動いたり休んだりしながら、キャンバスに茶色の流れるように力強い線を描きこんでいくうち、その何本かの線に囲まれるようにして、ひとつの空間《スペース》が（リリーはそれが自分に向かって迫って来る気がした）、ゆっくりと浮かび上がってきた。やっとひとつ波を乗り越えて波間にいる自分に、早くも次のさらに険しく聳えたつ波がのしかかってくるような思いだった。なぜなら、この空間ほどに、激しい畏怖の念をかきたてるものはなかったから。またここまでたどり着いたんだわ、と彼女は、それをよく見ようと少し後ずさりしながら思った。噂話や日常の生活、人づき合いなどから引き離されて、気がつくとこの昔からの恐るべき敵と向かい合う羽目になっていたのだ。このもうひとつの存在、この真実、この現実は、突然リリーを捉え、見せかけの世界の背後から鋭く姿を現すと、彼女の注意をいやでもひきつけて放さないのだった。

（Woolf 1984: 148）

こうしたニーチェ的な意味で、芸術はわれわれが所有する世界のいっさいの真理を生み出すのである。真理を存在にもたらすのは、意志的な創造であり、あるいはパースペクティヴを自己意識で押し通すことによるのである。その力は、「アイデンティティ」と「差異」、あるいは「存在」と「生成」、そして「真理」と「現象」といった、現実の形而上学的解釈を構造化している概念の創造にある。「およそ、「考え」がなされる前に、「詩的捏造」がなされているのである。同一のケースをでっち上げる方が、あるいは、同じものという現象を作り上げる方が、同じものを同じものとして認識することに先行しているのだ」(『力への意志』544)。しかし、ニーチェにとって芸術の逆説と力は、それが概念的思考を整序する創造的パースペクティヴを提供してくれる一方で、こうした真理や道徳を越えて行く力と生成の経験をも与えてくれるところにある。芸術の力とは、それが生み出す概念に尽きるものではない。芸術は道徳に比べて「より神的」であり、また真理に比べて「より価値がある」のだ(『力への意志』853)。なぜなら、どんな真理も解釈であり、どんな解釈も決して世界に十全にあてはまるわけではないことを、芸術ははっきりと示してくれるからである。世界を力への意志による芸術的創作として受けとめるということは、生の奥底に働く内在的で一義的な力を承認することである。この観点から見ると、初期のニーチェの著作を支えていた「現実」と「仮象」という区別は、それ自身が反応的な思考のモードの帰結でしかなかったことが分かる。仮象の世界を設定するならば、もっと純粋な世界があって、それが現象するということを前提にせざるを得ない。仮象という概念自身がこのように二次的であるとされるならば——つまり、別の世界がわれわれに現象してきて、そのうえで価値評価されている、という考えでは——パースペクティヴを産出する力のあり方が覆い隠されてしまう。

見かけの仮象の世界、つまり、価値に即して見られている世界、価値に即して序列化され、選別されている世界、つまりこの場合にはある特定の動物の維持と力の増大という点で見た有効性の観点で評価されている世界。

要するにパースペクティヴ的なあり方は、〈見かけの仮象〉という性格を規定している。あたかもこのパースペクティヴ的な面を取り払えば、世界が残っているかのようだ。こうすると相対性を除去できることになるかのようだ。

すべての力点は、自己以外のいっさいに対して自己のパースペクティヴを、すなわち自己の特定の価値評価を、自己の活動様式を、いや抵抗様式を持っているのだ。〈見かけの仮象の世界〉は、力の中心から発する世界に対する特定の活動様式に還元される。

今やそれ以外の活動というのはないのだ。そして〈世界〉なるものは、こうしたさまざまな活動の総合ゲームを表す言葉でしかないのだ。現実とは、一人ひとりが自己以外のすべてに対して為すこうした特定の活動と反応のことなのだ。したがって仮象という言い方をする権利はその影すらないことになる。

(『力への意志』567)

世界を力への意志として経験する強さを身につけるためには、生についての悲劇的パースペクティヴを展開しなければならない、とニーチェは論じる。彼の初期の著作を思い出せばわかることだが、「悲劇」と言っても悪しき運命に忍従するという古典的な意味で理解してはならない。逆にニーチェの晩熟期の思索が示しているように、悲劇的に生きるということは、いかなる生の形式をも構成しているさまざまな力の営為全体に自己の解釈を押し通す強さを持つということである。悲劇的実存とは、積極性という様態を持つ。なぜなら、こうした生のあり方は、善と悪を反応的に区分するやり方を越えた真理と価値を創造しようと努めるからである。また、生のいっさいのレベルが相互に絡み合っていることを認め、「世界に対する絶対的な然《ヤー・ザーゲン》り」(『力への意志』1019)を可能とする。それゆえに、肯定についての可能なかぎり最も深い経験を生み出してくれる。生を一連の力動的な解釈のプロセスと見るこのような悲劇的ヴィジョンは、「誤謬」を承認する。「誤謬」を、幻想を、そして力を「真理」の前提条件として承認する。そして道徳の起源に残虐、暴力および苦悩があることを確認する。こうした悲劇的存在の「深さ」は、「恐るべきものを、悪を、疑わしいものを正当化する大規模な営為」(『力への意志』852)を肯定する、しかも、既成の道徳体系に依拠しないで肯定するところにある。弱い本性の人々は、自らの力への意志を否定し、「道徳的世界秩序の勝利」(同)こそ究極的価値であると観じて、能動的力を放棄する。それと反対に力を持った悲劇的本性の人は、能動的力と受動的力を区別し、距離のパトスを作り上げて、価値を産出する。能動的な自己確立のプロセスという意味での悲劇はそれゆえ、「ディオニュソス的快楽」の経験であり、いっさいのニヒリズム的な心情の克服なのである(『力への意志』1029)。

狂気に陥る前の最後の年に記されたあるメモでニーチェは、力への意志と悲劇的肯定を結びつけ、それこそ自己の哲学における根本的な挑発であるとしている。「ある精神がどの程度の真理に耐えられるか? いや、どの程度の真理を敢えて言うか? これこそが、私にとっては価値の真の基準である」(『力への意志』1041)。この問いに答えようとする者は、ニヒリズム――つまり、既成のいっさいの価値の価値喪失――を抱懐する用意がなければならない。それは、ニヒリズムを越えて「世界をあるがままに、いかなる差し引きも、例外も選択もなしに、ディオニュソス的に肯定し」「永遠回帰」の境地に達するためである。自己の思索を形容した「ハンマーでもって哲学する」というあの有名な描写はまさに、ニヒリズムを克服し、罪と良心の疚しさを生み出す「人間」の「道徳化」を逆転させ、「陶酔的ニヒリズム」を発展させるということ以外のなにものでもない（『力への意志』1055）。力への意志、永遠回帰、そして運命愛《アモール・ファティ》を結びつけることにニーチェは固執している。なぜならば、そのどれもが、生を断罪するような生のあり方を越えて、超越的精神に対抗する力と生成の内在的原則だからである。「この世界は力への意志であり、それ以外の何ものでもない」とニーチェは宣言する（『力への意志』1067）。力への意志の哲学の展開は、『この人を見よ』の最後の謎めいた一文を説明する。「私は理解されただろうか。ディオニュソス対十字架に架けられた者」。力への意志を生の悲劇的哲学として、またギリシア人の「強さのペシミズム」への回帰として考える度合いを強めるにつれてニーチェは、「生の全体性格への陶酔的な然り《ヤー・ザーゲン》」（『力への意志』1050）としてのディオニュソス的状態の本当の対極にあるのはアポロではなく、キリストであることをますます自覚するに至った。この最後の頃の文章でニーチェは、力への意志の十全な基準を、苦悩に向かう、そしてルサンチマンと生の反応的解釈の克服に向かう悲劇的価値の肯定に見ている。

ディオニュソス対〈十字架に架けられた者〉、これこそが対立項である。これは宗教的殉難の相違にあるのではない。それが別の意味を持っていることが重要なのだ。生そのもの、その永遠の豊穣と再来が苦悩を、破壊を、そして絶滅を引き起こすのだ。それに対してもうひとつのケースでは、苦悩が、〈十字架に架けられた汚れなき者〉が、この生に対する反論、生の断罪の方程式となっている。――すぐに分かることだが、問題は苦悩の意味をめぐっている。つまり、苦悩の意味は、キリスト教的な意味なのか、あるいは悲劇的な意味なのか、ということである。キリスト教的な意味だとすれば、苦悩こそは、聖なる存在への道ということになる。悲劇な意味だとすれば、存在だけで十分に聖なるもので、猛烈な苦悩を正当化できることになる。悲劇的人間は、最も激しい苦悩をも肯定する。彼は、それができるだけ十分に強く、満ちており、神々と化する力を持っている。キリスト教的人間は、地上の最も幸福なめぐりあわせをも拒否する。彼は、いかなる形でも生きていることに苦しむことができないほどに、弱く、貧しく、遺産を剝奪されている。十字架上の神というのは生に対する呪いである。生から救われねばならないという指示である。八つ裂きにされたディオニュソスは生の約束である。ディオニュソスの生は永遠に再生し、破壊の中から再来するのである。

（『力への意志』1052）

まとめ

力への意志というニーチェの考えは、超越的理性のように、生を越えて生の上に存在するような形而上学的思想ではなく、生に内在する生の原則を述べたものである。それはいっさいの生、人間の生にかぎらぬいっさいの生、力への共通の意志に結ばれているものとしてのいっさいの生を表す言葉である。人間の生を形成し、かつ乗り越えている非人間的な創造の原理を言い表すことによって、力への意志は、われわれが生存を擬人的用語で表象することから解放してくれるのである。すべての生は、非人間的な力への意志によって作られており、この意志は、その効果として人間の意識を、そしてアイデンティティを生み出すのである。生の目的は自己保存でもなければ、道徳でもなく、また精神的啓蒙でもない。生の目的は力の増大であり、支配の追求である。力への意志は、生のさまざまに異なった形式のあいだに力の序列を確認し、ひとつの力がどのようにして別の力を支配するかを見定め、それを通じて生存を解釈する。生についての特定のパースペクティヴの他のパースペクティヴに対する支配として表象される力のヒエラルキーこそは、いっさいの「真理」と「価値」の形成の基盤である。こうしたさまざまのパースペクティヴのヒエラルキー形成ゲームの背後になんらかの現実の世界などは存在しない。力への意志は、生のいっさいのレベルを作る生産的力のことである。結論的には、解釈相互の争い、そして支配の追求、これこそが存在についてのわれわれの経験の根本である。

AFTER NIETZSCHE

ニーチェ以後

ニーチェの著作は彼の存命中にはほとんど無視されるという形での批判を浴びてきたにもかかわらず、彼の思想は過去百年以上にわたって驚くべきほどのルネサンスを経験してきた。この影響は特に第二次世界大戦後に顕著であり、なかでもフランスにおけるニーチェの再発見が、膨大なニーチェ研究の拡大につながった。ニーチェの遺産は深遠であると同時に、論争をはらんでいる。それは政治や道徳、芸術や文化に関する彼の発言にみられる挑発的な力からすれば、驚くにはあたらない。ニーチェの名がいかがわしい形でナチズムの政治と結びつけてられてしまったという事実は、半世紀の間つねにニーチェ研究にはつきまとっていたし、また彼の政治的著作は今もなお激しい論争の的である。しかし同時にニーチェの思考は、美学、文学、倫理学、政治学、社会理論、歴史、そして心理学といったさまざまな領域で、非常に大きなインパクトを与えてきた。この影響はあまりにも広範囲にわたるので、ニーチェの名を引き合いに出すことなしに、人間とは何かについての議論することは不適切であるかのように思えるほどである。この最終章では、いくつかの領域をとりあげて、ニーチェの著作がどのように影響を与えたのかを、彼の影響を受けた芸術家や思想家を簡単に振り返りながら検証してみよう。

ニーチェの影響

まず、一般読者に対してニーチェの著作への手引きとなった重要な二冊の本から始めよう。そのうちの一冊は、ルー・サロメの『フリードリヒ・ニーチェ——人と作品』（一八九四）、もう一冊はエリーザベト・フェルスター・ニーチェの二巻本『フリードリヒ・ニーチェの生涯』（一八九五、一八九七）である。ルー・サロメ（一八六一—一九三七）は、知識人かつ詩人で自由思想家であり、ニーチェの心をとらえ、一八八二年にニーチェは彼女に結婚を申し込んだが断られた。彼女の本は二つのテーマに焦点を当てている。ひとつはニーチェの著作の文体の重要性（アフォリズムの使用、語りの多声性とパースペクティヴの多様性）、もうひとつは身体的・心的な活力とその低下がニーチェの執筆活動とどのように関係したか、という点である。ここで取り上げられた二つの側面は、ニーチェ批評の重要な要素となっていった。もっともルー・サロメ自身はおそらく後者のテーマをより強調しようとしたと思われるが、これが一般読者のなかに神経症的でデカダンスな天才というニーチェのイメージを作りだす上で大きな影響を持った。良識を逸脱し、法外な、かつデカダンスな著作家というニーチェのイメージをめぐっては、エリーザベト・フェルスター・ニーチェが猛烈に異議を唱えていた。彼女はルー・サロメが兄の心を掴んでいたことに常に嫉妬したのである。エリーザベト・フェルスター・ニーチェの本はルー・サロメとはまったく逆のニーチェ像を示している。つまり健康的で、社交的で、誰が見ても正気で、冒険心に富んだ思想家であり、次第に一貫した体系的な哲学の見解を作り上げていったというイメージである。しかしエリーザベトの所業でもっとも重要なのは、ニーチェが一八八九年に倒れた後、彼の著作について支配力を持ったことである。彼女は一八九五年に、兄の全著作の所有権について法的権利が自分にあると勝手に主張し、この権威を行使して、ニーチェの未刊の手書きメモに勝手に順番をつけて、『力への意志』（初版一九〇一、拡張版は一九〇六年出版）という題名で一冊の新しい「著作」にしてしまった。『力への意志』は、ニーチェの名声にこれまでにない大きな影響を与えることになった。「力」と「意志」とに焦点をあてた題名のためもあって、彼が物理的な力と暴力の戦士であるかのような二〇世紀前半のニーチェ像をさらに強める結果となった。この本の影響は、特に二つの理由から問題を抱えている。ひとつは、ニーチェ自身が出版されたこの「著書」を見ていない――実際に、この本はニーチェが明らかに放棄した相当量のメモを含んでいる――こと、またそれゆえにメモの信憑性に関して研究者の間でも大きな問題となっていることである。もうひとつは、この本に採択されたメモの選択の仕方は、ニーチェの思索を力への意志と永遠回帰だけに哲学的原理を集約してしまう傾向を反映している。しかも実際にはニーチェの他の著作ではこの二つの概念は、すべての価値の転換というもっと広い脈絡で使われているにもかかわらずである。

このような初期のニーチェ解釈と『力への意志』の出版が重なりあった結果、ニーチェについては一九世紀のブルジョア文化とキリスト教文化の両方に革命的な挑戦を挑んだ「極端」で「文学的」な哲学者というイメージが形成された。明らかにロマンティックなこのイメージは、なぜニーチェの著作の最初の読者たちが、哲学者たちではなく、芸術家たちの集団であったのかを説明してくれる。周知のとおり、ニーチェの著作は「文学的モダニズム」と言われる運動に非常に大きなインパクトを与えた。文化や芸術や価値についてのニーチェの考察の反響は、そのうちのもっとも有名な例を挙げるとすれば、W・B・イェイツ（一八六五—一九三九）、D・H・ロレンス（一八八五—一九三〇）、そしてトーマス・マン（一八七五—一九五五）に見られる。また超人——英語訳では「スーパーマン」——の構想は、皮肉を込めた形でジョージ・バーナード・ショーの劇作『人と超人（*Man and Superman*）』（一九〇三）に取り入れられている。

ニーチェの著作に関する初期の重要な哲学的考察は、ドイツの哲学者カール・ヤスパース（一八八三—一九六九）による『ニーチェ——その哲学理解への手引き』である。ヤスパースの著作は、特に道徳と「人間」の意味に関するニーチェの再解釈に焦点を当てているが、これに続くのがマルティン・ハイデガー（一八八九—一九七六）の『ニーチェ』（ハイデガーの講義録を集めたもので、一九六一年出版）である。ハイデガーのニーチェ解釈もまた、西洋の哲学的伝統全体への批判である。『力への意志』にかなりの信頼を置いたハイデガーは、ニーチェが力と意志としての生という考えに固執したのは、ラディカルな反形而上学の作戦に他ならないと主張する。しかし、すべての概念を、力としての生という唯一の原理で説明しようとする試みにおいて、ニーチェは、存在をわれわれがすでに持っている理念に還元してしまうという形而上学的傾向を単に繰り返してしまった、とハイデガーは言う。ニーチェの生、あるいはビオスという概念に代えて、いかにしてわれわれは生を知り、また開示するのかを再考する必要があるとハイデガーは主張する。ハイデガーはニーチェと同じように〔ハイデガーの場合、みずから関与したという点では、「ニーチェと同じ」ではないが〕、ナチズムと結びつけられてしまった。詳しく言えば、彼は、ナチズムのみがドイツ的思考を、単なる生に還元されてしまう危険から解放できると考えた——それに対してニーチェにも責めがある——からである。

ハイデガーによるニーチェ解釈の力量と挑発が影響を与えたのは、特に戦後のフランスであった。そこではハイデガーの解釈がニーチェの遺産の重要な数々の再解釈を促し、それは「ニュー・ニーチェ」として知られるところとなる。ニーチェを形而上学者とするハイデガーのニーチェ解釈に対して、フランスでのニーチェ受容は、概念的思考を崩壊させたニーチェの著作の文学的・文体的な側面によ り焦点を当てている。フランスでは一九六〇年代初頭から主要なニーチェ解釈が出版され始めるが、そのなかでも注目を引くのはジル・ドゥルーズの『ニーチェと哲学』（一九六二）、ミシェル・フーコーの小論『ニーチェ、系譜学、歴史』（一九七一）、ジャック・デリダの『拍車』（一九七三）、サラ・コフマンの『ニーチェとメタファー』（一九七八）である。これらの著作は、それ自体としても重要であるが、哲学における「脱構築主義的転回」の特徴を示す新しい歴史解釈、権力論、ラディカル解釈学へのニーチェの影響を示している。

芸術

すでに述べたようにニーチェの著作は、モダニズム文学に大きな影響を与えた。この影響が特にはっきりと見られるのはトーマス・マン、D・H・ロレンス、そしてW・B・イェイツである。マンの短編『ヴェニスに死す』（一九一二）は、ニーチェが考えたアポロとディオニュソスの関係を使いながら、現代文化のなかでの芸術家の役割を問いただそうとしたものである。この作品の主人公、作家のグスタフ・フォン・アッシェンバッハは、近代ドイツの精神を代表する著名な作家となったが、アッシェンバッハの作品は、神話、セクシュアリティ、情熱といったディオニュソス的な要素を押さえてアポロ的な形式、秩序、道徳を重んじた味けないものになりがちだった。物語のなかでアッシェンバッハは、ブルジョア社会のなかでの安定した地位を拒否し、ヴェニスに旅立ち、そこでタジオというポーランド出身の美しい少年と出会い、彼との運命的なエロスの世界に夢中になってしまう。マンはこの作品でニーチェの考え方に従って、モダニズムの芸術と文化に必要なのは、根源的・神秘的な生の力が生命そのものをを破壊してしまわないように、生の力と美的構造との間に豊かな関係を見つけ出すことだと示唆している。

D・H・ロレンスの中篇小説『てんとう虫』(一九二三)もアポロとディオニュソスの弁証法的関係を大いに利用している。この小説はイギリス人貴族のダフニ・ベヴァリッジ夫人と戦争捕虜としてロンドンで監禁されているボヘミア人ヨーハン・ディオニス・プサネック伯爵の関係を描いている。ディオニス伯爵と出合うまでは、ダフニの心は重く沈んでいる。うわべだけで付き合う社交界のしきたりと、キリスト教の古くひからびた説教が彼女の生活のすべてだった。ダフニを見ると、ディオニュソス的な情熱や活力から切り離されたとき、アポロ的理想がいかに頽廃していくかがわかった。「妙に、狂おしいようなながし眼が、彼女の体内にとじこめられていた精力を物語っていた」(Lawrence 1985: 13)。このエネルギーを解放するのがディオニス伯爵のディオニュソス的力だ。伯爵は黒々とした官能的で原始的な活力を体現しているような人物で、その力はダフニの世界を根本から揺るがす。ディオニス伯爵が夢みているのは、「破壊の神」が近代のブルジョア世界の不毛な平等主義を駆逐し、「選択し命令することができる」、そういう種類の貴族に力を与えてくれることだ(Lawrence 1985: 42, 59)。ロレンスの描いたニーチェ的寓話においては、ディオニュソス的エネルギーからアポロ的な美しさが切り離されたとき、生命は時代遅れの社会的規範と価値観に従属させられてしまう。通俗道徳がディオニス流の変容の力に再び遭遇して初めて、生きることの新たな可能性が生まれるのである。

W・B・イェイツの黙示録的な詩「再臨」(一九二一)にもニーチェの影響を見て取ることができよう。この詩の中では、西洋キリスト教の伝統全体の「中心」が「力を失い」、「全くの無秩序が世界に放たれ」ている。「再臨」が提示しているのは、近代西洋文化の恐るべきニヒリズムの様相である。

伝統的道徳や宗教的価値は失墜したが、しかしその後に代替となるべきものは何もない。この虚無という主題は、「ますます広がる渦」のような歴史という詩の冒頭一行目のイェイツのイメージで強調される。イェイツにとって歴史とは、根本的に相反する力から成り立つものだ。キリストの誕生から二度目の千年紀の終焉にむかって西洋文化はよろめきながら進んで行き、キリスト教的価値が無意味となる別の歴史のサイクルが始まろうとしている。この来たるべき新たな時代は近代文化の崩壊を引き起こし、そこでは「最良のものたちがすべて確信を失い、最悪のものたちが／強い情熱に満たされる」(Yeats 1975: 100)。「再臨」の後半は特に反キリスト教的イメージで締めくくられる。体半分が人間で半分が動物という「荒き獣」が、生まれ出でんとして、ベツレヘムに這い寄っている。強い創造的精神によって付与される秩序や一貫性を持たないままに、われわれの道徳的、宗教的価値観が変容しているために、この詩のあらゆる部分で暴力が予示されている。彼の詩ではもっともニーチェ的傾倒を示しているこの詩の中で、イェイツが言おうとしているのは、現代生活の状況を変えうる新たな規範と価値観を生み出すために、近代の歴史は新たに強靭な展望を持つ必要があるということだ。ほかのイェイツの詩では、ニーチェの影響がより微妙な形で表れている。その一例が「学童たちのあいだで」だが、その中の「どうして踊り子を舞踏と区別できようか？」という問いかけは、「行為」と「行為者」との分離を否定したニーチェからの影響である。

歴史の検証

同じくニーチェの影響が明らかなのは、「ニュー・ヒストリシズム」の批判的方法の実践である。「ニュー・ヒストリシズム」は、文学研究や文化理論の分野でも重要となった。スティーヴン・グリーンブラット、ルイス・モントローズ、クリスティン・ギャラシャーなどのニュー・ヒストリシズムの研究者たちの仕事は、個々のテクスト――たとえばルネサンス期の演劇、旅行記、医学的文献など――と、それらが書かれた歴史的コンテクストとの関係を読み解いていく新しい方法を提示しているが、この方法はニーチェの系譜学的批判に多くを負っている。特にフランスの哲学者ミシェル・フーコー（一九二六―八四）の仕事にそれがよく現れている。ニーチェと同様に、ニュー・ヒストリシズムの研究者たちは、歴史が安定した連続性のあるコンテクストを構成していて、それに照らし合わせてテクストや出来事の意味が形成されるという考え方に対して異議を唱えている。これまでの歴史研究者たちは、さまざまな歴史的出来事をある特定の時代あるいは社会システムの「世界観」や「イデオロギー」のなかに置き、その意味を解釈してきたのに対して、ニュー・ヒストリシズムの研究者たちは、「一六世紀」や「ルネサンス」のような一般的な言説で構築された概念に個々の出来事をあてはめてしまう前に、まずはそれぞれの地域的・個別的な歴史事象に関心を向ける。典型的なのはグリーンブラットが行ったルネサンス期文化の分析であるが、すでに史料として認められている公的な記録ではなく、一見すると周縁的な逸話や口承証言などを列挙する仕方で進めていく。彼の研究は、ルネサンス期イングランドの歴史を、さまざまな歴史的記録の間にある非連続性と、時として相対立しあう諸関係に着目して検証している。彼が使う記録は、法廷の記録、教会の儀式、神話や風習、法制度、建築や演劇上演などであるが、それらによって彼は、歴史のテクストとコンテクストの境界付けがいかに形成され、また正当化されるにいたったのか、という問題に焦点をあてている。歴史の語り《ナラティヴ》は多様で、事後的に作られ、偶発的であることを強調するニュー・ヒストリシズムは、一枚岩的な思考のイデオロギーや歴史的時代区分を修正し、過去の意味を決定する現在の積極的役割を強調した。ニュー・ヒストリシズムの研究者たちも、自我とは力の効果として構築されると主張する点では、ニーチェに依拠している。彼らの仕事のなかではアイデンティティとは生来のものでも、形而上学的本質でもない。アイデンティティは、服装の記号性、レトリックの様式、身振りや儀式などの演劇的パフォーマンスといった外在的で偶発的なものの効果によって作り上げられるものなのである。

ニーチェ後の哲学

ニーチェの思想が影響を与えた第三の領域は、ヨーロッパ大陸の哲学である。この影響は特に「実存主義」と言われる哲学上の運動に現れている。実存主義はフランスの哲学者ジャン＝ポール・サルトル（一九〇五―八〇）の仕事ともっとも緊密に関係している。実存主義のもっとも根本的な信条は、「実存は本質に先立つ」というものである。ひとはみな、啓示の導きも救済の約束もない、神なき世界に生まれる。人間は超越的な価値や道徳の欠如した状況に生きざるをえないので、人間にとって存在の倫理的目的は、能動的に自分自身の価値を創造し、人間とは何かをつねに問い直すような、生と思考の様式を作り上げることにある、とサルトルは考える。またアルジェリア生まれのフランスの哲学者ジャック・デリダにもニーチェの思想の影響が現れている。現在では「ポスト構造主義」や「脱構築」とほぼ同義になっているデリダの思想は、哲学の概念が力と差異の運動の効果であるとみなす点において、ニーチェの思想を引き継いでいる。論文集『エクリチュールと差異』(一九七八)などの著作において、デリダは言語学者フェルディナン・ド・ソシュールを先駆者とする「構造主義」的分析の方法に異論を唱えた。ソシュールは、「人間」や人間主体の志向性を持った自己意識を中心に据えた意味や知の理論を、さまざまな構造——言語、記号、観念など——に注目することによって超えようとした。なによりもこれらの構造が、人間の言説に意味を与えるのだ、とソシュールはみなしたからである。ソシュールに対するデリダの批判がニーチェを継承していると言えるのは、さまざまな力の差異を強調する点である。空間的・時間的な遅延の運動をも含意する差異をデリダは「差延(différance)」と名付けているが、これはすべての「閉じた」構造を構築すると同時にそれを超えるものである。デリダが着目しているのは、言語ゲームにおけるメタファー的な要素が、つねにテクストを二重の、あるいは代補するような解釈の可能性を開くということであるが、この考え方はメタファーや観念形成についてのニーチェの考察を思い起こさせるし、また文学や文化批評に非常に大きな影響を与えた。言語や観念への脱構築的なアプローチは、「イェール学派」の文学批評に知的なインスピレーションを与えた。このグループでもっとも有名なのがポール・ド・マン(一九一九—八三)である。彼は論文集『読むことのアレゴリー――ルソー、ニーチェ、リルケそしてプルーストと修辞言語』(一九七九)のなかの三つの論文で『悲劇の誕生』の脱構築的解釈を行っている。

ニーチェの遺産はまたフランスの哲学者ジル・ドゥルーズ(一九二五―九五)の思想にとっても重要であった。ドゥルーズはニーチェと同様に、哲学の基本的な営為とは概念の創造であると考えた。思考の問題は、それが「超越」を求めてしまうことである、と彼は言う。つまり生の外部に理念(たとえば「神」や「道徳的な個人」など)があると考えてしまい、それらが生の目標や価値を決定しまうことである。ドゥルーズはこれとは逆に、超越と関わることを止め、生の理念が形成されるようなもっと広大な運動に関与しようとする。それゆえに彼は思考に先行し、思考をもたらすような差異のさまざまな形態――たとえば言語、歴史的出来事、社会形態、発生学的進展、突然変異など――に焦点を当てる。ドゥルーズはニーチェを継承した形で、現在の政治の意味と機能を再考するために、情動(affect)(感覚や感情や欲求への傾注)という概念を作り上げた。現代の政治は、イデオロギーと、自己意識と合理的行為者の間の有意味な交換として考えられた「政治」の概念によって決定づけられている。このモデルで「イデオロギー」と「政治」は、社会的・政治的な個人のアイデンティティに押し付けられ、それらをネガティヴに制限する構造である。それゆえに、ある人間は、市場資本主義の生産活動に寄与する場合には「良い」労働者であり、「女性的な」女性とは、〔女性的とされる〕服装や、イメージや、趣味や言葉の約束事に従っている人であり、道徳的に「立派な」人とは、キリスト教の憐れみのレトリックにうやうやしく跪くような人、ということになる。これに対してドゥルーズは、社会的コードがイデオロギーによって決定されているという想定に異議を唱え、政治や、イデオロギーや主体性という考え方が一連の「非人間的な」ないしは主体以前の様態や〔欲動や人間関係の〕強度によって作られるのだと強調する。つまり合理的な、あるいは政治的な決定が行われる以前に、道徳のイ、メ、ー、ジ、と、ス、タ、イ、ルに対して無意識かつ積極的な情動の傾注が行われる、とドゥルーズは主張する。それゆえに父の権威への傾注は、銀行家や警官や兵隊やビジネスマンに傾注するのと同じなのだ（Deleuze and Guattari 1984: 97）。わたしたちが「イデオロギー」や「政治」と呼ぶものは、このような情動の傾注によって作られるものであり、それらが秩序や規制の普遍的な基礎として私たちのもとに舞い戻ってくるのである。

フェミニズム

女性を拒絶するようなニーチェのいくつもの発言や、『ツァラトゥストラ』（「老若の女どもについて」）で「女のところに行くのかね？　それなら笞を忘れるな」という悪評高い一言からすると、ニーチェの思想がフェミニズムにも大きな影響を与えたと言うと、意外に思うかもしれない。しかし、価値の転換というニーチェの思想の重要な要素は、父権的権力に対するフェミニズムの批判に長いこと影響を与えてきたのである。価値が歴史的に形成されてきたことの強調、そして主体とは力への意志の効果として具現化されるという認識は、父権制が決して価値中立的な生物学的な優劣の現れではなく、政治的・文化的に作られたものだということを暴露しようとしたフェミニズムの思想家たちに批判の有効な基盤を与えた（Gross, in Patton 1993: 54）。理性の形而上学的な文法を覆すためにニーチェが編み出した新しい文章の書き方もまた、理性や論理を男性性と同一視する父権主義的思考に抵抗しようとするフェミニストたちに影響を与えた。すべての文化的・哲学的言説は生についてのある特殊な観点からの力への意志の表出であることを示したニーチェを継承して、フェミニズムの思想家たちは女性性を身体性、非合理性、感性と同一視するような考え方が歴史的に作られた解釈であり、それに異議をとなえ覆すべきであると考えた（Irigaray 1991; Kofman 1993）。ルサンチマンについてのニーチェの理論も、フェミニズムの実践が、力への意志のネガティヴな現れ方に変質し鬱憤に満ちた非難ばかりになってしまった事態を批判的に見る視点を与えることになった。オーストラリアの哲学者マリオン・タパーは、現在のフェミニズムの理論と実践は、個々の不正義や差別の分析からあまりもかけ離れてしまい、男性性や「西洋的理性」をひとまとめにして軽蔑的に批判する方向へと広がってしまったと述べている。タパーはこのような実践を、古典的なルサンチマンと呼んでいる。つまり過去志向的かつ拡張主義的で（つねに新しい不正を探し求めるという意味で）、さらに言語や文化や社会の特性のなかにつねに「悪」を探すことに没頭し、力をつねに支配の力とみなす反応的な見方にしか関心がないと指摘している（Tapper, in Patton 1993: 134）。

現代思想へのニーチェの影響は、この間つねに増大しているが、なかでもフランスのポスト構造主義の思想家たちの著作が一九七〇年代、八〇年代に英語に翻訳され始めてからは特に顕著である。こうしたニーチェの新しい受容は、ニーチェの遺産を探求した重要な論文を英語訳で収めている『新たなるニーチェ』(Allison 1985) に集約されている。経験を説明する、あるいは組織化する構造はひとつだけではないと強調したポスト構造主義にニーチェは一様に影響を与えているが、この論文集に収録されたポスト構造主義の重要な思想家たちのニーチェ論は、ニーチェに対して肯定的なものも批判的なものも見られる。一方ではジャック・デリダ、ミシェル・フーコー、ジル・ドゥルーズ、リュス・イリガライなどは、「人間」に対するニーチェの批判を継承し、さらに強調している。その一方ではニーチェを超える必要性を感じている受容の方向もある。たとえばデリダの『拍車――ニーチェの尖鋭筆鋒』(一九七三)、フーコーの『言葉と物』(一九六六)、イリガライの『海を愛する者』(一九八〇)、ドゥルーズの『差異と反復』(一九六八) などは、ニーチェの「影響」が、彼がその著作で明示的にテーマ化した範囲を超えて、そもそもいかに思考するのかというラディカルな問いかけを促すものだと主張している。ニーチェの思想は、権力、責任、主体のありよう、道徳の目的と価値、モダニズム特有の傾向、そして「人間」の意味という重要な問題の考察を行っている、もし自己と世界との関係が常にプロセスであるとすれば、ニーチェの影響はこれからの時代にもまた続くであろう。

FURTHER READING

読書案内

ニーチェの著作

本書で扱ったニーチェの著作にはすべて英語版がある。学生たちがニーチェの著作に初めてお目にかかるのは、『善悪の彼岸』、『道徳の系譜学』、『偶像の黄昏』など、いわゆる「スキャンダラス」とされる本が多いようだ。これらの著書はおそらくニーチェと関わる最初のステップとしてはベストだろう。というのも、これらの本からはニーチェの思想が与える衝撃や挑発がよく伝わってくるし、また同時にニーチェの主要テーマにも関心を向けさせてくれる。ニーチェの哲学が総じてそうであるように、これらの著作も複雑で読み応えがあるが、また同時に論争を挑みかける文章が多く、そこから読者はなぜニーチェが「非道徳的」で「貴族主義的」な思考のスタイルを勧めるのか、その理由も分かってくる。もし時間の余裕があって、ニーチェの非常にパワフルで影響力を持った思想をもっと知りたいという場合には、初期の著作に戻って読んでみるのがいいだろう。そうすればニーチェの思想が何に対して異議を唱えているのか、なぜ彼が知的反抗が必要であり価値があると考えたのかについて、具体的なイメージを得ることができるだろう。『悲劇の誕生』は確かに奇異で謎めいたところのある著作であるが、後期の著作との関連で読むことで得られるものは大きい。『反時代的考察』から『人間的な、あまりに人間的な』へ、そして『曙光』、『悦ばしき知恵』(ここには「永遠回帰」と「神の死」についての謎めいた考察が含まれている)へといたるニーチェの思想の展開も、彼のアフォリズムの文体に一度接しておくとより理解しやすくなる。ここまで読んでおけば、『ツァラトゥストラはこう言った』を読む準備ができているはずだ。『ツァラトゥストラ』が他の著作と比べてより難しいというわけではないが、寓話という文学的なスタイルが使われているために、ニーチェの基本的な思想を知らないと戸惑ってしまいかねない。これに対して、ニーチェの自伝的著作である『この人を見よ』は、示唆に富み、面白く読めるが、時に当惑を感じさせる。この著作は、ニーチェの著作全体について著者自身による信頼できる見解としてではなく、彼の思想の主要な概念に特別な光を当てるものとして読まれるべきである。というのもニーチェが『この人を見よ』を執筆したのは、彼が精神錯乱を起こす直前の時期であり、テクストにも健康の悪化の兆候が現れているからである。『力への意志』も扱いには注意が必要である。なぜならこれはニーチェの未刊行のメモ——しかも一部はニーチェ自身によって破棄されたもの——を含んでいるからである。また筋としての一貫性にも欠けるので、すでにニーチェの著作を読んで理解していて、さらに彼の思考方法を探求しようとする読者にだけ勧められる。

以下の著作リストは、生前に出版されたものはその刊行年の順序に従って、生前出版されなかった著作についてはそれらが執筆された時期に従っている。このようにすることで、彼の著作と出版活動がよく分かるようになるはずだ。

〔以下は訳者による追記〕文献リストでは、ドイツ語オリジナルの出版年を［　］内に示し、その後に日本語タイトルとドイツ語タイトル（イタリックで表記）を挙げ、その後に英語翻訳のデータを（　）に出版年を入れて示した。

なお、ニーチェの著作のドイツ語版全集として、現在もっとも信頼のおけるものは、

Kritische Gesamtausgabe Werke, hrsg. von Giorgio Colli und Mazzio Montinari, ca. 30 Bde, in 8 Abteilungen, Walter de Gruyter, Berlin/New York 1967ff.

書簡全集としては、

Kritische Gesamtausgabe Briefwechsel, hrsg. von Giorgio Colli und Mazzio Montinari, ca. 30 Bde, in 8 Abteilungen, Walter de Gruyter, Berlin/New York 1975ff.

であり、これに依拠した日本語版全集が、白水社版の**『ニーチェ全集』**（全二十四巻（第Ⅰ期一二巻、第Ⅱ期一二巻）、別巻『日本人のニーチェ研究譜』、一九七九―八七）である。

この全集は二人の編者コリとモンティナリがニーチェの草稿の詳細な調査を行い、ニーチェの妹エ

リーザベトによる改竄箇所を正し、草稿での抹消箇所や印刷稿の変更などについて詳細な註を付けている。エリーザベトの手で『力への意志』として纏められて出版された遺稿も、メモが執筆された時期の順に戻して収録されているので、この全集には『力への意志』(あるいは『権力への意志』)という書物は存在しない。

もう一つの日本語版全集には理想社の**『ニーチェ全集』**(全一六巻)があるが、この全集が底本としているのは廉価普及版のクレーナー・ポケット版と言われる全集である(訳出にあたっては、シュレヒタ版等を参照してはいるが、この全集には文献学的テクスト批判がない)。クレーナー・ポケット版は、エリーザベトの意図に従って編集されクレーナー書店から出版された全集に依拠しており、『力への意志』(邦題『権力への意志』)を一まとまりの書物とみなし所収している。文庫版の筑摩書房(ちくま学芸文庫)の『ニーチェ全集』は、この理想社版全集を基にしている。

ニーチェの個々の著作についてはさまざまなヴァージョンの日本語訳があるので、以下の文献紹介では著作のそれぞれに日本語訳を挙げることはしなかった。

[1872]**『音楽の精神からの悲劇の誕生』** *Die Geburt der Tragödie aus dem Geist der Musik.* (1993) *The Birth of Tragedy*, trans. Shaun Whiteside, Harmondsworth: Penguin.

ニーチェの最初の著作。ギリシア悲劇の誕生と衰退に関する理論を提示している。道徳的思考に対するニーチェの最初の批判でもあり、非-道徳的な生へのアプローチの可能性を考察したもの。

[1873]「道徳外の意味における真理と虚偽」 *Wahrheit und Lüge im außermoralischen Sinne.* (1999) 'On Truth and Lying in a Non-Moral Sense', in *The Birth of Tragedy and Other Writings*, trans. Ronald Spiers, Cambridge: Cambridge University Press.

この小論は、生前には刊行されていないが、歴史や真理の機能に関する分析として、もっとも挑発的で大きな影響を与えた。ニーチェは人間の文化と社会は、真理がもともとメタファーであったことを忘却したことによって発展し、それによって特殊な擬人的価値やものの見方が生に押し付けられたのだと論じる。しばしば引用される文献でありながら、手に入りにくい。ここに挙げた英語版は、もっとも入手しやすく、またテクスト全体が完全に収録されているものである。〔日本語訳は、白水社版『ニーチェ全集』第一期第二巻所収〕

[1873–5]『反時代的考察』 *Unzeitgemäße Betrachtungen.* (1997) *Untimely Meditations*, trans. R. J. Hollingdale, Cambridge: Cambridge University Press.

四篇の論文からなる本著は、同時代のドイツの文化、道徳、歴史意識に対するニーチェの最初の批判であり、アルトゥール・ショーペンハウアーやリヒャルト・ヴァーグナーとの関係について思いを巡らせている。この著作については今ではあまり論じられないが、歴史、伝統、芸術、文化に関するニーチェの考え方を理解する上では欠かすことができない。第二論文「生にとっての歴史の効用と害」は、後に系譜学的と彼が名付ける思考方法と歴史意識との違いに関する考察としては、初期のものの一つで、また落ち着いた調子のものである。

［1870年代前半の遺稿］

Philosophy and Truth: Selections from Nietzsche's Notebooks of the Early 1870s, ed. and trans. Daniel Breazeale, Atlantic Highlands, NJ: Humanities Press.

『悲劇の誕生』の刊行直後の一八七二年から『反時代的考察』とほぼ同時期にあたる一八七六年までに執筆された未刊の論文六篇を収録する重要な論文集。哲学、文化、ギリシアに関するニーチェの考え方を多面的に知るにはよい。〔これに該当する書物はドイツ語でも日本語でも存在しない。白水社版『ニーチェ全集』第一期第一巻〜第八巻所収の「遺された断想」参照。〕

［1879］**『人間的な、あまりに人間的な』** *Menschliches, Allzumenschliches.*

(1984) *Human, All Too Human*, trans. Marion Feber and Stephen Lehmann, Harmondsworth: Penguin.

初期にはまだ見られた形而上学的前提との決別をはかった重要なアフォリズム集。力への意志、貴族的文化、奴隷根性、真理批判など、ニーチェ特有のテーマの萌芽がみられる。アフォリズムの文体への移行を示す最初の著作である。ニーチェの円熟を示す個性的で戯れに富んだ文体をみることができ、読者は、ニーチェがもっとも悩んだ想念に挑戦するパースペクティヴや視点にたえず直面することになる。時として当惑させられ、またつねに挑発的であるが、本書はニーチェの全体の思考すべてを含むミクロコスモスといえる。

［1881］『**曙光**』*Morgenröte.*
（1997）*Daybreak: Thoughts on the Prejudices of Morality*, trans. R. J. Hollingdale, Cambridge: Cambridge University Press.

カントからショーペンハウアーにいたるまでの道徳哲学および近代哲学における思考の前提や偏見に対して、広範にわたり弛むことのない批判を展開している。さらにすべての価値の転換に向かう決定的な段階の思想を示す。

［1882／87］『**悦ばしき知恵**』*Die fröhliche Wissenschaft* (»la gaya scienza«)
（1974）*The Gay Science: With a Prelude in Rhymes and an Appendix of Songs*, trans. Walter Kaufman, New York: Vintage.

〔第四書までが一八八二年に、第五書と「プリンツ・フォーゲルフライの歌」および序文を増補して一八八七年に第二版が出版された。〕『悦ばしき知恵』がニーチェのもっとも重要な著作の一つと見る見方はますます強くなっている。五書からなる本書は、四〇〇ほどのアフォリズムからなるが、それらは人間存在の道徳的解釈へのニーチェの激しい攻撃と、すべての価値の転換に関して、魅惑的な形で概観を示している。

本書が扱っているテーマは広範囲にわたり、また挑発的であるが、読んでいて楽しく、読み手の注意を喚起し、また時々読者に話しかける調子で書かれている。またニーチェの知的な企ての視野と野心が本書に非常にはっきりと示されている。なぜなら、「よき生き方」を作り出すものは何であるかの考察のために、ニーチェの哲学の出発点であるギリシアに立ち戻っているからである。ニーチェは、「よき生き方」というものを、力、意志、肯定といった問題の考察によって考え直さねばならない、と論じる。さらに本書は、後の著作で重要となってくる「永遠回帰」という難しい概念への分かりやすい導入ともなっている。〔なお標題の日本語訳には『華やぐ智慧』や『悦ばしき知識』などがあるが、本書では弘文堂『ニーチェ事典』の表記に従った。〕

[1885]『**ツァラトゥストラはこう言った**』*Also sprach Zarathustra.* (1969) *Thus Spoke Zarathustra,* trans. R. J. Hollingdale, Harmondsworth: Penguin.

ニーチェの著作のなかで最も謎めいた著書である。多くの誤解を呼んだ「超人」を論じているが、これについては本稿の第六章で論じておいた。『ツァラトゥストラ』では、哲学的アフォリズムを並べるという形ではなく、文学的な寓話の形をとった語りが使われているので、多くの読者を引きつける生き生きとした直接的な印象を与える。それゆえにニーチェの著作への導入として勧められることも多い。しかしツァラトゥストラの教説は、ニーチェの初期著作に由来するいくつかの基本概念に依拠している。それゆえに本書の中心にある論点――たとえば高貴で貴族的な生き方は、自らの力への意志を肯定し、運命愛と永遠回帰を受け入れ、現在の道徳のニヒリズムに異議を唱える自由精神を持つ人間である、という主張——は、初期著作との関連をふまえてアプローチする方がよい。〔邦訳では『ツァラトゥストラはこう語った』あるいは『ツァラトゥストラはかく語りき』などの題名が付された翻訳もあるが、本書が新約聖書の文体を意図的に模していることを指摘し、それを邦題に反映させた氷上英廣訳に従った表題表記とした。〕

〔1886〕**『善悪の彼岸』** *Jenseits von Gut und Böse.* (1990) *Beyond Good and Evil: Prelude to a Philosophy of the Future,* trans. R. J. Hollingdale, Harmondsworth: Penguin.

ニーチェの著作のうちできわめて大きな影響力をもち、また時代を通じてもっともよく知られた著書。多くの読者は、なぜニーチェの思想がこれほどまでに挑発的で、困惑をもたらし、また既成の哲学的・道徳的想念に対して敵対的なのかを知るために本書を読み始めるかも知れない。しかし『善悪の彼岸』は、彼の思想にとってきわめて重要な文章を含んでいるので、読者は何度も読み返すことになるだろう。本書のなかで特に関心を誘うのは、「哲学者の先入見について」、「自由精神」、「道徳の博物学について」、「高貴とは何か」である。これらの章でニーチェは、強く創造的な文化の興隆と衰退、真理への意志、道徳的価値の歴史、善と悪の彼方における貴族的な生のありよう、などを論じている。魅力的で非常に面白い著作である。

[1887] **『道徳の系譜学』** *Genealogie der Moral.*

(2000) *On the Genealogy of Morality: A Polemic*, trans. Carol Diethe, Cambridge: Cambridge University Press.

『善悪の彼岸』とならんできわめて重要で影響力の大きな著書と言ってよい。政治学および倫理学に対して重要な貢献をしたことは明らかである。内容は挑発的なものであるが、短い断片のスタイルで書かれていて、重要な概念を十分に展開し説明している。本書は「善」、「悪」、「正義」、「法」、「責任」、「意識」などの基本的な概念が歴史的にいかに変化してきたのかを論じる三つの論文からなる。また主人と奴隷の道徳、ルサンチマン、真理への意志に関して、もっとも広く論じている著書である。これらの論文は、通常の道徳観念に対して飽くことのない強力な批判を提示しているだけでなく、ニーチェの思想を理解する上で欠くことのできないものとなっている。

[1889] **『偶像の黄昏』** *Götzendämmerung.*

[1895] **『アンチクリスト』** *Der Antichrist.*

(1990) *Twilight of the Idols/ The Antichrist*, trans. R. J. Hollingdale, Harmondsworth: Penguin.

『善悪の彼岸』と並んで、ニーチェの思想への格好の手引きとなる。ニーチェはここに凝縮した形で、当時の社会に流布していた考え方に対して猛烈な非難を行っている。ほぼ一〇〇ページほどの『偶像の黄昏』は、道徳問題に関するニーチェの視点、言語批判、自由意志、「形而上学」的概念がもたらす実際の帰結の暴露、西洋の思想史的伝統における重要な思想家たちとの関係などについて、概観を与えている。

『アンチクリスト』〔草稿は一八八八年九月には完成。一八九五年の初版は削除箇所あり〕は、禁欲的で生を否定するルサンチマンと奴隷道徳の現れとして制度化されたキリスト教に対するニーチェの執拗な批判を展開している。ここで扱われているテーマがより詳細に論じられている『道徳の系譜』の第一論文、第三論文と対をなすものとして読んでもいいだろう。『偶像の黄昏』も『アンチクリスト』も、ニーチェの論争的な文体が持つ機知と辛辣さをよく示す、優れた読みやすい書物である。

［1908］『この人を見よ』 *Ecce homo.*

(1992) *Ecce Homo*, trans. R. J. Hollingdale, Harmondsworth: Penguin.

『この人を見よ』はニーチェがまだ正気であった最後の数週間に書かれ、死後遺稿として一九〇八年に刊行された〔一八八八年一〇月頃に書き始めたとされる〕。本書はきわめて独特な自伝である。魅力的で読みやすい書物であり、彼の著作の主な諸テーマをもう一度繰り返して論じている。ニーチェが強調しているのは、悲劇的な哲学としての自分の思想の位置づけ、すべての価値の転換が持つ画期的な意味、キリスト教と形而上学に対するディオニュソスの最終的な勝利、という三つのテーマである。ニーチェは各章のタイトルに彼の主な著作の題名を使っているので、普通の読者はそれまでの彼の著作の重要な思想がみな『この人を見よ』で明確に説明されているのだと考えてしまうが、それは間違っている。『この人を見よ』は、たしかにつねに魅了させる書物ではあるが、ニーチェの生涯をきわめて恣意的に選別したもので、彼の精神状態がすでに執筆中に弱っていた兆候がみられる。ニーチェの自伝は驚くような洞察を与えてくれるが、『この人を見よ』の本来の役割は本書が言及している著書そのものに注意を向けさせることである。

［未刊］『**力への意志**』 *Der Wille zur Macht.*
(1968) *The Will to Power,* trans. Walter Kaufmann and R. J. Hollingdale, New York: Vintage.

未発表のメモを死後に集めて出版されたもの。ヨーロッパ文化のニヒリズムについてのニーチェの見方、道徳や形而上学的な価値についての批判、生の根本的な運動としての力への意志、強い生き方と弱い生き方の関係に関する貴族主義的な観点など、魅了されるニーチェの洞察を含んでいる。しかし『力への意志』の収録されたメモの信憑性に関してはいまだに学問的に激しい論争の的になっている。ニーチェが生前この著書を印刷された形で見ることがなかったという事実は、つねに念頭にいれておく必要がある。

『力への意志』は、エリーザベトの意図のもとに編集されクレーナー書店から出版された全集の第一五巻として一九〇一年に出版され、一九一一年には『力への意志。メモおよび断片』がさらに第一六巻として追加された。すでに日本語版全集についての訳者追記で述べたように、理想社版およびちくま学芸文庫版では『権力への意志』と題されているが、本書では著者スピンクスが“The Will to Power”から引用している箇所については、『力への意志』を書名として使用

し、断章番号を記した。〕

ニーチェについての文献

二〇世紀中盤以降、ニーチェの思想に関するかなりの著書が出版されてきた。ここではその中から初歩的な入門書としてもっとも適しているものと、入門書とは言えないがニーチェの思想の受容に大きな影響を与えた著書のいくつかを紹介する。各著書についての短いコメントでは、それぞれの著書のテーマと難易度について触れておいた。〔英語以外の言語の著作については、オリジナルの刊行年を〔　〕で示し、その後にオリジナル言語でのタイトルを挙げた。〕

- Allison, David (ed.) (1985) *The New Nietzsche*, Cambridge, Mass.: MIT Press.
  難易度は高いが、マルティン・ハイデガー、ジャック・デリダ、ジル・ドゥルーズ、モーリス・ブランショなどの著名な思想家たちによる重要なニーチェ論を集めたもの。これらの論文は、いかにニーチェの思想が現代ヨーロッパ哲学に影響を与えたかを示しており、ニーチェに対する広範囲にわたる関心の高まりに寄与した。力への意志、ニヒリズム、超人、永遠回帰など、ニーチェの中心概念についての議論が展開されている。本書はニーチェ理解にとってよい基礎となる。
- Ansell-Pearson, Keith (1994) *An Introduction to Nietzsche as a Political Thinker*, Cambridge: Cambridge University

Press.

政治的思想家としてのニーチェに着目した優れた、明快かつ示唆に富んだ本。古代古典文化と近代の政治的伝統に対するニーチェの関係を明瞭で読みやすい形で論じているので、まだそれほどニーチェの思想に慣れていない読者にも、本書が提起している問題を理解することができる。またニーチェの文体の理解に役立つ考察も含み、キー概念である系譜学や超人についても説明している。ニーチェの政治哲学への優れた入門書である。

• Conway, Daniel W. (1997) *Nietzsche and the Political*, London: Routledge.

ニーチェの政治思想と近代批判が明快かつ啓発的に記述されている。アンセル・ピアソンの著書と同様に、本書もニーチェの政治哲学への優れた入門書である。ニーチェの著作をそれが成立した時代のコンテクストに置き、重要な文章についての解説を行っている。

• Deleuze, Gilles [1962] *Nietzsche et la philosophy*, Presses universitaires de France.
(1983) *Nietzsche and Philosophy*, trans. Hugh Tomlinson, London: Athlone.
『ニーチェと哲学』（新装版）足立和浩訳、国文社、一九八二

ニーチェを意志と力と永遠回帰を思考した反-弁証法的思想家として位置づけた本書は、哲学的に高度で、かなり難易度の高いものである。ドゥルーズは系譜学、能動的・反応的力、ルサンチマン、自己克服などのニーチェのキー概念に関して驚くほど独自な解釈を提示している。おそらく現代でももっとも力量のあるニーチェ解釈であり、ニーチェに精通した読者でないと理解が難しいだろう。

• De Man, Paul (1979) *Allegories of Reading: Figural Language in Rousseau, Nietzsche, Rilke and Proust*, New Haven: Yale University Press.

ニーチェのレトリックに関するきわめて複雑な、しかし大きな影響力をもった解釈。ド・マンの脱構築的分析は、ニーチェのメタファー秩序を単に記述するのではなく、それがいかに概念の「純粋な」起源という理念を作り出すかを探る。この本を理解するためにはポスト構造主義哲学の知識が必要であり、一般的な読者には適さない。

• Derrida, Jaques [1972] *Éperons: Les styles de Nietzsche*. Aubier-Flammarion, 1978.

(1979): *Spurs: Nietzsche's Styles*, trans. Barbara Harlow, Chicago: University of Chicago Press.

『拍車——ニーチェの尖鋭筆鋒』森本和夫訳、『ニーチェは、今日?』ちくま学芸文庫、二〇〇二、所収

ニーチェの哲学の文体と彼の思想の美的特性についての脱構築的解釈。デリダはニーチェの哲学と力への意志のメタファー的性質が、生存のさまざまなレベルのレトリック的構築にあることに着目している。本書はデリダ自身の哲学の知識を持っていないと、本書の中心をなす主張を理解することができない。

• Foucault, Michel [1971] «Nietzsche, la généalogie, l'histoire», *Homage à Jean Hyppolite*, Paris, P.U.F., coll. «Épiméthée», pp.145-172.

(1991) 'Nietzsche, Genealogy, History', trans. Donald F. Bouchard and Sherry Simon, in *The Foucault Reader: An Introduction to Foucault's Thought*, ed. Paul Rabinow, Harmondswohrth: Penguin.

「ニーチェ、系譜学、歴史」伊藤晃訳、『ミシェル・フーコー思考集成Ⅳ』筑摩書房、一九九九、所収

ニーチェの系譜学に関する魅力的な、影響力の大きかった著書。一九六〇、七〇年代にニーチェが再び読まれるようになったのは、フーコーによるところが大きい。この論文では権力、力への意志、パースペクティヴに関するニーチェの考察を検証し、目的論的な歴史観をニーチェが拒否した意味を探っている。フーコーの議論は難解なところがあるが、本論はニーチェのもっとも分かりにくい概念のひとつである右記のテーマの分析に有効な視点を与えてくれる。

・Hollingdale, R. J. (1965) *Nietzsche: The Man and His Philosophy*, London: Routledge and Kegan Paul.

非常に明晰で啓発的かつ批判的なニーチェの伝記。ニーチェの思想を年代順に、かつテーマ的に整理して紹介している。一般読者がニーチェを読み始めるには最適の書。

・Irigaray, Luce [1980] *Amante marine: de Friedrich Nietzsche*. Editions de minuit.

(1991) *Marine Lover of Friedlich Nietzsche*, trans. G. C. Gill, New York: Columbia University Press.

ニーチェにおける流動性のメタファーの使われ方と心理的抑圧の問題に関するきわめて洗練された考察。

・Kaufmann, Walter (1974) *Nietzsche: Philosophy, Psychologist, Antichrist*, Princeton, NJ: Princeton University Press.

本書は、長いこと無視され続けたニーチェの哲学が一九五〇年代に再評価されるきっかけとなった。カウフマンはニーチェの思想のテーマ的な発展を追いながら、その哲学の体系を分かりやすく説明している。ニーチェの思想の重要な概念を説明し、彼の思想の体系のなかに明確に位置づけている。ま

たテクストの個々の箇所についての優れた解釈を行っている。ニーチェを始めて読む読者にも、また精通している読者にも欠かすことのできない本である。古典と言ってもよい。

• Kofman, Sarah [1978] *Nietzsche et la metaphore.*
(1993) *Nietzsche and Metaphor*, trans. Duncan Large, London: Athlone.
『ニーチェとメタファー』宇田川博訳、朝日出版社、一九八六

ニーチェ哲学の文体に関しての非常に優れた脱構築的解釈。ニーチェのメタファー概念の説明と、彼自身の著作におけるメタファーの使用法の体系の両方に注目している。本書は決して入門書ではないが、注目に値する一冊であり、特にニーチェの文体と言葉の使い方に関心のあるの読者には資するところが多い。

• Magnus, Bernd and Kathleen M. Higgins (eds) (1996) *The Cambridge Companion to Nietzsche*, Cambridge: Cambridge University Press.

ニーチェの哲学に関する優れた批評を幅広く収録したもの。ニーチェの生涯、彼の生きた時代、彼の思想のテーマの全貌、一九世紀哲学のなかのニーチェの位置づけ、現代思想およびポストモダン思想への影響を扱っている。ニーチェの思想によって提起された諸問題への一般的かつ信頼できる入門書を求めている読者には最適。

• Megill, Allan (1985) *Prophets of Extremity: Nietzsche, Heidegger, Foucault, Derrida*, Berkeley: University of California Press.

本書は、ニーチェの思想が行った挑戦を、「自然」な道徳や宗教的道徳の拒否、美的に自己構築を行う存在としての世界や人間の見方の強調などの例に即して、オリジナリティに富んだ刺激的な説明を行っている。モダニズムやポストモダンへのニーチェの影響も、マルティン・ハイデガー、ミシェル・フーコー、そしてジャック・デリダの思想との関連で説明している。本書は入門書というより、高度なテクストであるが、ニーチェと現代思想の関係に多くの示唆を与えてくれる。

• Nehamas, Alexander (1985) *Nietzsche: Life as Literature*, Cambridge, Mass.: Harvard University Press.

『ニーチェ——文学表象としての生』 湯浅弘・堀邦維訳、理想社、二〇〇五

本書はニーチェの思想について、その幅広いテーマへのアプローチを行いながら、同時にまた哲学的に精密かつきめ細かくテクストの細部を説明し、明晰でオリジナリティに富み、鋭い解説である。意欲のある読者は本書から読み始めるのがいいだろう。というのも著者ネハマスは、ニーチェの哲学の基礎的概念それぞれについて説明をしながら、彼自身の解釈を細部にわたる分析を通じてふんだんに行っているからである。ニーチェ思想への詳しい手引きを求めている読者には、本書はニーチェをさらに理解するために必読の書である。ニーチェにおけるパースペクティヴィズム、美学的観点、そして文体や価値に関する彼の思想の「文学的な」特性について、本書は特に明晰で繊細な考察を行っている。優れた書である。

• Patton, Paul (ed.) (1993) *Nietzsche, Feminism and Political Theory*, London: Routledge.

フェミニズムとニーチェの思想との関わりを探る重要な論文集。ニヒリズム、ルサンチマン、理性、

力への意志、言語に対するニーチェの批判の啓発的な再読を行っている。本書は入門には適していないが、テーマを分かりやすく体系化しているという点では、ニーチェの基本的な考え方を的確に摑みたいという読者には期待に応える書。

• Young, Julian (1992) *Nietzsche's Philosophy of Art*, Cambridge: Cambridge University Press.

芸術に関するニーチェの哲学の展開過程と、形而上学、倫理、政治に対するその重要性について、端的かつ要領を得た考察。ニーチェをある程度理解している読者の要求に応えるレベルであり、美学にはっきりと焦点を当てることによって、ニーチェの様々なテクスト相互の関係を分かりやすく説明している。

〔訳者による追記〕

本書では言及されているが、原著の読書案内リストには挙げられていない著書で日本語訳のあるものを示しておく。

ルー・サロメ『ニーチェ――人と作品』原佑訳、以文社、一九七四

エリーザベト・フェルスター・ニーチェ『孤独なるニーチェ』浅井真男監訳、河出書房新社、一九八三

カール・ヤスパース『ニーチェ』草薙正夫訳、理想社、一九六六

マルティン・ハイデガー『ニーチェ』（1・2・3）薗田宗人訳、白水社、一九八六
マルティン・ハイデッガー『ニーチェ』（1・2）細谷貞雄監訳、平凡社ライブラリー、一九九七

なお、本書では紹介されていない文献で読者の参考になると思われるものを補っておきたい。

ジョルジュ・バタイユ『ニーチェについて――幸運への意志』酒井健訳、現代思潮社、一九九二
ピエール・クロソウスキー『ニーチェと悪循環』兼子正勝訳、ちくま学芸文庫、二〇〇四
カール・レーヴィット『ニーチェの哲学』柴田治三郎訳、岩波書店、一九六〇
氷上英廣『ニーチェとその時代』岩波書店、一九八八
三島憲一『ニーチェ』岩波書店（岩波新書）一九八七
須藤訓任『ニーチェ――〈永却回帰〉という迷宮』講談社（選書メチエ）一九九九
大石紀一郎・大貫敦子・木前利秋・高橋順一・三島憲一編著『ニーチェ事典』弘文堂、一九九五

WORKS CITED
引用文献

ニーチェ自身の著作については、「読書案内」のニーチェの著作を参照。

Adkins, A. W. H. (1960) *Merit and Responsibility: A Study in Greek Values*, Oxford: Clarendon Press.

Blake, William (1989) *William Blake: The Comlete Poems*, London: Longman.〔本書で引用されているのは、ウィリアム・ブレイク「天国と地獄の結婚」(一八九〇)、『ブレイク全著作』梅津済美訳、名古屋大学出版会、一九八九に所収、第一巻二八一頁および二八六頁〕

Byron, Georg Gordon (1970) *Poetical Works*, Oxford: Oxford University Press.

Camus, Albert (2000) *The Outsider*, trans. Joseph Laredo, Harmondsworth: Penguin. 原題：*L'etranger*.〔アルベー

ル・カミュ『異邦人』窪田啓作訳、新潮文庫、一九八四、本書での引用は一三〇—一頁〕

Coleridge, Samuel Taylor (1963) *Coleridge's Poems*, London: J. Dent & Sons.〔『対訳コウルリッジ詩集』上島建吉編、岩波文庫、二〇〇二、本書での引用は一九二—二〇三頁〕

Conrad, Joseph (1989) *Heart of Darkness*, Harmondsworth: Penguin.〔ジョゼフ・コンラッド『闇の奥』中野好夫訳、『コンラッド中短篇小説集』1、人文書院（一九八三）、入手しやすいものに、同じく中野好夫訳の岩波文庫版がある〕

Davis, Lennard J. (1997) *Factual Fictions: The Origins of the English Novel*, Philadelphia: University of Pennsylvania Press.

Deleuze, Gilles (1994) *Difference and Repetition*, trans. Paul Patton, New York: Columbia University Press. 原題：*Difference et Repetition* (1968), Presses universitaires de France.〔ジル・ドゥルーズ『差異と反復』財津理訳、河出書房新社、一九九二〕

Deleuze, Gilles and Guattari, Felix (1984) *Anti-Oedipus: Capiaism and Schizophrenia*, trans. Robert Hurley, Mark Seem and Helen R. Lane, London: Athlone. 原題：*Capitalisme et Schizophrénie*, t.I, L'Anti-Œdipe, Editions de Minuit, 1972.〔ジル・ドゥルーズ／フェリックス・ガタリ『アンチ・オイディプス——資本主義と分裂症』市倉宏祐訳、河出書房新社、一九八六〕

Derrida, Jaques (1978) *Writing and Difference*, trans. Alan Bass, London: Routledge. 原題：*L'ecriture et la différence*, Paris: Editions du Seuil, 1967.〔ジャック・デリダ『エクリチュールと差異』（上・下）若桑毅他訳、法政大学出版

局、一九七七・一九八三〕

Eliot, George (1994) *Middlemarch*, Harmondsworth: Penguin.〔ジョージ・エリオット『ミドルマーチ』工藤好美・淀川郁子訳、『ジョージ・エリオット著作集4』文泉堂出版、一九九五（講談社版『世界文学全集30』の再録）所収〕

Eliot, T. S. (1951) *Selected Essays*, London: Faber.

——— (1977) *The Complete Poems and Plays of T. S. Eliot*, London: Faber.〔本書で引用されている作品 The Waste Land の日本語訳は、T・S・エリオット『荒地』深瀬基寛訳、『筑摩世界文学大系71』（一九七五）所収〕

Foucault, Michel (1991) *The Foucault Reader*, ed. Paul Rabinow, Harmondsworth: Penguin.

——— (1992) *The Order of Things: An Archaeology of the Human Sciences*, London: Routledge. 原題：*Les Mots et les choses: une archeologie des sciences humaines*, Gallimard, 1966.〔ミシェル・フーコー『言葉と物——人文科学の考古学』渡辺一民・佐々木明訳、新潮社、一九七四〕

Greenblatt, Stephen (1992) *Learning to Curse: Essays in Early Modern Culture*, London: Routledge.〔スティーヴン・グリーンブラット『悪口を習う——近代初期の文化論集』磯山甚一訳、法政大学出版局、一九九三〕

Hunter, J. Paul (1990) *Before Novels*, New York: Norton.

Lawrence, D. H. (1985) *Three Novellas*, Harmondsworth: Penguin.〔本書で引用されている作品はD・H・ロレンス『てんとう虫』福田恆存訳、新潮文庫、一九七〇〕

Lycos, Kimon (1987) *Plato on Justice and Power: Reading Book I of Plato's Republic*, New York: State University of New York Press.

Mann, Thomas (1971) *Death in Venice*, trans. H.T. Lowe-Porter, Harmondsworth: Penguin. 原題：*Der Tod in Venedig*. 1912. 〔トーマス・マン『ヴェニスに死す』実吉捷郎訳、岩波文庫、二〇〇〇〕

Miller, Arthur (1967) *Collected Plays*, London: Secker and Warburg.

Sartre, Jean-Paul (1957) *Being and Nothingness: An Essay on Phenomenological Ontology*, London: Methuen. 原題：*L'etre et le neant*, Paris: Gallimard, 1943. 〔ジャン＝ポール・サルトル『存在と無』全三巻、松浪信三郎訳、人文書院、一九五八―六〇〕

Shakespeare, William (1997) *The Norton Shakespeare*, ed. Stephen Greenblatt, London: Norton and Co.

Sherry, Percy Bysshe (1977) *Selected Poems of Percy Bysshe Sherry*, London: J. M. Dent & Sons.

Sophocles (1986) *The Theban Plays*, trans. Don Taylor, London: Methuen.

Stallybrass, Peter and Allon White (1986) *The Poetics and Politics of Transgression*, Ithaca, NY: Cornell University Press.

Stevens, Wallace (1984) *The Collected Poems of Wallace Stevens*, London: Faber. 〔ワレイス・スティーヴンズ「日曜の朝」川本皓嗣訳、『アメリカ名詩選』岩波文庫、一九九三、所収、本書での引用は一四六―五九頁〕

Watt, Ian (1984) *The Rise of the Novel: Studies in Defoe, Richardson and Fielding*, London: Pimlico.

Winckelmann, Johann (1850) *The History of Ancient Art among the Greeks*, London: J. Chapman. 原題：*Die Geschichte der Kunst des Altertums*. 〔ヨハン・ヨアヒム・ヴィンケルマン『古代美術史』中山典夫訳、中央公論美術出版、二〇〇一〕

Woolf, Virginia (1984) *To the Lighthouse*, London: Panther. 〔ヴァージニア・ウルフ『灯台へ』御輿哲也訳、岩波文庫、

二〇〇四、本書での引用は三〇四―五頁〕
Yeats, W. B. (1975) *Selected Poetry*, London: Pan.〔本書で引用されている作品は、W・B・イェイツ "The Second Coming"「再臨」、田村英之助訳、"Among School Children"「学童たちのあいだで」、出淵博訳（『筑摩世界文学大系71』、一九七五、所収〕

索引

アフォリズム　aphorisms　94・188・236・268・284・288-290
アフロディテ　Aphrodite　189
アポロ　Apollo　29・37・42-48・50・52・54-57・59・65-68・70・264・272・273
アリストテレス　Aristotle　34・39
『荒地』（エリオット）　*Waste Land , The* (Eliot)　146・147・305
『アンチクリスト』　*AntiChrist*　22・114・169-171・292・293
『異邦人』（カミュ）　*Outsider, the* (Camus)　190・304
ヴァーグナー、R　Wagner, R.　30・64・287
ヴィンケルマン、J・J　Winckelmann, J. J　138・306
『ヴェニスに死す』（マン）　*Death in Venice* (Mann)　272・306
『ヴェニスの商人』（シェイクスピア）　*Merchant of Venice, The* (Shakespeare)　72・124
ヴォルテール　Voltaire　171
ウルフ、V　Woolf, V.　149・258・306
永遠回帰　eternal recurrence　199・201・202・218-232・264・269・284・290・291・295・296
『エクリチュールと差異』（デリダ）　*Writing and Difference* (Derrida)　277・304
エリオット、G　Eliot, G.　139・140・305
エリオット、T・S　Eliot, T. S.　146-149・250・251・305
『オイディプス王』（ソフォクレス）　*Oedipus Rex* (Sophocles)　37・110
大いなる政治　great politics　22・32・151・192-195・198-200・208
『オデュッセイア』（ホメロス）　*Odyssey, The* (Homer)　106・107
『音楽の精神からの悲劇の誕生』　*Birth of Tragedy from the Spirit of Music, The*　13・29・286
禁欲主義　asceticism　19・178・180・181・239
『偶像の黄昏』　*Twilight of the Idols*　17・18・31・96・206・217・236・237・283・292・293
「クーブラ・カーン」（コールリッジ）　'Kubla Khan' (Coleridge)　65・66・68
系譜学　genealogy　19・20・25・103-135・137・138・141・

143-145・150・151・153・155・178・203・250・275・288・296・297
『恋はデジャ・ブ』（ラミス） *Groundhog Day* (Ramis) 229-231
個体化の原理 principium individuationis 42・45
『この人を見よ』 *Ecce Homo* 45・201・209・219・220・224・264・284・293・294

「再臨」（イェイツ） 'Second Coming', The (Yeats) 273・274・307
サルトル、J-P Sartre, J. -P. 276・277・306
シェイクスピア、W Shakespeare, W. 72・110・124・129・147
シェリー、P・B Shelley, P. B. 138
シャフツベリー伯 Shaftesbury, Eaul of 121
ジョイス、J Joyce, J. 149
ショーペンハウアー Schopenhauer, A. 43・287・289
『小説の勃興』（ワット） *Rise of The Novel, The* (Watt) 108・136
『曙光』 *Daybreak: Thoughts on the Prejudice of Morality* 284・289
新アッチカ喜劇 'New Attic Comedy' 57
ストア派 stoics 81-83
『生にとっての歴史の効用と害』 'On the Uses and Disadvantages of History for Life' 135・287
『セールスマンの死』（ミラー、A） *Death of A Salesman* (Miller) 110
セネカ Seneca 83
ゼノン（キュプロスの） Zeno of Citium 83
『善悪の彼岸』 *Beyond Good and Evil* 75-78・80・82・93・94・112・158-162・165・166・193-198・283・291・292
ソクラテス Socrates 57-63・70・74
ソシュール、F・de Saussure, F. de 277
ゾロアスター Zoroaster 209

ダーウィン、C Darwin, C. 181
『力への意志』 *Will to Power, The* 94・95・183-187・192・226・228・238-247・251・254・255・257・261-265・269・270・284・286・294
超人 overman 22・25・199・201-232・270・290・295・296
『ツァラトゥストラはこう言った』 *Thus Spake Zarathustra* 45・202・214・284・290
ディオニュソス Dionysius 29・41-60・64-68・70・213・218・263-265・272・273・293
デカルト、R Descartes, R. 149
デリダ、J Derrida, J. 271・277・281・295・297・300・304
「天国と地獄の結婚」（ブレイク） 'Marriage of Heaven and Hell, The' (Blake) 187・303
『てんとう虫』（ロレンス） *Ladybird, The* (Lawrence) 273・305
『灯台へ』（ウルフ） *To the Lighthouse* (Woolf) 258・259・306
「道徳外の意味における真理と虚偽」 'On Truth and Lying in a Non-Moral Sense' 74・84・287
『道徳の系譜学』 *On the Genealogy of Morality* 76・103・112-117・119・122・124-128・131・135・155-157・167・168・

173・174・176-182・199・256・283・292・293
ドゥルーズ、G　Deleuze, G.　119・271・278・279・281・295・296・304

ナチズム　Naziism　267・271
『ニーチェ』（ハイデガー）　*Nietzsche* (Heidegger)　270・301・302
『ニーチェ――文学表象としての生』（ネハマス）　*Nietzsche: Life as Literature* (Nehamas)　300
『ニーチェと哲学』（ドゥルーズ）　*Nietzsche and Philosophy* (Deleuze)　271・296
『ニーチェとメタファー』（コフマン）　*Nietzsche and Metaphor* (Kofman)　271・299
「日曜の朝」（スティーヴンズ）　'Sunday Morning' (Stevens)　98-100・306
ニヒリズム　nihilism　17・25・179-192・196・200・202・203・211・229・231・232・234・263・264・273・291・294・295・300
ニュー・ヒストリシズム　historicism, new　275・276
『人間的な、あまりに人間的な』　*Human, All Too Human*　113・159・160・163・165・284・288
ネハマス、A　Nehamas, A.　252・300

パースペクティヴィズム　perspectivism　246-254・300
バイロン、L　Byron, L.　138
『拍車――ニーチェの尖鋭筆鋒』（デリダ）　*Spurs: Nietzsche's Styles* (Derrida)　271・281・297
バッハ、J・S　Bach, J. S.　64
『反時代的考察』　*Untimely Meditations*　135-138・140-146・148・150・151・284・287・288
反ユダヤ主義　anti-Semitism　21・170・171・196
ピタゴラス　Pythagoras　34
ヒューマニズム　humanism　23・134・203・207・208・235
ヒューム、D　Hume, D.　121
フーコー、M　Foucault, M.　271・275・281・298・300・305
フェミニズム　feminism　169・279-281・300
フェルスター＝ニーチェ、E　Förster-Nietzsche, E.　21・268・269・301
プラトン　Plato　34・60・74-76
フリードリヒ・ヴィルヘルム四世　Wilhelm IV, King Friedrich　15・16
ブレイク、W　Blake, W.　138・187-190・303
フロイト、S　Freud, S.　39・181
文献学　philology　13・105-109・132・138・139・286
ベートーベン、L・van　Beethoven, L. van　64
ヘルダー、J・G　von Herder, J. G.　138
『ヘンリー五世』（シェイクスピア）　*Henry V* (Shakespeare)　129
忘却　forgetting　73・81・86・87・89・90・102・125・141・164・190・287
ホッブズ、T　Hobbes, T.　149

『マクベス』（シェイクスピア）　*Macbeth* (Shakespeare)　110
マルクス・アウレリウス皇帝　Aurelius, Emperor M.　83
『ミドルマーチ』（エリオット）　*Middlemarch* (Eliot)　139・

140・305
目的論　teleology　107・111・130・136・137・232・298

『闇の奥』（コンラッド）　*Heart of Darkness* (Conrad)　211・214・304
『読むことのアレゴリー』（ド・マン）　*Allegories of Reading: Figural Language in Rousseau, Nietzsche, Rilke and Proust* (De Mann)　278
『悦ばしき知恵』　*Gay Science, The*　36・37・181・204-206・220・221・228・284・289

ルサンチマン　ressentiment　25・134・158・166・168-174・183・187・193・200・202・205・209・217・218・222・231・232・249・257-259・264・280・292・293・296・300
ルソー、J－J　Rousseau, J. -J.　157・190
ルネサンス　Renaissance culture　109・110・267・275

シリーズ監修者の序

ロバート・イーグルストン（ロンドン大学ロイヤル・ホロウェイ校）

このシリーズは、文学研究や人文学分野に大きな影響を及ぼした主要な批評的思想家について解説するものである。〈ラウトリッジ批評的思想家〉が提供するのは、研究や学習の過程で新しい人名や新しい概念が現れたとき、真っ先にページを開いて情報を得ることができる一連の本である。

それぞれの本は、鍵となる思想家の文章に読者が直に触れるときの案内書となるべく、思想家たちの鍵概念を、説明し、コンテクストの中に置き、おそらくこれが最も重要なことだが、なぜその思想家の考え方が有意義とみなされているかを読者に解き明かす。あくまでも簡潔で明快に書かれた入門書であることをめざし、読者に特別な専門的知識を必要としない。このシリーズは、個々の人物に焦点を絞るものの、同時に、いかなる批評的思想家も真空状態に存在していたのではなく、広範な思想的・文化的・社会的歴史を背景として出現したことも強調する。最終的にシリーズ中の本はどれも、思想家のオリジナルな文章に読者が触れるときの橋渡し役となるだろう。オリジナルな文章を解説で置き換えるのではなく、思想家である彼もしくは彼女が書いたものを補完することによって。

こうした本が必要とされるには、いくつかの理由がある。文学批評家のフランク・カーモードは一九九七年に出版した自伝『資格なし』において、一九六〇年代のある時期のこんな思い出を書いていた——

美しい夏の芝生の上に、若者たちは一晩中寝そべって、日中の激しい活動の疲れを癒し、バリ島の楽士一座のかなでる民族音楽に聞き入っていた。毛布に包まったり、寝袋に入ったりして、うとうとしながら若者たちはお喋りをしたものだ。その時代の導師たる人物について……。若者たちが繰り返し語っていたことは、概ね、又聞きの類であった。このような背景があればこそ、昼食時に、私が突然思いつきの提案をすることになった。時代の指導的人物に関して、信頼が置け、わかりやすい解説を提供する短くて廉価な本が必要ではないかと。

「信頼が置け、わかりやすい解説」に対する需要は、いまもなお存在している。ただしこのシリーズが背景としているのは、一九六〇年代とは異なる世界である。新しい思想家たちが登場し、古い思想家たちは評価が毀誉褒貶相半ばした。それも新しい研究が進展するにつれて。新しい方法論や挑発的な着想が芸術や人文学の分野に広がる。文学研究は——かつてはそうであったとはいえ——ただ詩や小説や戯曲の研究と評価に没頭すればよいというわけにはいかなくなった。文学研究は、文学テクストやその解釈において立ちはだかる概念や問題点や障害をも研究対象とすることになる。またそれに呼応して、他の芸術分野や人文学分野も変容を遂げた。

このような変化とともに、新たな問題も浮上する。人文学における、こうした根本的変革の背後にある概念や問題は、しばしば、広範なコンテクストを参照することなく、ただ、読者が読むテクスト群に「付け足せる」理論として提示されたのである。もちろん、あらかじめ選別された概念を取り上げること、あるいは手元にあるものなら何でも利用すること――結局、既存のものを利用することしか私たちには出来ないと論ずる思想家もいるくらいなのだが――は、たしかに、なんら悪いことではない。しかし、個々の新しい概念は、特定の人物の思考パターンやその発展型として生まれたこと、また彼らの概念の有効範囲とコンテクストの見極めも重要だということが、往々に忘れられてしまうのである。理論を「浮遊する」ものとみなす傾向に反して、〈ラウトリッジ批評的思想家〉シリーズは、鍵となる思想家とその概念を、コンテクストのなかにしっかりと位置づけようとしている。

これだけではない。本シリーズは、思想家自身のテクストや概念に立ち戻り、それらに直に触れたいという読者の欲求を満たそうとしている。概念に関するどのような解釈も、たとえどれほど無垢な解釈にみえようとも、暗黙のうちに、あるいは明示的に、それ独自の「ひねり」を加えている。思想家について書かれた本だけを読んで、思想家によって書かれたテクストを読まずに終わることは、読者が自分自身で判断するチャンスを捨てるようなものである。重要な思想家の著作をとっつきにくくしているのは、その文体とか内容とかのせいではなく、どこから初めてよいのかわからないという困惑によることもある。このシリーズの目的は、思想家の概念や著作についてわかりやすく解説し、その思想家自身のテクストを出発点として、さらなる読書への手ほどきをすることで、読者に「入り口」を提示することにある。哲学者ルートヴィヒ・ウィトゲンシュタイン（一八八九―一九五一）から比喩を借りて表現すれば、このシリーズは、次の段階へ昇り詰めたら、はずしてよい梯子のようなものである。したがって、シリーズ中の本はそれぞれ、新しい概念に触れることができるよう、読者に手ほどきをするだけでなく、読者を理論家自身のテクストへと誘い、そこで得た情報をもとに自分なりの意見をまとめるよう促すことで、読者を啓発するのである。

最後に、本シリーズは、知的欲求が変化したからだけでなく、世界の教育システム——入門的教科書が通常読まれるコンテクスト——が根本的に変化したために必要でもあることを付け加えたい。一九六〇年代における少数エリートのための大学教育にふさわしかったことは、二十一世紀の大規模かつ広範囲に及ぶ多様化したハイテク教育システムには、そぐわなくなった。こうした変化は、新しい時代に即した入門書のみならず、新しい解説法をも求めている。〈ラウトリッジ批評的思想家〉シリーズにおいて考案された解説法は、今日の学生を念頭に置いている。

シリーズの各書は、ほぼ同じ構成となっている。はじめに、それぞれの思想家の生涯と思想について概観するセクションがあり、そこではなぜ彼もしくは彼女である思想家が重要なのかが説明される。中心となるセクションでは、思想家の鍵概念やそのコンテクスト、さらにはその進化や受容のされ方が論じられる。最後に、思想家の影響力が概観され、彼らの概念が、あとに続く者たちによって、どのように取り上げられ発展させられたかが略述される。これに加えて、さらなる読書のために、どのような本を読めばよいかを提案し記述する詳細なセクションが巻末に設けられる。これは、たんなる「付録」的セクションではなく、各巻で、欠くことのできないセクションを形成する。まず思想家の主要な著作について簡潔に記述し、最も有益な批評的著述や、関連性があれば、インターネット上のホームページに関する情報を提供して終わる。このセクションによって読者は、読書案内を受けるだけでなく、自分の関心事を追及し、研究計画を発展させることができる。各巻を通して、文献情報は、いわゆるハーヴァード方式に準拠している（引用される著作の作者と発行年が本文中に示されるだけで、詳しい情報は巻末の引用文献表で調べることができる）。これによって、限られたスペースに多くの情報を盛り込むことができる。各巻はまた専門用語について解説をするが、さらに詳しく事件や概念を記述しようとするときには、囲み記事にして、議論の流れから切り離すことにしている。囲み記事はまた、思想家がよく使ったり、新たに考案した用語についての定義に光をあてるためにも使われる。このように囲み記事は用語解説としても使え、ページをぱらぱらとめくったときにもすぐ目に付くよう工夫されている。

このシリーズの思想家たちは、三つの理由から「批評的」である。第一点。彼らは、批評を含むさまざまな分野に照らして検証される。その分野は主に文学研究あるいは英文学研究や文化研究だが、さらに文献や思想や理論や不問の前提などに関する批評を基盤とする学問分野をも含む。第二点。彼らは批評的であるなぜなら彼らの仕事を研究することによって読者は自分なりの批評的読解と思考を展開できる「道具一式」を手に入れることができ、読者は批評的になるからである。第三点。こうした思想家たちは、決定的に重要であるために、必須《クリティカル》であるからだ。彼らの考え方は、伝統的な世界観やテクスト観を、またこれまで当然と思われてきたすべてのものを覆し、周知のものごとをより深く理解し、また新たな考え方を身につけるのを可能にしてくれたのである。

いかなる解説書も読者にすべてを語ることはできない。しかしながら、批評的思考へと読者を誘うことで、このシリーズが望むのは、読者が、生産的で建設的で潜在的に人生を変える活動に赴くことなのである。

訳者あとがき

認識の実験としての読み方とは？

ニーチェほど、対極的な読まれ方をした思想家はいない。ニーチェが二〇世紀最大の悪夢ともいうべきナチズムのイデオロギーに利用されたことは事実である。しかし、ポスト構造主義、言語論的転回、カルチュラル・スタディーズなど、現代思想に関わる重要な思想の潮流に、ニーチェの思想の受容が大きく影響したことも、また事実である。では、ナチスによるニーチェの「読み方」は「歪曲」であったと批判できるかと言えば、そうではないことを示しているのが、まさにニーチェのテクストなのである。デリダは次のように指摘している。「ニーチェはけっしてそんなことを望みはしなかったし、そんなことを考えてもいなかった、などというのも短絡的で政治的に寝ぼけているといえよう。〔…〕ひとつのテクストのもつ効果ないしは構造は、そのテクストの「真理」なるものに〔…〕還元されるものではない」（『他者の耳』浜名他訳、産業図書、一九八八）。むしろニーチェの思想は、「歪曲」を「正しい読み」からの逸脱として指摘しうるような「真の解釈」や、歴史的なコンテクストに左右されない「真理」などは存在しない、いやむしろそうした「真理」の概念こそ、特定の生の見方によって捏造されたものだと暴露した。

では、ナチス的な理解を防げるような要素がニーチェのテクストにはまったくないのだろうか。ニーチェ自身、自分が誤解されてもいいのだと開き直っている所さえある。「われわれ理解されぬ者。──誤解され、誤認され、誹謗され、聞き間違えられ、聞き流されるのを、われわれは嘆いたことが一度でもあっただろうか。それこそがわれわれの運命なのだ」(『悦ばしき知恵』371)。確かに、ニーチェのテクストは(特にアフォリズムの形をとったものは)、最初から最後まで読んで一つの思想が見えてくるという性質のものではないし、好きな所だけを拾い読みしても構わない。ちょうど彼の妹エリーザベトが『力への意志』の編纂で行ったように、恣意的に拾い集めてしまえば、それなりにひとつの方向性があるような読み方が可能になってしまう。たとえば反ユダヤ主義と読める部分だけを取り出した読み方をすれば、反ユダヤ主義者ニーチェという人物像が出来上がってしまう。こうした一定方向での「意味」を作り出す読みをしないようにニーチェは警告をしている。それは「ゆっくりと読む」という、彼が文献学から学んだ読み方である。

文献学は「ゆっくりとしたテンポでしなければ何ひとつ達成しない言葉の金細工師」のように、「敏感な指と眼で、ゆっくりと、深く、後にも前にも気を配りながら読むことを教える」(『曙光』序文)とニーチェは言う。反ユダヤ主義のような解釈が生まれてくるのは、性急な読みしかできないためであるということになる。つまり、どう読んではいけないのか、については文字化されてニーチェのテクストに書いてあるのではなく、読者の読みの速度にあるのだ、という何とも謎めいた言い方である。これを一つの例で示してみよう。アフォリズムは個々に独立していて、一つの書物に纏める必要もないように思えるが、彼はアフォリズムを『悦ばしき知恵』のように一つの書物として刊行することに拘っていた。『悦ばしき知恵』のなかでユダヤ人に関するものを見てみると、一方では「罪」という概念はユダヤ人の発明であり、キリスト教は「全世界のユダヤ化」を目指していた（『悦ばしき知恵』135）とユダヤ人を断罪しているかと思うと、別の箇所では、「ヨーロッパは、すぐれて明晰な頭脳慣習ということに関してはユダヤ人に負うところが少なくない」（同348）とまったく逆の見解を記している。つまり、一つの観点だけからの見方が誤って「真理」という言い方をされている事態に対して、観点の取り方によっては全く違った見方ができるという事例を示すのが彼の批判のスタンスであるとするなら、その多様な観点から見える見方をすべて一つの書として刊行することにこそ意味があることにある。ひとつの見解を求めようとする読者は当然、惑わされることになろうが、人生を「認識の実験」とみなすニーチェからすれば、読者も彼のテクストを認識の実験として読むことが要求される。

　ニーチェのテクストを読むことは、「超人」、「永遠回帰」、「神の死」などのいわゆるキーワードで集約されがちなテーゼに引きずられて整合的な解釈を作り出すのではなく、行間にある思考のリズム、あるいは相互に矛盾しあう発言を含むテクスト全体が挑発的に仕掛けてくる認識の実験につきあうことであろう。本シリーズにすでに一九世紀に生を終えたニーチェが収録されているのは、現代思想に与えた大きな影響のためであろう。しかし今なおニーチェを読む意味は、定着した思考の硬直を覆していくことにある。ポスト構造主義、ポストコロニアル、脱構築などの思潮は、確かにそれまでの思考を掘り崩す力を持った。しかしそこに立ち止まってしまえば、思考は停止し、硬直する。ニーチェのテクストは、思想がキーワード化され流通する時の不毛さと危険性を示唆しているという点で、現代でも「考えるとは何か」、「読むとは何か」という問いをつきつける挑発的な力があると言えるだろう。

　本書は、入門書という性質もあって、ニーチェを読むにあたって必要なキー概念を軸に構成されているが、前述のように、ニーチェのテクストをキー概念のみから理解することに問題がないわけではないが、著者はその点にも充分配慮した言及をしている。また『曙光』や『悦ばしき知恵』のようなアフォリズムによって構成されている著書についての言及が少ない点は残念でもあるが、まさにアフォリズムこそ、要約不可能なものであり、読者が実際に読むことを要求するものであるので、本書をきっかけとして「ゆっくりと」読んでみることをお勧めする。

本書の著者は、エジンバラ大学で現代アメリカ文学、およびポストコロニアル・ポストモダン文化理論を専門として教鞭をとっている。それゆえに、本書の各章で必ずといっていいほど、文学作品への言及があるが、それはニーチェの思想が狭い意味での思想史という文脈以外に、芸術・文学に大きな影響を持ったことを如実に物語ってくれるものであり、思想や社会理論でのニーチェ受容が多く論じられるなかで、あまり論じられていない芸術への影響を知ることができる重要な視点を与えてくれる。一九世紀末から二〇世紀初頭のモダニズムの潮流のなかで、ニーチェからインスピレーションを受けた作品が多々生まれたことは確かであるし、その点について本書の著者は多くの作品引用を使って紹介している。芸術が、既成の道徳観や世界観に囚われないまったく別の見方を提示することを、ニーチェの思想は確かに示している。しかし世界や人生を今までとはまったく別様に見ること、そして当たり前と思われている価値観を疑ってみることが、芸術という特殊な場に限定されているのではなく、むしろ日常的な経験の中にあるのだ、ということをニーチェのテクストは教えてくれる。ニーチェは狭義での芸術に対しては、すでにヴァーグナーとの決別以降、芸術が単なる「形而上学的な慰め」になってしまっていることを見抜き、芸術という形をとらない美的経験、感性的な感じ方を重視している。ヴァーグナーに影響された、芸術による世界の救済という大それた構想が、結局は権力と癒着していることを見抜いたニーチェは『反時代的考察』で、普仏戦争の勝利に酔いしれたドイツの成金趣味や骨董趣味に「野蛮さ」を感じ、また美術館の展示品や家や部屋の中に、感覚的に感じられる違和感を覚えるところから批判を展開している。あるいは彼特有の「心理学」や「生理学」という見方から、身体的な心地よさや不快感がどのように価値形成に関わっているかを考察しようとしている。日常的な快・不快を感じる次元にこそ、批判的なものの見方が始まるのだということをニーチェは指摘しているのではないだろうか。大きな哲学的思想で語られる言葉だけが批判・批評なのではなく、日常のささいな場面に感じる不快感や居心地の悪さといった感覚にも、実は既成のルールや権威への反撥があるのであり、それは既成の芸術の範囲を超えた所で起きている。ニーチェの考察は、こうした日常的な次元から批判が始まることにも眼を開くであろう。

なお、本書の訳にあたって訳者註では充分に説明できなかった点について、ここで補足しておきたい。ひとつは「パースペクティヴ」あるいは「パースペクティヴィズム」という用語に関してである。従来の翻訳では、「パースペクティヴ」は「遠近法」、「パースペクティヴィズム」は「遠近法主義」とされてきたが、本書では、両方ともカタカナで表記した。パースペクティヴは世界についてのただ一つの普遍的な見方があるのではない、ということを強調するためにニーチェが用いている用語であるので、一つ、または二つの消尽点を前提とする「遠近法」と訳してしまうのは適切ではないと考えたためである。パースペクティヴィズムについては本書の二四六頁以降に詳しく説明されているので、当該箇所をお読みいただきたい。もう一つは、「反応的」（英 reactive, 独 reaktiv）という訳語である。ニーチェの言葉使いでは、自ら価値を創造する力を持たない人間は、自分より強い人間を「悪」として外的な刺激に仕立て上げ、その刺激に「反応」する形で自分たちに「善」という道徳的価値を作り出す。弱者の「反応的な生き方」をニーチェは、ルサンチマンや奴隷道徳に見ている。時に「反動的」と訳されていることもあるが、政治的な意味での「反動的」はドイツ語では reaktionär であり、ニーチェの言葉使いには、政治的な「反動」の意味は一切ないので、「反動的」

という訳語は適切ではない。

＊

本書の翻訳にあたっては、基本的には一章、三章、五章、七章を三島が、その他の部分を大貫が担当し、訳出後に相互に訳文のチェックを行った。なお、英米文学作品からの引用のかなりの部分については、獨協大学外国語学部教授の前沢浩子さんに協力をお願いした。ぎりぎりの時期になってのお願いにも関わらず、快く翻訳作業を引き受けていただき、また英文学の専門家として多々アドヴァイスをいただいたことに心から感謝申し上げたい。また本書の企画・編集・校正のすべてにわたってご苦労いただいた青土社の津田新吾さんには、特に感謝を申し上げたい。本書がようやく出版にまでこぎつけたのは、ひとえに津田さんのおかげである。

二〇〇六年十月

大貫敦子

著者について
リー・スピンクス（Lee Spinks）
英国エジンバラ大学で，英米文学を講ずる。専門は，現代アメリカ文学，およびポストコロニアル・ポストモダン文化理論。主な著書に *James Joyce* (Routledge) などがある。

訳者について
大貫敦子（おおぬき・あつこ）
現在，学習院大学文学部教授。専門は，ドイツ思想史，文化理論。
共編著に，『ニーチェ事典』（弘文堂）など。
主な訳書に，クロコウ『女たちの時――ドイツ崩壊の淵で 1944－1947』（平凡社）
ベンヤミン『パサージュ論』（１～５）（共訳，岩波書店）
ボルツ『批判理論の系譜学』（共訳，法政大学出版局）
ハーバマス『近代の哲学的ディスクルスス』（共訳，岩波書店）などがある。

三島憲一（みしま・けんいち）
大阪大学名誉教授。専門は，ドイツ現代思想，社会思想史。
主な著書に，『ニーチェ』（岩波書店）『ニーチェとその影』（未来社／講談社学術文庫）
『戦後ドイツ』（岩波書店）『文化とレイシズム』（同）『ベンヤミン――破壊・収集・記憶』（講談社），
共編著に，『ニーチェ事典』（弘文堂）など。
訳書に，ヴァイグル『近代の小道具たち』（青土社）『啓蒙の都市周遊』（岩波書店）
ハーバマス『近代――未完のプロジェクト』（同）など多数ある。

シリーズ　現代思想ガイドブック
フリードリヒ・ニーチェ

2006年10月30日　第1刷発行
2013年8月30日　第2刷発行

著者――リー・スピンクス
訳者――大貫敦子・三島憲一

発行者――清水一人
発行所――青土社
東京都千代田区神田神保町1-29 市瀬ビル　郵便番号101-0051
電話03-3291-9831(編集)　3294-7829(営業)
www.seidosha.co.jp
本文印刷所――株式会社ディグ
扉・表紙・カバー印刷所――方英社
製本所――小泉製本

装丁――松田行正

ISBN4-7917-6231-2